城市轨道交通操作岗位系列培训教材

U1075900

URBAN
RAIL TRANSIT
Signal Repairman

城市轨道交通信号检修工

主　编　赵　晗
副主编　陈　琦　杨　辉
主　审　冯庆胜

人民交通出版社股份有限公司
China Communications Press Co.,Ltd.

内 容 提 要

本书为城市轨道交通操作岗位培训教材，全书分为基础知识篇和实务篇共两篇，对城市轨道交通信号系统的系统结构、设备组成、设备维护以及常见故障现象和处理方法等方面的内容作了详细的具体讲解，同时也对信号系统各设备功能和接口关系等内容进行了说明。

本书可作为城市轨道交通信号技术人员、维护人员的岗位培训教材，也可以作为大中专院校城市轨道交通信号专业的专业教材和参考书。

图书在版编目（CIP）数据

城市轨道交通信号检修工 / 赵晗主编. -- 北京 : 人民交通出版社股份有限公司，2017.6

（城市轨道交通操作岗位系列培训教材）

ISBN 978-7-114-13573-6

Ⅰ.①城… Ⅱ.①赵… Ⅲ.①城市铁路－铁路信号－信号设备－设备检修－技术培训－教材 Ⅳ.①U239.5

中国版本图书馆CIP数据核字（2017）第000801号

城市轨道交通操作岗位系列培训教材

书　　名：城市轨道交通信号检修工
著 作 者：赵　晗
责任编辑：吴燕伶　王景景
出版发行：人民交通出版社股份有限公司
地　　址：（100011）北京市朝阳区安定门外外馆斜街3号
网　　址：http://www.ccpress.com.cn
销售电话：（010）59757973
总 经 销：人民交通出版社股份有限公司发行部
经　　销：各地新华书店
印　　刷：北京市密东印刷有限公司
开　　本：787×1092　1/16
印　　张：14
插　　页：8
字　　数：287千
版　　次：2017年6月　第1版
印　　次：2017年6月　第1次印刷
书　　号：ISBN 978-7-114-13573-6
定　　价：42.00元

PREFACE 序

著述成书有三境：一曰立言传世，使命使然；二曰命运多舛，才情使然；三曰追名逐利，私欲使然。予携众编写此系列丛书，一不求"立言"传不朽，二不恣意弄才情，三不沽名钓私誉。唯一所求，以利工作。

郑州发展轨道交通八年有余，开通运营两条线 46.6 公里，各系统、设施设备运行均优于国家标准，服务优质，社会口碑良好。有此成效，技术、设备等外部客观条件固然重要，但是最核心、最关键的仍是人这一生产要素。然而，从全国轨道交通发展形势来看，未来五年人才"瓶颈"日益凸显。目前，全国已有 44 个城市轨道交通建设规划获得批复，规划总里程 7000 多公里，这比先前 50 年的发展总和还多。"十三五"期间，城市轨道交通发展将处于飞跃发展时期，相关专业技术人才将面临"断崖"处境。社会人才储备、专业院校输出将无法满足几何级增长的轨道交通行业发展需求。

至 2020 年末，郑州市轨道交通要运营 10 条以上线路，总里程突破 300 公里，人才需求规模达 1.6 万人之多。环视国内其他城市同期建设力度，不出此左右。振奋之余更是紧迫，紧迫之中夹杂些许担心。思忖良久，唯立足自身，"引智"和"造才"双管齐下，方可破解人才困局，得轨道交通发展始终，以出行之便、生活之利飨商都社会各界，助力国家中心城市和国际商都建设。

郑州市轨道交通通过校园招聘和订单班组建，自我培养各类专业技术人员逾 3000 人。订单班组建五年来，以高职高专院校的理论教学为辅，以参与轨道交通设计、建设和各专业各系统设备生产供应单位的专家实践教学为主，通过不断创新、总结、归纳，逐渐形成了成熟的培养体系和教学内容，所培养学生大都已成为郑州市轨道交通运营一线骨干力量。公司以生产实践经验为依托，充分发挥有关合作院校的师资力量，同时在设备制造商、安装商和设施设备维修维保商的技术支持下，编写了本套城市轨道交通操作岗位系列培训教材，希望以此建立起一套符合郑州市轨道交通运营实际且符合轨道交通行业发展水平的教材体系，为河南乃至全国轨道交通人才培养略尽绵薄之力。

教材编写过程中，得到了西南交通大学、大连交通大学、石家庄铁道大学、上海地铁维护保障有限公司、郑州铁路职业技术学院以及人民交通出版社股份有限公司的大力支持，在此一并表示感谢。

以羽扣钟，既有总结之意，也有求证之心，还请业内人士不吝赐教。

是为序。

张 洲

2016 年 10 月 21 日

FOREWORD | 前言

随着社会的发展，城市化建设进程越来越快，现代城市交通问题成为各大城市重大难题，在寻求解决这一难题办法的过程中，人们的目光逐渐聚焦在城市轨道交通上。城市轨道交通的优势不言而喻，可改善交通困局、节省土地、优化城市区域布局、促进国民经济和改善市民生活质量等。近年来，城市轨道交通建设在我国发展异常迅猛，各大城市都在如火如荼地建设。

信号系统是城市轨道交通的重要组成部分，是保障行车安全和行车效率的关键系统，该系统状态的好坏对行车安全、乘客服务有着直接的影响。

本书主要是为城市轨道交通信号技术人员和维护人员学习和掌握信号系统技术而编写的，也可作为大专院校城市轨道交通信号专业的专业教材和参考用书。

本书是按照从理论到实践的思路编写的，强调全面性、系统性，突出各章节的独立性。其内容既前后呼应，相互联系，又自成体系，相对独立；既可供读者全面、系统地学习，又便于读者有针对性地查阅与选学。

本书由赵晗担任主编，陈琦、杨辉担任副主编，冯庆胜担任主审。其中第一章、第七章由赵晗编写，第二章由赵晗、王成龙、吕兴瑞、王永博、孙保卫、刘振宇、陈静梅、李旭辉编写，第三章由陈琦、杨辉编写，第四章由杨辉、季丽伟、雷云鹏编写，第五章和第六章由陈琦、颜晓倩、张红欣编写，赵晗负责统稿。冯庆胜来自大连交通大学，其他人员来自郑州市轨道交通有限公司。

由于城市轨道交通信号控制技术发展快、技术新，资料收集齐全较为困难，加之编写人员技术水平和实践经验的局限性，错误与不足之处在所难免，敬请广大使用单位和个人不吝赐教，提出宝贵意见。

本书编写过程中，得到西南交通大学、大连交通大学、石家庄铁道大学、上海地铁维护保障有限公司、郑州铁路职业技术学院以及人民交通出版社股份有限公司的大力支持，在此表示诚挚的感谢！

编　者

2016 年 10 月

INTRODUCTION | 学习指导

一 岗位职责

城市轨道交通信号检修岗位专职工作人员从事城市轨道交通通信设备安装调试、运行维护、操作检修、故障处理、技术改造等项目。其岗位职责包括安全职责和工作职责。

（一）安全职责

（1）对相应的生产工作负直接责任，做好生产第一现场的安全把控工作。

（2）保证安全生产的各项规章制度贯彻执行。

（3）组织学习并落实公司的各项安全管理规定和安全操作规程。

（4）负责所辖范围内特种设备的安全管理工作，确保特种作业、特种设备操作人员持证上岗。

（5）参加公司组织的各项培训工作，努力提高业务技能水平，增强安全意识。

（6）定期开展自查工作，落实隐患整改，保证生产设备、安全装备、消防设施、救援器材和急救用具等处于完好状态，并能够正确使用。

（7）及时反映生产过程中存在的各类问题，及时找到解决途径，确保安全生产，保障人身、设备安全。

（8）负责信号专业各系统设备的巡视、维修维护以及应急抢险工作。

（二）工作职责

（1）积极学习安全政策和规章制度，参加各项安全操作规程培训；协助班组做好安全检查和其他各项安全工作。

（2）负责信号设备的日常巡视、值班，数据及故障统计、汇总、上报等工作。

（3）按计划对设备进行日常维护、检修、保养工作，参与设备缺陷整改、整治。

（4）处理设备故障、配合设备抢修。

(5)积极参与班组建设,定期参加班组组织的各种会议。

(6)积极参与工班和科室开展的各种培训,不断提高个人业务水平和技术能力。

(7)负责完成上级领导交办的临时性工作任务,做好班组宣传工作,参加党、工、团组织的各项活动。

(8)科研技改:配合设备的技改、工程整改工作的开展实施。

(9)新线建设:参与新线介入工作,及时提报工程问题,并配合上级管理部门督促承包商和施工单位进行整改;参与新线信号设备的验收工作。

二 课程学习方法及重难点

全书分为基础知识篇和实务篇两大部分。

基础知识篇重点介绍城市轨道交通信号工岗位需要掌握的基础知识以及各信号设备的专业理论知识,使信号工明晰岗位应具备的应知应会内容,达到本岗位相关理论知识的培训要求,为熟练掌握维修技能打下理论基础。实务篇则结合设备维修维护的实际,对常用仪器仪表使用和各子系统的检修规程进行了详尽的介绍,力求满足技能培训的实操性要求,便于培训人员的掌握。

本书既重视理论,更重视实践,具有较强的培训操作性,对于提高维修人员的技能水平,满足城市轨道交通发展对技能培训的需求有很好的参考价值。

三 岗位晋升路径

根据人员情况,定期对满足职级要求(工作年限、职称、学历、绩效考评)的人员,按照一定比例进行晋级。员工晋升通道划分如下:

(一)技术类职级序列

由低到高依次为:技术员、助理工程师、工程师一、工程师二、工程师三、主管。

(二)操作类职级序列

由低到高依次为:初级工、中级工、高级工一、高级工二、技师一、技师二、高级技师。

CONTENTS 目录

第一篇 基础知识篇

第一章 绪论……2

第一节 轨道交通信号系统概述……2
第二节 城市轨道交通信号系统功能及其实现……2
第三节 我国城市轨道交通信号技术的发展趋势……6
第四节 城市轨道交通信号系统主要技术标准……6

第二章 城市轨道交通信号系统设备……9

第一节 电源设备……9
第二节 联锁设备……22
第三节 列车位置检测设备……29
第四节 转辙机……35
第五节 信号机……49
第六节 车载信号设备……55
第七节 列车自动监控设备……77
第八节 数据传输设备……93
第九节 区域控制器……108
第十节 线路控制器……110
第十一节 维护支持设备……113

第二篇 实务篇

第三章 信号设备维护……128

第一节 电源设备维护……128
第二节 联锁设备维护……131
第三节 列车位置检测设备维护……132
第四节 转辙机维护……134

第五节　信号机维护…………137
第六节　车载设备维护…………138
第七节　列车自动监控设备维护…………141
第八节　数据传输设备维护…………142
第九节　区域控制器维护…………147
第十节　线路控制器维护…………148
第十一节　维护支持设备维护…………148

第四章　信号设备故障处理…………150

第一节　电源设备常见故障及处理方法…………150
第二节　联锁设备常见故障及处理方法…………151
第三节　列车位置检测设备常见故障及处理方法…………153
第四节　转辙机常见故障及处理方法…………154
第五节　信号机灯丝断丝报警故障及处理方法…………155
第六节　车载设备常见故障及处理方法…………155
第七节　列车自动监控设备常见故障及处理方法…………158
第八节　数据传输设备常见故障及处理方法…………169
第九节　区域控制器常见故障及处理方法…………170
第十节　维护支持设备常见故障及处理方法…………171

第五章　信号通用维修工具及仪器仪表的使用…………172

第一节　常用维修工具…………172
第二节　常用仪器仪表…………176

第六章　搭建系统实验模拟平台…………187

第一节 平台搭建目的…………187
第二节　平台搭建设备连接图…………187
第三节　平台搭建所需设备…………189
第四节　平台搭建步骤…………189

第七章　信号设备典型故障…………190

第一节　计轴设备典型故障…………190
第二节　联锁设备典型故障…………191
第三节　车载设备典型故障…………192
第四节　列车自动监控设备典型故障…………193

第五节　区域控制器典型故障……194
第六节　电源系统故障案例……195
第七节　50Hz 相敏轨道电路故障案例……196
第八节　ZD6 转辙机故障案例……197
第九节　ZDJ9 转辙机故障案例……198
第十节　LED 信号机故障案例……200
第十一节　DCS 设备故障案例……200
第十二节　线路控制器设备故障案例……204

结束语……207

附录　信号检修工考核大纲……208

参考文献……210

第一篇 基础知识篇

第一章　绪论

岗位应知应会

1. 了解城市轨道交通信号系统的功能及原理。
2. 了解城市轨道交通信号系统的应用及发展。

重难点

重点：城市轨道交通信号系统的组成。

难点：城市轨道交通信号系统原理。

第一节　轨道交通信号系统概述

在城市轨道交通系统中，信号系统是一个集行车指挥和列车运行控制为一体的非常重要的机电系统，它直接关系到城市轨道交通系统的运营安全、运营效率以及服务质量。它保证乘客和列车的安全，实现列车快速、高密度、有序运行的功能。

城市轨道交通信号系统的核心是列车自动控制（Automatic Train Control，简称ATC）系统。它由计算机联锁（Computer Based Interlocking，简称CBI）子系统、列车自动防护（Automatic Train Protection，简称ATP）子系统、列车自动驾驶（Automatic Train Operation，简称ATO）子系统、列车自动监控（Automatic Train Supervision，简称ATS）子系统构成。各子系统之间相互渗透，实现地面控制与车上控制相结合、实地控制与中央控制相结合，构成一个以安全设备为基础，是集行车指挥、运行调整以及列车驾驶自动化等功能为一体的自动控制系统。它是现代城市轨道交通核心控制技术之一。

第二节　城市轨道交通信号系统功能及其实现

ATC各子系统（ATP、ATO、ATS、CBI）通过数据通信系统（Data Communications Subsystem，简称DCS）进行信息交互、处理构成闭环系统，充分发挥了保证行车安全、提高运行效率、缩短行车间隔、促进管理现代化、提高综合运营能力和服务质量的作用。

一、ATC 系统主要功能

（一）应能反映所防护线路的占用 / 空闲状态

当线路在占用状态时，禁止列车驶入所防护区段；当线路在空闲状态时，才能给出允许列车进入的信息。目前，轨道电路仍是检测列车占用的有效手段。城市轨道交通系统多采用计轴、交叉环线来检测线路占用 / 空闲状态。

（二）应能反映危及行车安全的因素是否发生

危及行车安全的因素是多方面的，限于科学技术和经济条件，目前还不能用技术手段对所有危及安全的因素进行一一检测并与信号控制相结合。但应积极地逐步以技术手段来识别、消除或减弱这些因素，尽可能在发现危险因素时，列车运行控制系统能立即给出使列车停止运行的信息（使信号处于关闭状态），通知司机不要驶入危险线路区段。

（三）能指示列车安全运行速度

实际上，列车的运行速度受到若干因素的限制。信号系统将根据线路状态（结构、曲线和坡度）、道岔曲线、机车车辆的构造速度、临时限速等限制并结合列车制动性能等因素给出推荐速度，如果实际运行速度超过了推荐速度，则会由信号系统自动给出紧急制动的命令，确保列车运行安全。

二、列车自动控制系统技术

随着铁路的发展，特别是列车运行速度和密度的不断提高，列车控制系统逐步从由地面信号显示传递行车命令，发展到了由车载列车超速防护设备（简称车载设备）根据地面发送的信息、列车参数实时计算出列车运行的允许速度，并显示给司机，自动监督列车运行，一旦列车运行速度超过允许速度，车载列车超速防护设备将自动实施常用或紧急制动，有效防止事故发生，确保行车安全。这样，由自动闭塞设备、地车信息传送设备、车载列车超速防护设备构成的系统成为列车运行自动控制系统。

列车运行自动控制系统发展经历了如下过程。

（1）司机驾驶。

（2）自动闭塞 + 地面主体信号 + 纯司机控制。

（3）自动闭塞 + 地面主体信号 + 机车信号辅助信号 + 纯司机控制。

（4）自动闭塞 + 地面主体信号 + 机车信号辅助信号 + 自动停车 + 纯司机控制。

（5）自动闭塞 + 车载列车运行自动控制系统 + 司机控制，即列车运行自动控制系统。

（一）ATC 系统制式分类

一般可按信息传输方式、列车速度控制方式、闭塞制式 3 种方式对系统进行分类。

1. 按信息传输方式分类

（1）点式

点式信息传输系统主要由音频无绝缘轨道电路（或计轴设备）和轨旁应答器构成，向车载设备定点地传输列车运行信息。轨道电路（或计轴器）用于检测列车的占用情况，应答器用来实现车—地数据传输，根据需要还可用环线来延伸信息点的范围。

点式系统具有投资少、维修成本较低等优点。**单纯的点式 ATP 系统不满足站台紧急状态下的紧急停车功能，需在进站前方铺设一段电缆环线，传输连续车—地信息，以适应站台紧急停车的安全保障；同时，由于列车获得的信息是定点、不连续的，列车在越过信息点后按已接收到的信息行驶，必须等待收到下一个点式信息时才能按新的信息要求行驶，在两信息点间行驶不能及时地适应变化的运行条件，因此降低了运行安全等级和行车效率。**上海市轨道交通 3 号线和广州市轨道交通 4 号线已经开通了点式信息传输系统。

（2）连续式

连续式信息传输系统利用多信息或数字音频无绝缘轨道电路、交叉电缆环线、裂缝波导管或漏缆等，向车载设备提供连续的列车运行信息，既具有检查列车占用功能，又具有信息传递功能。其特点是信息不间断，提供的信息量大，列车运行安全、平稳舒适。连续式系统主要通过无绝缘音频轨道电路、交叉电缆环线、裂缝波导管、漏缆及无线来传输车—地信息。

2. 按列车速度控制方式分类

（1）阶梯式速度曲线控制方式

基于传统的音频轨道电路，其传输的信息量少，对应每个闭塞分区只能传送一个信息代码，即该区段所规定的最大速度命令码或入口 / 出口速度命令码，列车速度监控采用的是闭塞分区出入口检查方式，当列车速度超过规定速度时，施行常用制动或紧急制动。施行常用制动时，如制动率达不到要求，会自动转为紧急制动；一旦施行了紧急制动（称之为惩罚性制动），必须在列车停止后，通过一定操作才能缓解。为保证列车运行的安全，滞后或超前的速度检查方式都必须要有一个完整的闭塞分区作为列车的安全保护距离。阶梯式速度曲线控制方式属于 20 世纪 80 年代技术水平，西屋公司、GRS 公司分别用于北京市轨道交通、上海市轨道交通 1 号线的 ATP、ATO 系统属于此种类型。

（2）速度—距离模式曲线控制方式

该方式由命令编码单元通过轨道电路、查询应答器、电缆环线、裂缝波导管或无线实施向列车提供目标及限制速度等命令信息，同时还向列车提供目标速度、目标距离，线路车载 ATP 设备据此计算出列车运行的速度 / 距离曲线，保证列车在最高安全速度下运行。

采用速度—距离曲线控制模式的 ATP/ATO 系统属 20 世纪 90 年代技术水平，包括西门子公司在广州市轨道交通 2 号线使用的 LZB700M、安萨尔多公司在上海市轨道交通 2 号线使用的 AF—900 以及我国香港地区机场快速线使用的阿尔斯通公司 SACEMATP/ATO 几种类型。阶梯式速度曲线和速度—距离曲线模式两种列控方式相比，前者两列车之间的最小行车安全间隔距离至少应为一个固定的闭塞分区，为了保证列车正常追踪运行，两列车间隔距离在三个闭塞分区以上，较后者需要的空间距离大，降低了线路通过能力，且不能实现列车连续速度控制，列车运行的平稳性差。相比之下，速度—距离模式曲线控制方式可以提高线路利用率，相应缩短追踪列车之间的最小安全行车及正常行车间隔距离，可提高行车密度及列车运行的平稳度。

3. 按闭塞制式分类

目前用于城市轨道交通系统的闭塞方式有 3 种：固定闭塞、准移动闭塞和移动闭塞。

（1）固定闭塞 ATP 系统

采用固定划分区段的轨道电路，即基于传统的多信息音频轨道电路，列车以闭塞分区为最小行车间隔，且需设防护区段。

（2）基于报文式轨道电路的准移动闭塞 ATP 系统

一般采用数字式音频无绝缘轨道电路，音频无绝缘轨道电路 + 感应电缆环线或计轴 + 感应电缆环线方式作为列车占用监测和 ATP 信息传输媒介，具有较大的信息传输量和较强的抗干扰能力。通过音频轨道电路的发送设备向车载设备提供目标速度、目标距离、线路状态（曲线半径、坡道等数据）等信息，ATP 车载设备结合固定的车辆性能数据计算出适合本列车运行的速度 / 距离曲线，准移动闭塞 ATP 系统采用速度 / 距离曲线的列控方式，提高了列车运行的平稳性，列车追踪运行的最小安全间隔较固定闭塞短，对提高区间通过能力有利。ATS、ATP 子系统与 ATO 子系统结合性较强，ATC 系统技术成熟。因 ATP 车载设备具有智能化功能，故使用的兼容性好，车辆有可能适应于不同线路运行需要，或者同一线路设备可适应不同性能车辆运行。

（3）基于通信的移动闭塞 ATP 系统

前两种闭塞制式均属于基于轨道电路的 ATP 系统。**靠轨道电路发现区段占用 / 空闲，采用交叉感应电缆环线、漏缆、裂缝波导管以及无线电台等方式实现车地、地车间双向数据传输，监测列车位置使地面信号设备可以得到每一列车连续的位置信息和列车运行其他信息，并据此计算出每一列车的运行权限，并动态更新，发送给列车，列车根据接收到的运行权限和自身的运行状态计算出列车运行的速度曲线，车载设备保证列车在该速度曲线下运行，ATO 子系统在 ATP 保护下，控制列车的牵引、巡航及惰行、制动。追踪列车之间应保持一个“安全的距离”。这个最小安全距离是指后续列车的指令停车点和前车尾部的确认位置之间的动态距离。这个安全距离允许在一系列最不利情况存在时，仍能保证安全间隔。列车安全间隔距离信息是根据最大允许车速、当前停车点位置、线路等信息计算出来的。信息被循环更新，以保证列车不断收到实时信息。因此在保证安全的前提下，能最大程度地提高区间通过能力。**

第三节 我国城市轨道交通信号技术的发展趋势

目前城市轨道交通很多采用基于通信的列车控制系统（Communication Based Train Control，简称 CBTC），CBTC 是采用无线通信的手段和轨道上的信标来确定列车位置的一种移动闭塞列车运行控制系统，相对于传统的以轨道电路为基础的固定闭塞列车运行控制系统，可以有效提高列车运行效率和安全性。为了将列车安全地分隔开，轨道交通信号系统经历过固定闭塞、准移动闭塞和移动闭塞。目前轨道交通信号技术的发展趋势是移动闭塞，依靠车载设备与轨旁设备对列车进行实时精确定位；列车的长度加列车后方的防护距离再加最大制动距离，便组成了一个与列车同步移动的虚拟分区；由于保证了列车前后的安全距离，两个相邻的移动闭塞分区就能以很小的间隔同时前进，从而提高运营效率。简单地说，信号系统的功能就是将线路上运行的列车安全地分隔开来。信号的首要任务是保证行车安全，核心是“故障—安全”（故障导向安全：当信号设备发生故障时，应以特殊的方式做出反应并导向安全），并不断向快速、准时、舒适、节能发展。

第四节 城市轨道交通信号系统主要技术标准

一、信号系统需遵循的技术标准

信号系统是城市轨道交通最重要的设备之一，在必须保证列车运行安全，防止列车追尾、正向和侧向撞车和超速等安全事故的同时，能够在有限的建筑规模下，通过小编组、大密度，最大限度地发挥线路的运输能力，提高列车运行速度、运输效率和服务质量。**因此，信号系统设备的设计、制造、安装督导、测试、验收均应符合相关的国内标准，如国内标准不能完全涵盖时须符合相关国际标准。**若标准、规范相互有冲突或重复要求的，或国外与国内标准、规范不一致之处，应优先遵守更为严格的标准、规范。

以下为城市轨道交通信号建设、验收时需参照的相关技术标准。若以下标准、规范等做出修改时，以修改后的新标准和规范为准。

二、信号系统需遵循的国内标准

（1）国家标准《地铁设计规范》（GB 50157—2013）。

（2）国家标准《城市轨道交通信号系统通用技术条件》（GB/T 12758—2004）。

(3)国家标准《城市轨道交通技术规范》(GB 50490—2009)。

(4)国家标准《地下铁道工程施工及验收规范》(GB 50299—1999)。

(5)国家标准《建筑物电子信息系统防雷技术规范》(GB 50343—2012)。

(6)国家标准《职业健康安全管理体系》(GB/T 28001—2011)。

(7)国家标准《城市轨道交通信号工程施工质量验收规范》(GB 50578—2010)。

(8)国家标准《电子信息系统机房设计规范》(GB 50174—2008)。

(9)国家标准《计算机场地通用规范》(GB/T 2887—2011)。

(10)国家标准《建筑工程施工质量统一验收标准》(GB 50300—2013)。

(11)国家标准《电磁兼容—试验测量技术》(GB/T 17626)。

(12)国家标准《外壳防护等级(IP 代码)》(GB 4208—2008)。

(13)国家标准《城市轨道交通试运营基本条件》(GB/T 30013—2013)。

(14)国家标准《地铁运营安全评价标准》(GB/T 50438—2007)。

(15)国家标准《铁路信号 AX 系列继电器》(GB/T 7417—2010)。

(16)国家标准《信息技术设备的无线电骚扰限值和测量方法》(GB 9254—2008)。

(17)建设部标准《城市轨道交通工程项目建设标准》(建标 104—2008)。

(18)铁道部标准《铁路信号设计规范》(TB 10007—2006)。

(19)铁道部标准《铁路信号站内联锁设计规范》(TB 10071—2000/J77—2001)。

(20)铁道部标准《铁路信号计轴应用系统技术条件》(TB/T 3189—2007)。

(21)铁道部标准《铁路信号施工规范》(TB 10206—99)。

(22)铁道部标准《铁路信号工程施工质量验收标准》(TB 10419—2003)。

(23)铁道部标准《铁路光缆 PDH 通信工程施工规范》(TB 10215—2000)。

(24)铁道部标准《铁路轨道工程施工安全技术规程》(TB 10305—2009)。

(25)铁道部标准《铁路车站计算机联锁技术条件》(TB/T 3027—2015)。

(26)铁道部标准《铁路信号集中监测系统技术条件》(运基信号〔2010〕709)。

(27)铁道部标准《铁路信号集中监测系统安全要求》(运基信号〔2011〕377)。

(28)铁道部标准《铁路信号故障—安全原则》(TB/T 2615—1994)。

(29)铁道部标准《铁路防雷、电磁兼容及接地工程技术暂行规定》(铁建设〔2007〕39 号)。

(30)铁运〔2006〕26 号文:关于印发《铁路信号设备雷电及电磁兼容综合防护实施指导意见》的通知。

(31)铁道部标准《铁路信号电源屏》(TB/T 1528.1—2002、TB/T 1528.3—2002、TB/T 1528.4—2002)。

(32)铁道部标准《铁路信号智能电源屏技术条件》(暂行)运基信号〔2005〕458 号。

(33)住房和城市建设部《城市轨道交通基于通信的列车自动控制系统技术要求》(CJ/T 407—2012)。

(34)行业规范《城市轨道交通信号系统 ATS 技术规范》(中国交通运输协会城市轨道

交通专业委员会〔2009〕04 号）。

（35）行业规范《城市轨道交通 CBTC 信号系统行业技术规范—需求规范》（暂行版）。

三、信号系统需遵循的国际标准

（1）国际电信联盟 ITU-T。

（2）电气与电子工程师学会 IEEE。

（3）国际电工学会 IEC。

（4）国际标准化组织 ISO。

（5）国际铁路联盟 UIC。

（6）美国电子工业协会 EIA。

（7）美国国家标准协会 ANSI。

（8）欧洲标准 EN。

（9）国际无线咨询委员会标准（CCIR）。

（10）质量安全体系应符合 ISO9001 标准。

（11）环境管理体系应符合 ISO14000 标准。

（12）RIA 标准（Railway Industry Association）。

第二章 城市轨道交通信号系统设备

岗位应知应会

1. 了解城市轨道交通信号系统的设备组成及常见设备。
2. 了解城市轨道交通信号系统各设备的功能及工作原理。
3. 了解城市轨道交通信号系统各设备间的接口。

重难点

重点:城市轨道交通信号系统各设备的工作原理。

难点:城市轨道交通信号系统各设备功能实现方式。

城市轨道交通信号系统,主要包括以下设备:电源设备、联锁设备、列车位置检测设备、转辙机、信号机、车载信号设备、列车自动监控设备、数据传输设备、区域控制器、线路控制器和维护支持设备。

第一节 电源设备

一、电源系统组成

(一)概述

电源系统是为本系统提供能源的子系统,在城市轨道交通的各类系统中都是必不可少的。其设备质量和电源质量直接影响整个系统设备的工作状态和运行质量;由于城市轨道交通信号系统供电属于国家一级负荷,其使用的电源尤其重要,是城市轨道交通运输安全运行的基本保障。

由动力照明系统提供的两路独立三相交流电源(380V、50HZ)经过电源系统的稳压、变压、整流、逆变、滤波等操作后,分别输出给系统的各类负载,如感性负载、容性负载、阻性负载等。

在一条地铁线路的控制中心、备用控制中心、各车站、车辆段、停车场、试车线、维修中心、培训中心分别配置智能电源屏、不间断电源(Uninterruptible Power System/Uninterruptible Power Supply，简称 UPS)、稳压器及蓄电池设备，在车辆段、停车场的派班室、调度室等有计算机操作工作站，配置 UPS 设备(含电池)。

(二)系统结构图

电源系统工作原理如图 2-1 所示。

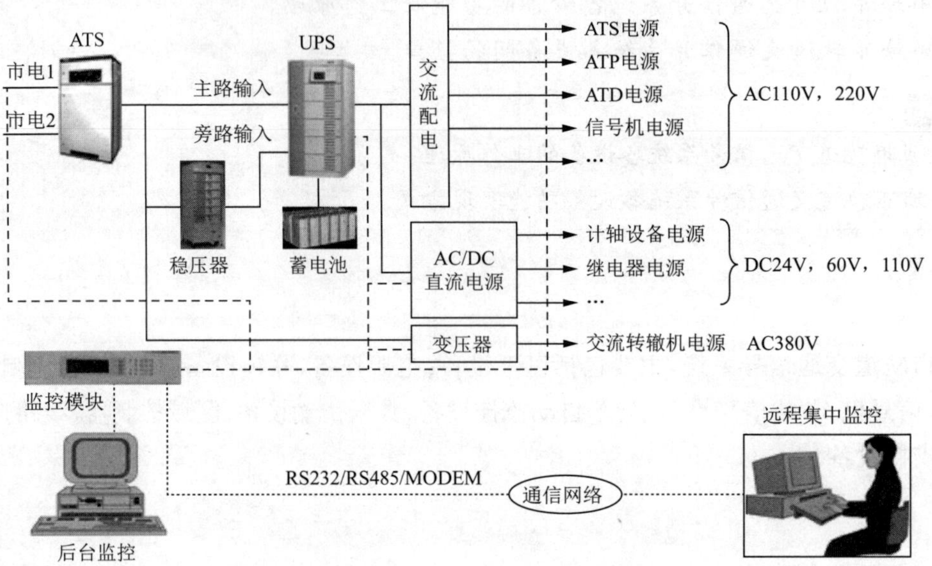

图 2-1　信号电源系统工作原理图

(三)技术要求

除满足信号系统设备正常的负荷外，电源屏、UPS 设备有 30% 以上的余量，同时确保电源屏、UPS 设备的可靠性及将来系统的升级及扩容改造。

二、电源屏

(一)概述

信号电源屏有两路独立的交流电源供电，选择其中一路向设备供电。两路电源之间有切换电路，具有自动和手动转换功能。当检测到当前供电的主电源欠压、过压、断相、缺相等故障时，设备可以自动将负载接入到另一路供电电源上，而且切换过程不会影响设备的供电。

我们以某厂家生产的 PZG 系列智能型综合信号电源屏为例，介绍信号电源屏设备。PZG 系列智能型综合信号电源屏是为信号设备进行集中供电的电源设备，不仅满足 ATS、ATP、ATO、联锁子系统计算机用电要求，也为计轴设备、继电器、表示灯等直流信号设备提供各种类型直流电源；同时也为交流转辙机提供 AC380V 电源，并在除交流转辙机前端 AC380V 电源外增加 UPS 设备，以确保两路电源切换时输出零中断。

电源屏内部工作原理如图 2-2 所示。

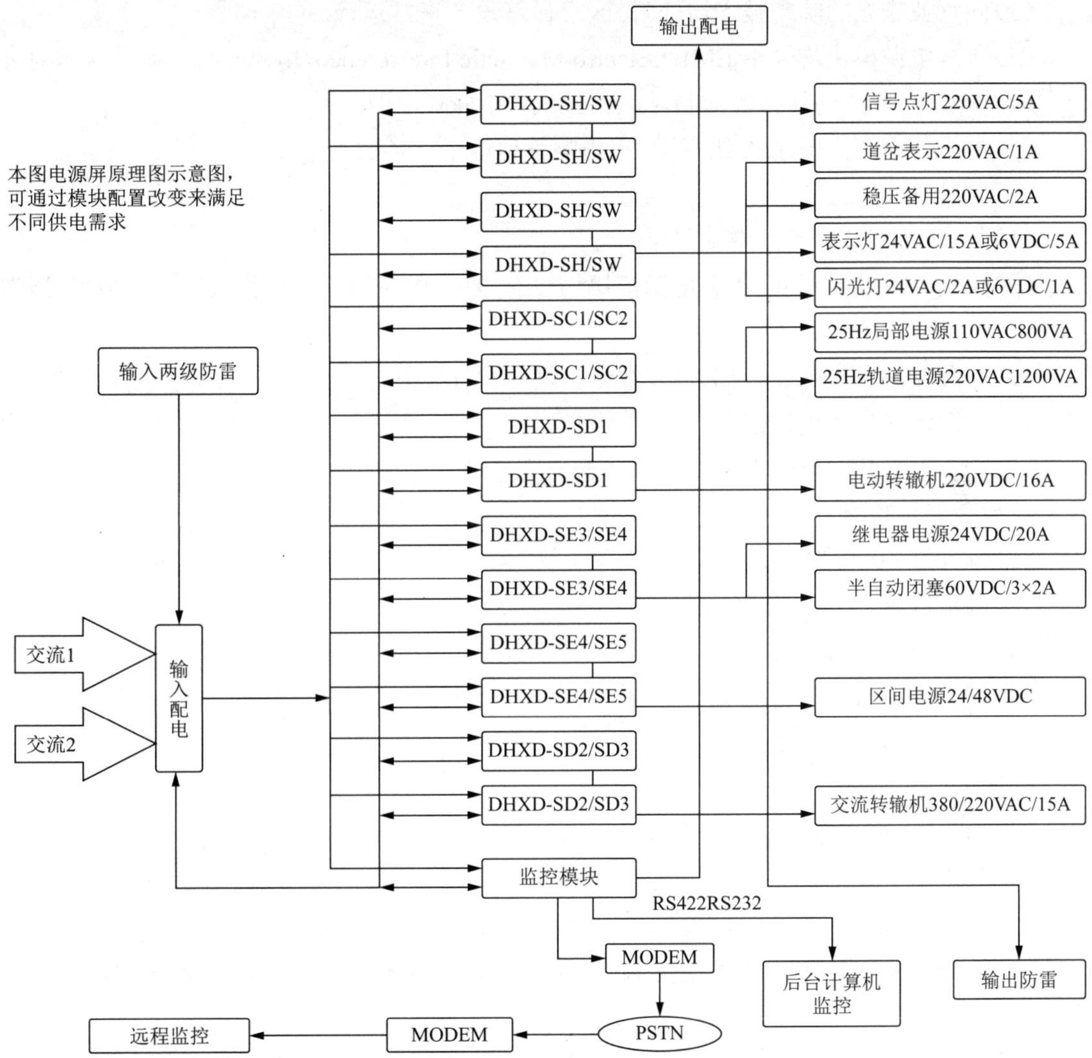

图 2-2　电源屏内部工作原理图

（二）设备特性

1. 可靠性

所有元器件均降额使用，延长使用寿命；电源模块采用“1+1”或“*N*+1”备份方式，确保了系统的高可靠性。

2. 适应性

（1）系统整体散热设计，采用自然冷却散热方式，允许工作环境温度范围为 −5 ～ 50℃，在没有空调的房间能正常运行。

(2)超宽的允许工作电压范围（AC380/220V±25%),特别适用于电网电压不稳定的电化区段。

(3)同行业领先的防雷技术,在多雷区可保障设备正常运行。

(4)所有电源模块均采用 EMI（Electro Magnetic Interference,电磁干扰）滤波技术对外电网带入的高次谐波进行有效抑制,特别适用于 27.5kV 电网。

(5)电磁兼容达到国家 A 级标准,不影响其他电子设备的正常使用。

3. 可维护性

(1)故障定位、故障信息中文显示。

(2)除集中液晶显示外,所有电源模块均设有电压、电流、频率、相位数字显示装置,清晰直观。

(3)电源模块可实现热机插拔,在线维护简单快捷。

(4)电缆连接多采用插接方式,节约维护时间。

(5)输入配电和输出配电采用抽屉式插框方式,维护方便。

4. 自我保护功能

(1)输入过 / 欠压保护。

(2)输出过压 / 限流 / 短路保护。

(3)完善的雷击防护措施。

(4)模块过温保护。

(5)全部采用阻燃电缆。

5. 环保性

(1)高效率:单个电源模块效率大于 92%,整机系统效率大于 85%。

(2)高功率因数:所有电源模块均采用功率因数校正（Power Factor Correction,简称 PFC)技术,功率因数达 0.99,减少前级供电系统的无功损耗,降低投资费用,减少运营成本。

(3)低噪声:采用高频开关电源技术和自然冷却技术,避免了工频噪声和风扇运转噪声。

(4)无污染:采用 PFC 技术,避免了模块内部高次谐波对外电网的污染,有效采用 EMI 技术,电磁兼容性好。

6. 智能监控

监控系统采用三级集散式监控方案,各级监控自成体系。监控单元能实时显示电源系统的各项运行参数、运行状态、告警状态、设置参数、系统配置数据。界面友好,具有在线帮助、数据边界检查功能。

监控单元可对系统输入、模块输出模拟量进行遥测;实现配电系统开关量、模块状态量等信号的遥信功能。监控单元可根据采集到的数据对系统故障进行声光报警,产生相应的动作,同时能上报到后台主机。用户可查阅历史告警记录和当前记录。

（三）组成

PZG 系列智能电源系统主要由切换系统、电源模块、监控系统及防雷系统 4 大部分组成，各个部分主要功能及技术指标如下。

1. 切换系统

输入切换单元采用在华为公司通信电源已经使用多年、证明可靠的智能切换控制系统，同时考虑到信号电源系统与铁路信号电源系统的差异性，在电源屏的设计中，两路输入时采用独特的“H—Y”形式配电方案，如图 2-3 所示。

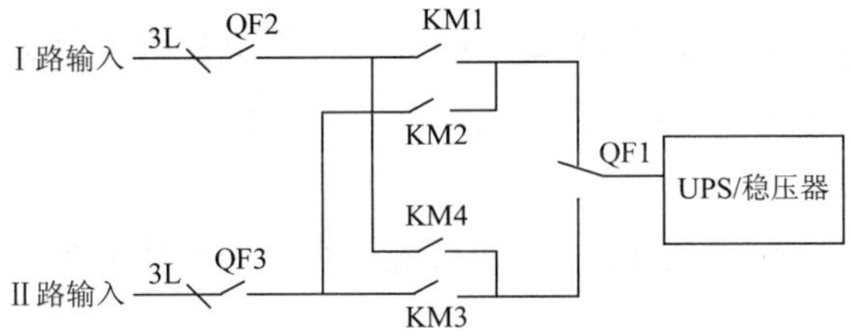

图 2-3　电源屏两路输入切换

其中，QF2 和 QF3 为手动切换空气开关，KM1 ～ KM4 为交流接触器，QF1 为单刀双掷开关。当两路输入均正常时，交流接触器 KM1、KM3 吸合，KM2、KM4 断开。当Ⅱ路输入故障时，KM1、KM4 吸合，KM2、KM3 断开。当Ⅰ路输入故障时，KM2、KM3 吸合，KM1、KM4 断开。

这种方案确保切换单元可靠工作，更换、检修方便，切换单元做到了热备份，同时具备了自动和手动切换功能，实现输出不间断。

QF1 的作用主要是为故障应急和手动选择输入电源而设计的，一路切换系统故障使 UPS 的供电脱离故障的输入回路，选择另外一路供电。

输入电压波动范围为 380V±25%；输入电源频率范围为 50Hz±6%。具有可靠的输入电源过压 / 欠压 / 断相 / 错相检测，具有测量电流、电压的功能；其中过压检测范围为（0.9 ～ 1.3）U（输入电压）、欠压检测范围为（0.7 ～ 1.1）U（输入电压），测量电压、电流精度小于 0.5%。

2. 智能电源模块

系统的各个组成部分均采用模块化结构。直流模块采用高频开关电源功率因数自动调整技术（PFC 技术），输出采用自主均流“N+1”冗余配置，交流转辙机模块输出采用“1+1”电子互锁主备配置，提高系统可靠性、灵活性，实现系统的免维修，少维护；更换模块时间小于 1min。

采用无损伤热插拔专利技术，其输出和输入都有软启动和电流限制装置，带电插拔不会引起系统输出电压的扰动。

高可靠快速保护以及专门设计的短路回缩特性，确保模块长期短路不会损坏，完善的保护功能保证了系统与模块安全可靠运行。

模块本身具有独立的内嵌式 CPU 监控板，可自我监控模块的工作状态，从而成为一个真正的智能电源模块。模块工作的所有信息均可通过 RS485 接口传输到监控模块，方便后台实时监控各模块状态。

电源模块采用高效率设计，热损耗低，系统结构设计充分考虑了散热问题，可以做到自然散热方式。

3. 智能监控系统

监控系统采用三级集散式监控体系，各级监控自成体系，下级监控保证在上级监控故障或不存在时能独立工作，产生告警信息；上级监控可以对下级监控的工作状态和数据进行汇总处理。第一级监控为模块监控和配电监控，监测模块信息和系统配电信息；第二级监控为监控单元和电源系统的人机交互接口，对第一级监控数据进行汇总显示和故障定位；第三级监控为全线电源的信息汇总。

（1）第一级：模块监控和配电监控

每个电源模块都是一个智能单元，电源模块内有一块模块监控 CPU 板。模块监控板的功能有：

①采集模块的输出电压、电流值。

②采集电源模块的工作状态，包括保护、故障、工作 / 备用。

③显示该模块的保护、故障告警信息。

④通过 RS485 口与监控模块通信。

配电监控对整个系统的配电状态进行监测，完成输入、输出配电的数据采集、主干结点输出控制、声光报警及通信等功能。

（2）第二级：监控单元

监控模块以嵌入式 CPU 为主控器，以实时多任务操作系统（Real Time Operating System，简称 RTOS）为系统平台，具有如下功能：

①显示与设置功能：能实时显示电源系统的各项运行参数、运行状态、告警状态、设置参数、系统配置数据。全汉字显示，界面友好，具有在线帮助、数据边界检查功能。

②遥测、遥信功能：监控模块可对系统输入、模块输出模拟量进行遥测；实现配电系统开关量、模块状态量等信号的遥信功能。

③告警与记录功能：监控模块可根据采集到的数据对系统故障进行声光报警，产生相应的动作，同时能上报到后台主机。告警分为紧急告警、一般告警和不告警三种级别，用户可根据实际情况设定告警级别，并可为每种告警类型设定对应的继电器输出，也可设为无继电器输出。用户可查阅历史告警记录和当前记录，历史告警记录包括告警类型名、发生时间、结束时间，当前记录中则只有告警类型名和发生时间，显示顺序按发生时间的先后。历史告警记录按循环存储方式保存最多 100 条，超出 100 条则自动清除最旧的告警记录。

④通信功能：监控模块具有与后台主机和下级设备通信功能。与后台主机的通信支持 MODEM、RS232、RS485/RS422 等方式，与下级设备的通信支持 RS485 方式。

⑤故障回叫：在设有监控后台的电源系统中，当系统发生紧急告警时，监控模块通过

MODEM 向监控后台发出告警信息。用户可设置回叫次数、回叫时间间隔、回叫电话号码（最多三组），设置时必须通过密码校验。

⑥干接点输出功能：监控单元具有 7 个干接点信号输出，当系统发生任何告警时，用户可根据需要设置成其中一个干接点信号输出。

（3）第三级：远程监控

电源系统采用 RS422、RS485、RS232 和 Modem 串行接口，通过适当的组网方式可以对全线电源进行集中监测。控制中心集中监测系统工作站对全线智能电源屏、UPS 的工作情况进行远程实时动态监测和管理。采用计算机及通信网络技术对系统各输入、输出回路的电压、电流开关量进行全面监测，并能以图像、表格、文字说明等方式在电源屏上进行显示。

这种分散分级监控体系使各构成单元（电源模块、防雷单元、配电单元等）具有智能化功能，在电源系统发生集中监测故障时，各个模块单元仍然可以实现自我监测、告警。例如电源模块故障和系统配电故障，除可以在上级监控中显示外，还可以通过自身体现告警信息。

4. 防雷系统

本智能电源屏输入输出采用完善的防雷系统，同时考虑信号设备复杂的工作环境，系统给室外设备供电的输出也设有一级输出防雷，保证系统在恶劣的环境下可靠工作，防雷系统如图 2-4 所示。

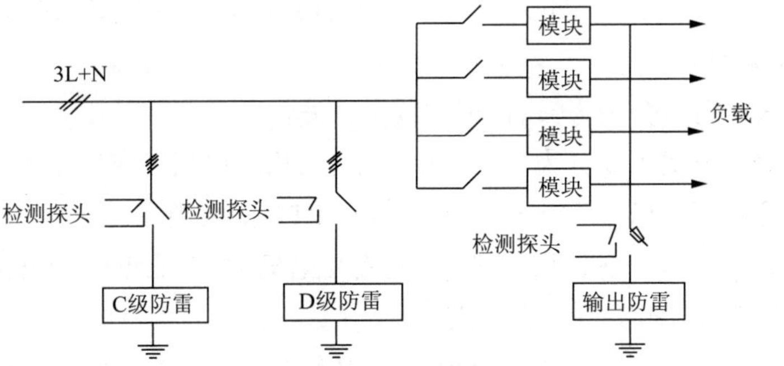

图 2-4　防雷系统原理图

系统内部安装有 II/C 级防雷器，同时系统的每个模块内还设计有完善的防雷电路，整个系统可承受 8/20μs、20kA 模拟雷电冲击电流 5 次；8/20μs、40kA 模拟雷电冲击电流 1 次。如要防止更高幅值的雷击对系统造成损坏，建议在机房进线处安装较高防护等级的 I/B 级防雷器。

三、不间断电源系统

（一）UPS 的主要功能

UPS 的主要功能是，当市电输入正常时，将市电电压稳压后供应给负载使用；当市电中

断或其他故障时，会及时由蓄电池向负载提供电源，使设备仍能持续工作一段时间，保证设备的正常运行，避免因市电故障而造成影响，在信号专业中，避免因此而影响行车，甚至中断行车。城市轨道交通信号系统主要的部件是计算机网络系统，计算机网络系统或其他电力电子设备对供电质量的要求不断提高，UPS 的主要功能就是针对该要求，可以归纳为以下 5 点：

（1）两路电源之间不间断地相互转换。

（2）隔离作用：将瞬间间断，谐波，电压波动、频率波动以及电压噪声等电网干扰阻隔在负载之前，使电网对负载不产生干扰，反之一样。

（3）电压变换作用，当市电输入正常时，UPS 将市电稳压后供应给负载使用，此时的 UPS 就是一台交流市电稳压器，通过逆变的转换方法向负载继续供应 220V 交流电，使负载维持正常工作并保护负载软、硬件不受损坏。

（4）频率变换作用，输入频率不等于输出频率。

（5）提供一定的后备时间，UPS 带有电池，平常它还向机内电池充电；当市电中断（事故停电）时，UPS 立即将机内电池的电能，通过逆变器向负载继续供应 220V 交流电一段时间，后备时间可按用户的要求设定。

（二）UPS 的分类

（1）按功率大小可以分为小功率（＜10kVA）、中功率（10 ～ 100kVA）、大功率（＞100kVA）3 种功率容量。

（2）按输出波形可以分为方波、梯形波或正弦波。

（3）按输入输出方式可以分为单相入单相出、三相入单相出或三相入三相出。

（4）按工作原理还可以分为动态 UPS 和静态 UPS 两大类。

①动态型 UPS。由发电机、惯性飞轮、直流发电机、蓄电池组成。设备笨重、噪声大、效率低、切换时间长，已被静态 UPS 所取代。

②静态型 UPS 分为 3 类：离线式（Off line，又称为后备式）、在线式（On line）和在线互动式（On line interactive），一般在城市轨道交通中使用的是在线式小、中型 UPS。

（三）UPS 的工作状态

根据市电出现的各种情况，UPS 常见的工作状态有以下 5 种：

1. 正常工作状态

当市电正常时（指 UPS 可以接受、认可的电压幅值、频率和波形比负载接受的范围要大），由市电通过 UPS 给负载供电。UPS 对市电进行滤波、稳压和稳频调整后，提供给负载更加稳定和洁净的电源。同时，UPS 通过充电器把电能转变为化学能储存在电池中。

2. 后备电池组供电状态

当 UPS 监测到市电异常时，切换到电池供电，通过逆变器（Inverter）把化学能转变为交流电能，供给负载，以保证对负载的不间断电力供应。

3. 静态旁路供电状态

旁路电源直接供电给负载，负载完全从UPS系统中脱离。在正常情况下，由正常工作状态转为维修旁路时，是不间断转换的。

4. 旁路维修状态

当UPS需要维修或做定期保养须清扫机内灰尘时，转入此状态。转入前须检查旁路电源电压和频率，以免损坏负载，同时负载方需做好可能停电的准备，如备份数据等。

5. 脱机工作状态

在多台UPS并联冗余使用时，该台UPS带电退出服务，不输出。

（四）工作原理

1. 后备式UPS

后备式UPS的组成及原理如图2-5所示。

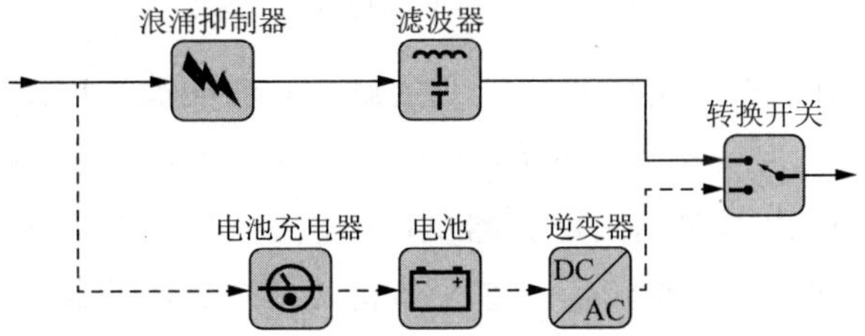

图2-5 后备式UPS组成及原理图

转换开关设置为选择滤波后的交流输入作为主电源（图2-5中实线路径），一旦主电源出现故障，就会切换到电池/逆变器作为备用电源。一旦发生这种情况，转换开关必须进行操作，将负载切换到电池/逆变器备用电源上（图2-5中虚线路径）。逆变器只在电源出现故障时才启动，因此称作“后备式”。这种设计的主要优点是效率高、尺寸小和成本低。如果采用适宜的滤波电路和浪涌保护电路，这些系统还可以提供适当的噪声过滤和浪涌抑制功能。

2. 在线互动式UPS

在线互动式UPS的组成及原理如图2-6所示。

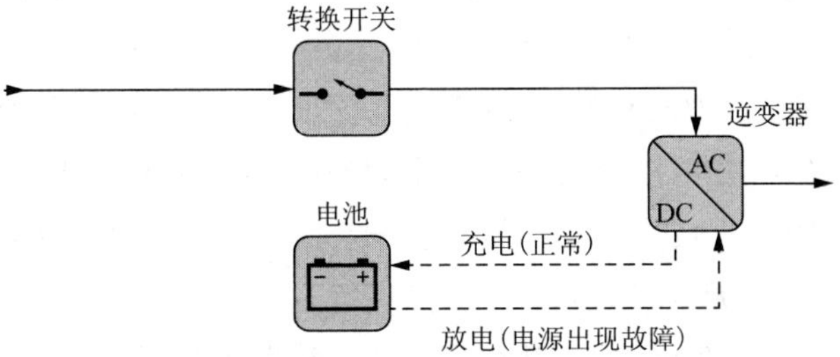

图2-6 在线互动式UPS组成及原理图

此种类型UPS，电池到交流电源的转换器（逆变器）始终连接到UPS的输出端。如果在输入交流电源正常时反向操作逆变器，就会给电池充电。一旦输入电源出现故障，转换开关就会打开，并通过电池向 UPS 输出端供电。与后备式 UPS 拓扑结构相比，由于逆变器始终打开且与输出端保持连接，这种类型 UPS 进一步增强了滤波效果，并降低了转换瞬态过电压。

3. 在线式 UPS

在线式 UPS 的组成及原理如图 2-7 所示。

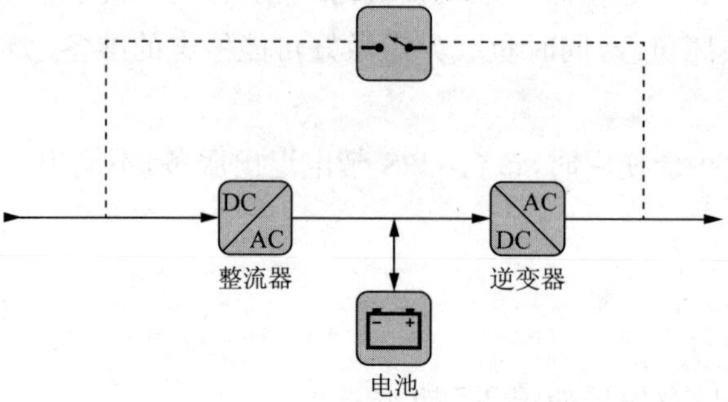

图 2-7　在线式 UPS 的组成及原理图

在线式 UPS 结构组成除主电源路径是逆变器（而非交流主电源）外，其余与后备式相同。在此类 UPS 中，输入交流电发生故障并不会激活转换开关，因为输入交流电一直在给备用电池充电，而由备用电池向输出逆变器供电。所以，在输入交流电源出现故障时，无需进行在线运行状态转换的时间，整流器和逆变器将转换全部的负载功率，并且提供了非常理想的供电输出性能。但功率部件的持续工作，与其他设计方案相比，降低了其可靠性。

总的来说，离线式 UPS 对负载的保护最差，在线互动式相比之较好，在线式则几乎可以解决所有的常见电力问题，所以通常情况下，信号系统均以在线式 UPS 为最优选择。

四、稳压器

（一）概述

稳压器主要功能是，补充 UPS 采用旁路供电时，缺失的稳压、调节功能。稳压器类型主要为单相可控硅交流稳压器，三相可控硅交流稳压器。

下面我们以某厂家生产的 SBWDT-5B2（T）系列三相可控硅交流稳压器为例进行讲解。SBWDT-5B2（T）系列三相可控硅交流稳压器是针对用户电网电压不稳定且不允许断电的特殊要求而研制生产的新一代交流稳压器，它集合了智能测控、可控硅无触点开关和变压器技术于一体，具有响应快、无噪声、高可靠、高效率等特点；采用最新技术完全撤除了限流电阻，可大幅提高整机的可靠性和效率；具有完善的自检测及保护功能。

（二）工作原理

稳压器由补偿变压器（主变）、补偿电压调节电路调压变压器（副变）、可控硅模块及驱动电路、智能控制电路、操作及显示电路等组成，如图 2-8 所示。其中补偿变压器、补偿电压调节电路、智能测控电路组成了输出电压的自动稳压系统。

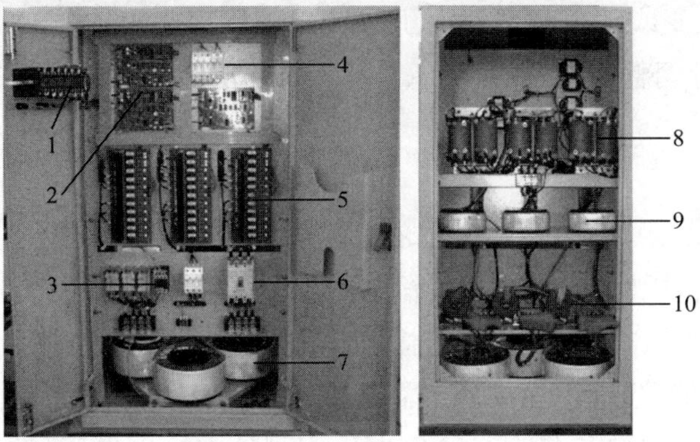

图 2-8　稳压器

1- 电压电流显示模块；2- 控制模块；3- 接触器；4- 熔断器；5- 可控硅模块及驱动电路板；6- 输入断路器；7- 补偿变压器（主变）；8- 电感；9- 调压变压器(副变)；10- 电流互感器

自动稳压原理简述如下：

图 2-9 中，在不计补偿变压器 TB1（主变)的阻抗压降时有：

$$U_{out}=U_{in}+\Delta U \quad (2\text{-}1)$$

式中：U_{in}——稳压器输入相电压；

U_{out}——稳压器输出相电压；

ΔU——补偿变压器 TB1（主变)次级补偿电压。

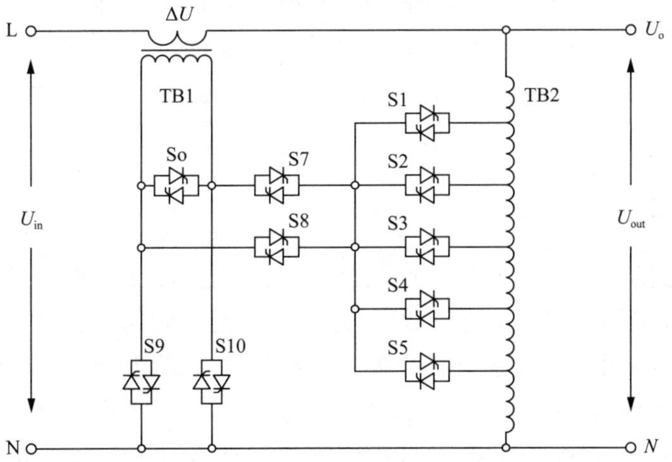

图 2-9　稳压器工作原理图

三相可控硅交流稳压器的补偿电压调节电路是由调压变压器 TB2（副变)、可控硅模块及驱动电路组成。其中，调压变压器 TB2（副变）为多抽头自耦变压器，每路抽头由 1 组若干个可控硅开关控制。可控硅开关 S1 ～ S5 为补偿电压大小切换开关，可控硅开关 S0、S7 ～ S10 为零补偿、正补偿、负补偿切换开关，改变各可控硅开关的导通状态，即可改变补偿变压器 TB1 初级线圈上的电压大小和方向，从而 TB1 次级可产生大小和方向均可变的补偿电压 ΔU。

当输入电压 U_{in} 改变或因负载变化而引起输出电压 U_{out} 变化时，智能控制电路对可控硅开关（S0 ～ S10）进行调整切换，从而实现自动保持输出电压稳定的目的。

（三）设备功能

（1）稳压功能：当输入电压在 220V±18% 范围内时，输出电压满足 220V±3%；当输入电压超出 220V±18% 范围时，做最大补偿输出。

（2）遥信功能：提供稳压器故障告警干接点信号。

（3）保护及告警功能：当输出电压超出额定输出电压 ±10%（允许 ±3V 的偏差），稳压器延时 5s 左右发出声光告警信号。当输出电压回到额定输出电压 ±10% 范围之内时，告警信号自动消除。短路保护：输入断路器提供短路保护。

（4）过载保护：稳压器允许短时过载工作，输入断路器及补偿回路熔断器提供两种过载保护功能。

五、蓄电池

（一）蓄电池的种类

根据电解液的种类，一般分为碱性蓄电池和酸性蓄电池；根据密封程度，分为开口蓄电池和密封蓄电池，而密封蓄电池的电解液一般为铅酸液体，故在 UPS 的实际应用中的蓄电池一般分成 3 种：开放型液体铅酸电池，免维护电池，镍铬电池。现 UPS 厂家所配的电池一般为免维护电池。

（二）电池容量

蓄电池的额定容量 C，单位安时（Ah），它是放电电流安（A）和放电时间小时（h）的乘积。由于对同一个电池采用不同的放电参数所得出的 Ah 是不同的，为了便于对电池容量进行描述、测量和比较，必须事先设定统一的条件。实践中，电池容量被定义为：在标准环境温度下，每 2V 电池单体在给定时间至 1.80V 终止电压时，可提供的恒定电流值（A）与持续放电时间（h）的乘积。给定持续放电时间为 10h 的容量称为 10h 率容量，用符号 C10 来表示。蓄电池容量可用 20h 率、10h 率、8h 率、5h 率、3h 率、1h 率、0.5h 率等多种方法表示，一般采用 C10 作为蓄电池的额定容量来标称蓄电池。

蓄电池的额定容量是蓄电池的主要参数，具有相同额定容量的不同品牌蓄电池不能互相替换使用。蓄电池具有相同额定容量只表示它们在相同持续放电时间的放电性能一致，但在不同时间段，如 10min、30min、1h、3h 等时间内可提供的恒功率值和恒电流值则可能差异较大，而 UPS 后备时间通常不会与蓄电池的持续放电时间一致，所以 UPS 配用蓄电池时，应根据所保护的设备需求合理选择蓄电池容量。

（三）蓄电池的特性

使用寿命长。特殊配比低钙高锡 Pb-Ca-Sn-Al 四元合金具有良好耐腐蚀、抗延伸性能；拥有较长的浮充寿命，在 25℃下连续浮充工作寿命不少于 10 年。正常充电时产生的气体，可以很好地被吸收，所以正常操作情况下，不会因电解液减少出现容量降低现象。内阻小有利于大电流放电，在后备时间小于 1h 情况下，电池具有良好的放电特性。深度放电对电池不利，但万一出现这种情况，只要充分充电即可恢复。

（四）技术指标

（1）浮充电压：2.23 ～ 2.27V/ 电极单元。

（2）均衡充电电压：2.30 ～ 2.35V/ 电极单元。

（3）蓄电池端电压的均衡性（均充及浮充电工作三个月后）：每组蓄电池中，每只电池的电压最大差值≤ ±50mV。

（4）放电终止电压：1.80V/ 电极单元（20h 放电率）。

（5）自放电损失：完全充电的蓄电池，在 25℃ ±5℃的环境中，静置 180 天后，其容量保持率应在 80% 以上。

（6）循环使用寿命：80% 放电深度时≥ 600 次；浅充放电≥ 4000 次。

（7）防酸雾性能：蓄电池在正常工作中应无酸雾逸出。

（8）防爆性能：蓄电池在充电过程中遇有明火，内部不会引爆。

（9）密封反应效率：蓄电池密封反应效率应不低于 95%。

（10）气密性：蓄电池应能承受 50kPa 的正压或负压而不破裂、不开胶，压力释放后壳体无残余变形。

（11）安全阀要求：蓄电池的安全阀具有自动开启和自动关闭的功能，其开阀压力应为 10 ～ 49kPa，闭阀压力应为 1 ～ 15kPa。

（12）蓄电池在运输和存储时的温度：-20 ～ 60℃。

（13）蓄电池使用时的温度：0 ～ 45℃。

（五）蓄电池性能的均一性

理论上，蓄电池的电压、内阻、寿命等性能应该是一致的，可以无限多组数地进行并联以达到要求的容量。但在实际生产过程中，由于存在所用材料纯度、生产工艺、工作人员、生产环境温度等差异，即使同一品牌、同一型号、相同生产日期生产的相同批次蓄电池，性能也不可能完全一致。

我们通常采用便宜的小容量电池多组并联来达到 UPS 要求的较大蓄电池容量，如果采用性能均一性较差的电池多组并联，性能差、电压低的电池组就会将性能好的蓄电池组拖垮，导致整套UPS蓄电池系统提前失效。一般蓄电池并联组数不应超过4组，为防止整套蓄电池系统提前失效，在选择蓄电池时，应该在性能均一性方面提出要求。当确定了蓄电池型号之后，在一套UPS系统中最好要求厂家提供同一批次的蓄电池产品，以减小性能方面的差异。同样道理，不同品牌或者新旧程度不同的蓄电池，由于存在较大的性能差异，建议不要混合使用。

第二节　联锁设备

一、联锁系统介绍

信号系统的联锁子系统是保证列车运行安全，实现轨道区段、道岔、信号机之间正确联锁关系的系统，满足“故障—安全”原则，与传统的铁路6502继电联锁系统的原理相似，整个系统的主要工作可分为进路建立（包括侧面防护元素的选择、保护区段的确定）和进路解锁。联锁系统保证行车安全的基本措施主要是以信号显示（包括地面信号显示、车载信号显示等）向行车人员提供安全信息，信息的安全取决于：信号显示正确反映所防护线路的空闲或占用状态；信号显示正确反映防护线路是否存在危及行车安全的因素（紧急停车按钮激活状态、屏蔽门开关状态等）；信号显示能指示安全运行速度。

城市轨道交通信号联锁子系统与传统联锁区别在于，前者的联锁关系中增加了紧急停车按钮、屏蔽门状态、扣车按钮等相关信息，联锁进路建立过程要检查道岔位置、进路空闲状态、敌对进路未建立、屏蔽门关闭状态等相关信息，其中一项不满足条件进路将无法建立，每一条进路检查的联锁条件关系与很多因素有关，具体要看站场图和联锁表，同样每一条进路解锁，同样要检查很多相关信息，进路是否有车通过，接近区段是否有车占用等条件，列车正常通过进路，进路自动解锁，因区段故障或列车未完整通过进路等原因，导致进路不能正常解锁情况下，需采用区段故障解锁的方式解锁，当进路接近区段有车占用未进入进路内方情况下，取消进路，进路将延时解锁。

随着技术的进步，目前在城市轨道交通信号联锁系统大多采用计算机联锁，设备硬件方面设计为双机热备、三取二和二乘二取二结构以确保安全。

二、联锁设备与其他专业接口

城市轨道交通信号系统联锁设备与其他专业的接口主要有：屏蔽门专业、防淹门、综合后备盘等。

（一）与屏蔽门专业接口

信号专业与屏蔽门专业的接口主要采用的是继电器接口，接口关系可分析控制信息接口和采集信息接口。

1. 控制信息接口

信号专业对屏蔽门的控制接口信息主要为开门和关门信息命令，信号专业给屏蔽门专业发送开门信息，屏蔽门专业接收到开门信息后执行开门指令，屏蔽门打开，信号专业给屏蔽门专业发送关门信息，屏蔽门专业接收到关门信息后执行关门指令。

具体开关门信息，信号专业给屏蔽门专业发送那些信息，每个信号厂家和屏蔽门生产厂家的设计和要求均不一样。以安萨尔多 CBTC 系统为例：信号专业给屏蔽门专业发送使能和开门高电平信息，代表开门信息；屏蔽门专业在收到使能和开门高电平信息后执行开门命令，打开屏蔽门。信号专业给屏蔽门专业发送使能高电平，开门低电平信息，代表关门信息；屏蔽门专业收到使能高电平开门低电平信息后执行关门命令，关闭屏蔽门。

2. 采集信息接口

信号专业对屏蔽门专业的采集接口信息主要为关门锁闭和互锁解除信息，常态下屏蔽门关门且锁闭，屏蔽门给信号专业发送关门锁闭信息，信号专业收到关门锁闭信息代表屏蔽门为关门锁闭状态，屏蔽门打开后，屏蔽门不给信号发送关门锁闭信息，信号专业接收不到关门锁闭信息代表屏蔽门为开启状态。当屏蔽门因故不能给信号专业发送关门锁闭信息时，为车站保证能正常接发车，屏蔽门专业可给信号专业发送互锁解除信息，信号专业收到互锁解除信息后，不再采集关门锁闭信息，可正常接发列车。

正常情况下，各家信号系统均采集以上两个屏蔽门状态信息。以安萨尔多 CBTC 系统为例：屏蔽门在关门状态下给信号专业发送关门锁闭高电平信息，信号专业接收到关门锁闭高电平代表屏蔽门关门锁闭；屏蔽门在开门状态下给信号专业发送关门锁闭低电平信息，信号专业在接收到关门锁闭低电平信息代表屏蔽门为开启状态。当屏蔽门因故不能给信号发送关门锁闭高电平信息时，在确保行车安全情况下，为保证车站正常接发车，屏蔽门专业给信号专业发送互锁解除高电平信息，信号专业收到互锁解除高电平信息后，将不再采集关门锁闭信息。

（二）与防淹门专业接口

在一些线路设计中有防淹门，防淹门是在特定情况下使用，一般在设计中都与信号系统关联（也可不关联），防淹门与信号系统的关联主要是通过继电接口实现。

正常情况下，防淹门为开启状态，信号专业接收到防淹门开门信息后，在防淹门区域可正常接发车。当防淹门给信号系统发送关门请求信息，信号系统接收到关门请求信息，信号系统将不允许在防淹门区域内接发列车。

（三）与综合后备盘接口

每个城市轨道交通车站车控室均设有综合后备盘，简称 IBP 盘。**IBP 盘上有信号专业设备区域，上面设有紧急停车按钮、取消急停按钮、扣车按钮、取消扣车按钮、临时限速按钮、计轴区段预复位按钮、计轴总复位按钮、道岔位置指示灯、道岔动作电流表、蜂鸣器等。在 IBP 盘设置哪些按钮、按钮采用自复位式还是非自复位式、指示灯颜色，每条线路根据实际情况各异，IBP 盘上的每一个按钮或者开关的操作信息，都会直接或者间接地将相应的信息传送到信号联锁系统，联锁系统采集到相关信息，将按照逻辑关系执行相应的命令。**

三、常用联锁设备介绍

（一）TYJL-Ⅲ型联锁

TYJL-Ⅲ型计算机联锁系统是在 TYJL-Ⅱ型和 TR-2000 型的基础上研制开发的双机热备、二重冗余比较系统，即 2×2 取 2（二乘二取二）制式的联锁控制系统。系统的冗余结构与目前广泛采用的双机热备系统的结构类似，除维修终端为单系工作外，其余各个层次，包括信息通道均设双重系，分别为 A 系和 B 系，互为备用。A、B 双重系采用整机切换方式。与双机热备系统不同的是 A 系、B 系原为单机工作，现联锁机和采集驱动模块均采用双重冗余、比较一致后输出的二取二控制制式。此外，双系的切换机制和条件与现在的双机热备系统也有所不同。

系统有 3 种工作状态：A、B 两系均不工作，A、B 两系中只有一系工作和双系联机同步工作。在联机同步时，系统处于双机热备状态。

作为 A、B 联锁机来说，有单机工作、脱机、联机和联机同步 4 种状态，其中联机状态为过渡状态，过渡时间约为 5s。系统启动时，先上电的一系（A 系或 B 系）定义为主机，先进入工作状态，其次上电的联锁机为备机，与主机通信联机，实现同步工作。在联机同步时 A、B 联锁机处于完全相同的工作状态，实无主、备之分。如主机出现故障，自动停止驱动的输出，此时备机自动升为主机工作，原主机则处于脱机状态。必须在修复故障，确认机器工作正常后重新开机，原主机作为备机，转入联机状态，恢复主备机通信，待双机的控制命令输出完全一致时备机与主机联机同步工作，转入热备状态。此时原备机仍作为主机工作，不再切换到原主机，将一直保持至本机故障或人工切换倒机为止。A、B 联锁机的自动切换和人工倒机，均不影响系统的正常工作。

TYJL-Ⅲ型计算机联锁系统为三级网络控制系统。最上层的一级网络为综合信息网，由以太网组成，主要连接监控机和维修终端，传送联锁系统的操作记录、站场状态信息、联锁系统自检信息等，并实现系统时钟的统一校准。同时此综合信息网用来与 ATS 和维护支持监测子系统连接，交换信息。第二级网络为冗余环行网，采用可支持光纤环网的工业ARCNET网，构成安全冗余网络，实现多个联锁逻辑单元及多个监控终端的本地和远程连接。第三级网络为联锁总线网，也是联锁系统中最为关键的，与安全直接相关的网络，采用安全冗余结构的高可靠高速现场总线CAN，实现联锁逻辑单元和智能化采集驱动I/O模块的连接。联锁机通过此总线向采集驱动模块发送命令，动作现场信号设备，同时接收信号设备状态，作出联锁逻辑判断。

TYJL-Ⅲ型计算机联锁系统按层次可分为4个子系统，即人机对话层、主控层、接口层和室外设备层。其系统结构如图2-10所示。

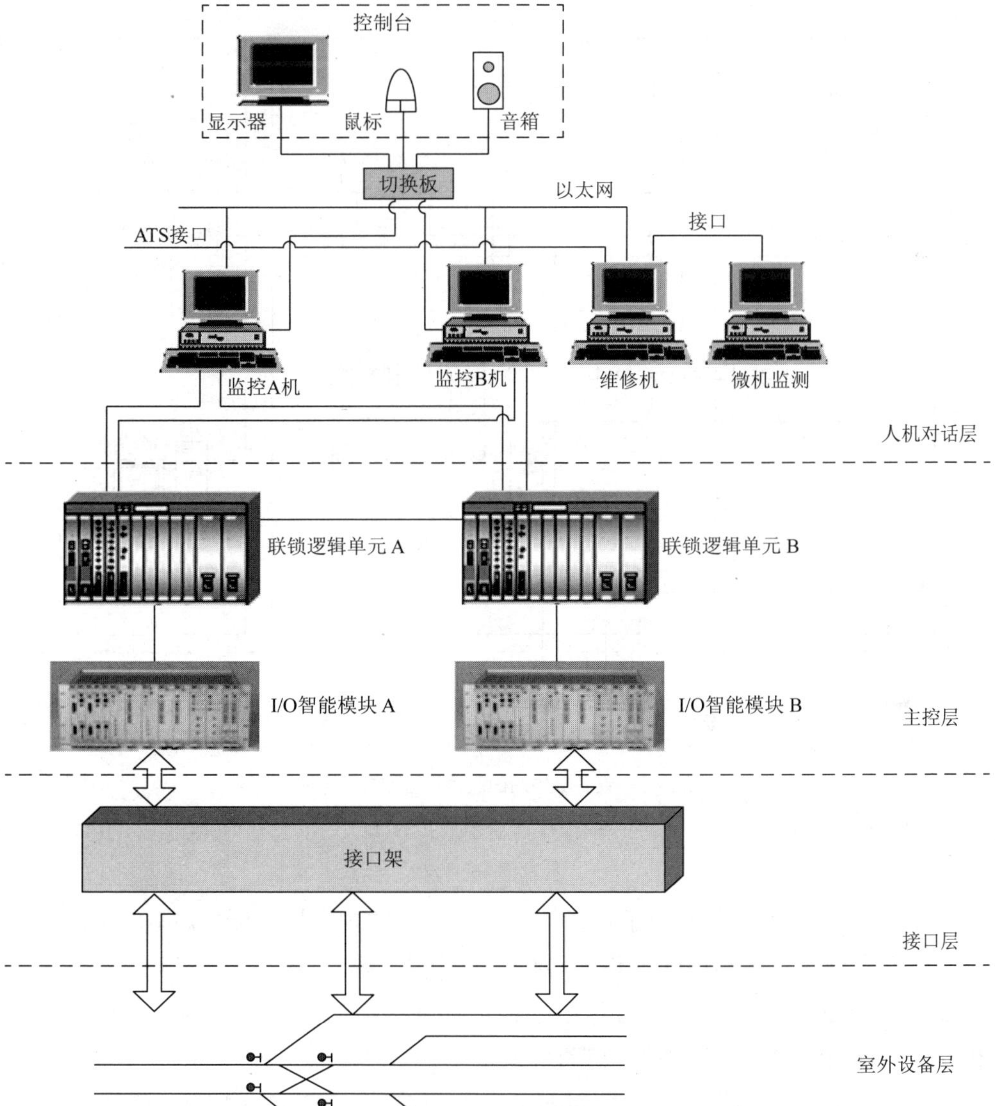

图2-10　TYJL-Ⅲ型计算机联锁系统结构图

（二）MicroLokⅡ联锁

MicroLokⅡ联锁子系统是保证列车运行安全，实现轨道区段、道岔、信号机之间正确联锁关系的系统，满足“故障—安全”原则。MicroLokⅡ联锁子系统采用双机热备的硬件结构和软件设计，与之相关的通信通道采用冗余配置的独立的逻辑通道。

根据系统要求，**联锁控制器设于设备集中站信号设备室内，根据站间距的远近，通常设计每个设备集中站控制 2 ～ 4 个站，非集中站的设备由联锁集中站控制。如图 2-11 所示，对于非设备集中站车站（对于联锁站而言），信号机、转辙机、站台屏蔽门等都将由联锁站控制。联锁站与非联锁站之间利用电缆和继电器进行接口。**

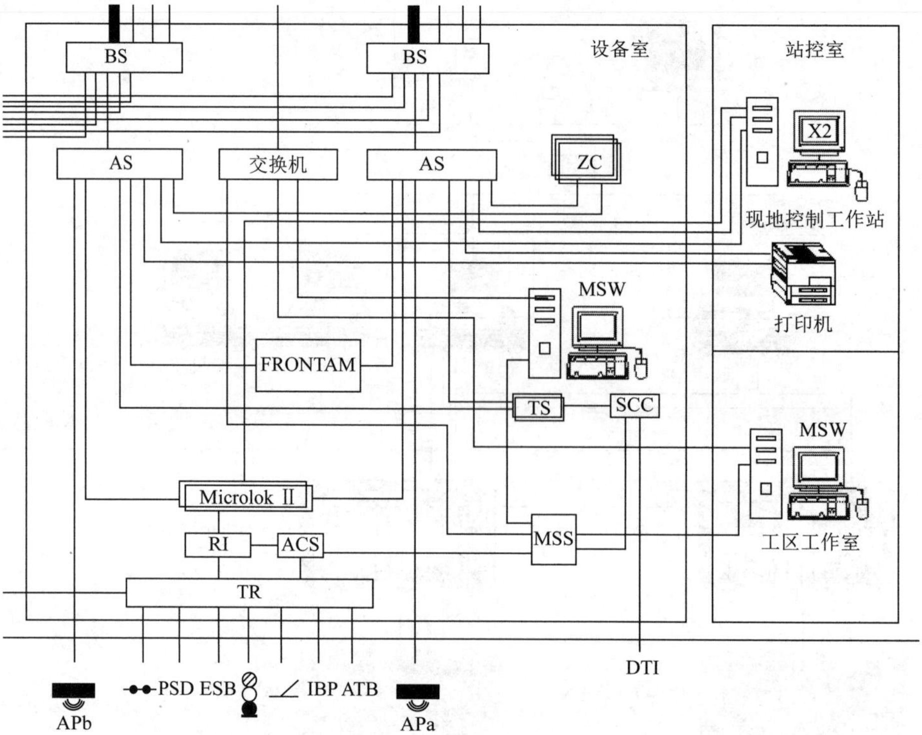

图 2-11　设备集中站的联锁设备配置示意图

BS- 骨干交换机；AS- 接入交换机；MSS- 维护工作站；ACS- 计轴主机；DTI- 发车指示器；RI- 继电接口；IBP- 综合后备盘；TR- 接口设备

联锁控制器 MicroLokⅡ专用于执行轨旁联锁逻辑的安全性功能，联锁机笼如图 2-12 所示。它通过安全型接口电路与轨旁设备相接，采集并控制其状态。

与 MicroLokⅡ接口的轨旁设备包括本站及其联锁区内其他车站的信号机、转辙机、计轴主机、综合后备盘、紧急关闭按钮、自动折返按钮、站台屏蔽门等。

以站台屏蔽门为例，联锁控制器 MicroLokⅡ以安全方式控制正确一侧的站台屏蔽门能否开启。同时，联锁控制器 MicroLokⅡ输出屏蔽门打开和关闭命令。当列车停在预先指定的位置时，CC 请求联锁控制器打开站台屏蔽门。站停时间结束前，车载信号设备请求

MicroLok Ⅱ联锁控制器关闭站台屏蔽门。列车在收到站台屏蔽门已关闭的信号前，不能驶离站台。

图 2-12 MicroLok II 联锁机笼

与闭塞制式（移动闭塞或固定闭塞）无关，联锁控制器提供诸如“接近锁闭”“进路锁闭”“检测锁闭”和“运行方向锁闭”等基本功能。这些功能可确保转辙机在道岔区被列车占用时不动作。

（三）iLOCK 联锁

iLOCK 联锁联锁机具有全面的自诊断功能，各种印制电路板的面板上都设有表示灯，维修人员可以及时了解各印制板的工作状态，发现并排除故障。联锁机由系统机箱和 I/O 机箱组成。系统所能处理的 I/O 机箱的最大数值取决于有多少安全型输入输出口及联锁逻辑布尔方程式数量，系统的扩展是通过增设另一个 I/O 机箱，将接口电路板和所增加的输入 / 输出板插入该扩展的机箱，并用电缆把它与系统机箱相连接来实现的。印制电路板的数量取决于车站的规模。

联锁子系统的输入输出对外连接是采用接触部分镀金的进口接插件，确保各部件（即每个插针）动态连接的安全性和可靠性。在所有的安全型线路中的各导体间及导体与地之间都能承受 3000V（有效值）的冲击。

系统机箱（SYS 机箱）高度为 9U，可放置 VLE 板、VPS 板、I/O BUS2 板。I/O 机箱高度为 6U，可放置 I/O BE2 板、VⅡB 和 VOOB 板。每个 I/O 机箱有 14 个槽道，第一个槽道放置 I/O BE2 板，其余槽道放置 VⅡB 和 VOOB 板。每块 I/O BUS2 板可以带一个输入输出机箱，一个联锁子系统最多能配置 12 块 I/O BUS2 板。

图 2-13 为硬件结构布置示意图，联锁子系统的硬件结构可以按照站场规模进行灵活的组合。

图 2-14 为 iLOCK 联锁结构示意图。

联锁机使用双 CPU 作为核心控制器，两个 CPU 通过双口 RAM 进行数据通信和任务级同步。CPU1 和 CPU2 分别引出两条总线，CPU1 控制 I/O 总线的通道一，对应于 VIIB 是

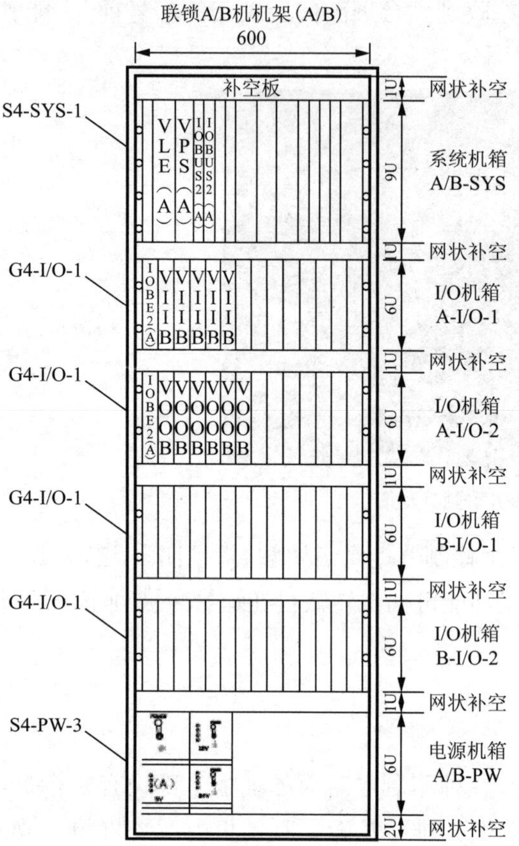

图 2-13 iLOCK 联锁硬件结构示意图

一端的采集总线，对应于 VOOB 是正电的输出和校验；CPU2 控制 I/O 总线的通道二，对应于 VIIB 是另一端的采集总线，对应于 VOOB 是负电的输出和校验。双 CPU 对各自的内存进行检查（包括双口 RAM)，也对各自的运行状态进行检查，这些检查的结果产生主校核字；双 CPU 也分别对输出端口的正电和负电进行检查，生成重校核字。双 CPU 将主重校核字发给 VPS 板，VPS 板经过安全的校验确认主重校核字都正确后提供励磁电压给安全性继电器，安全性继电器吸起后提供输出电源给 VOOB 板。

在联锁运算采用二取二模式的基础上，CPU1 和 CPU2 每执行一行程序，均分别构成校核字的一部分被实时地送到以 VPS 板为核心的独立的安全防护（校验）部分进行校核，以监督系统完好，且每行程序均得到正确执行。VPS 板还对各安全型输出端口进行实时动态校核（校核周期为 50ms)，确保防护电路能在系统可能发生错误输出之前即切断输出通道的电流，以实现“故障—安全”目的。

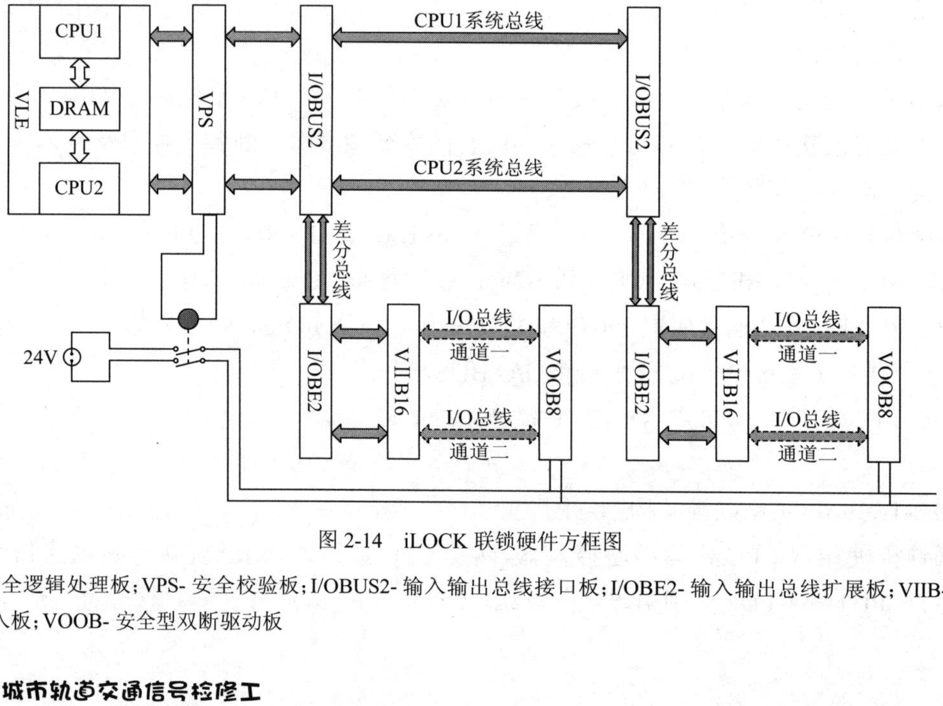

图 2-14 iLOCK 联锁硬件方框图

VLE- 安全逻辑处理板；VPS- 安全校验板；I/OBUS2- 输入输出总线接口板；I/OBE2- 输入输出总线扩展板；VIIB- 安全型双采输入板；VOOB- 安全型双断驱动板

iLOCK 联锁设备集中站联锁系统构成如图 2-15 所示。

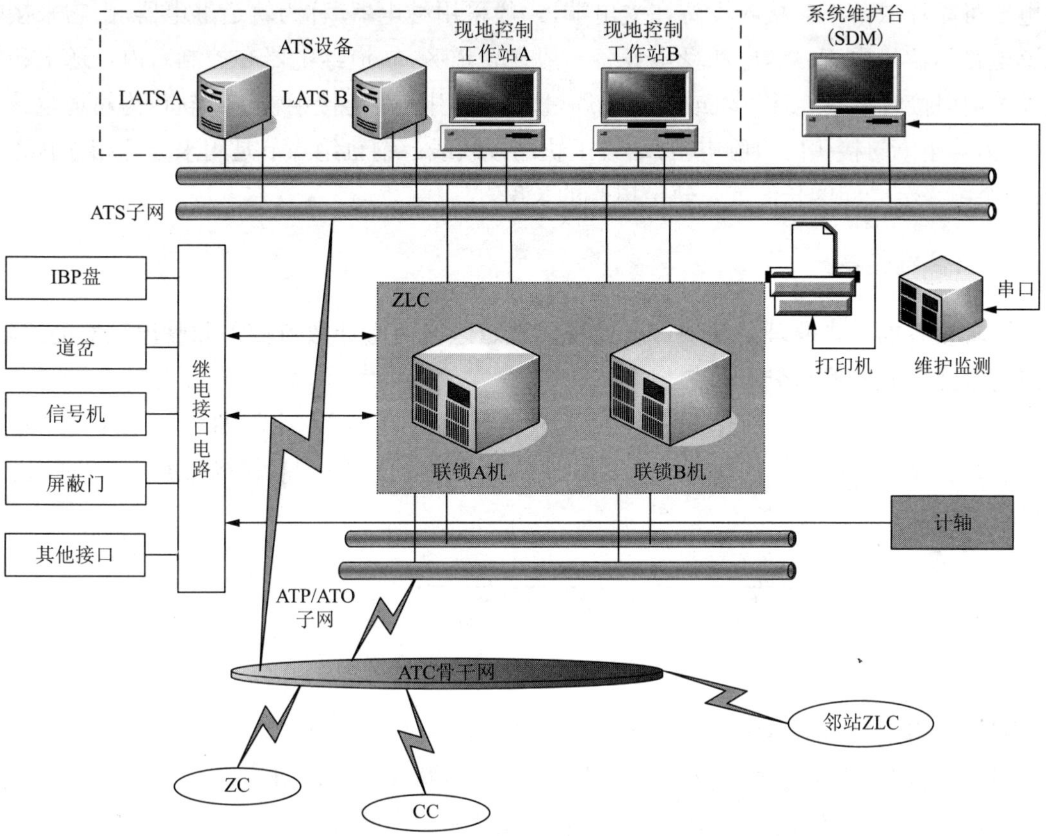

图 2-15　iLOCK 联锁设备集中站联锁系统构成

第三节　列车位置检测设备

一、列车位置检测设备介绍

在城市轨道交通信号系统中一般采用轨道电路和计轴设备检测列车位置信息，通过检测轨道区段的空闲和占用，并将空闲和占用信息输出给其他信号设备。

（一）轨道电路

轨道电路是以线路的两条钢轨作为导体，两端加以机械绝缘（或电气绝缘）并接上送电和受电设备构成轨道电路，轨道电路的送电设备在送电端，一般由轨道电源和限流电阻组成。限流电阻的作用是保护电源不致因过负荷而损坏，同时保证列车占用轨道电路时，轨道继电器可靠释放落下。接收设备在受电端，一般采用继电器，称为轨道继电器，由它来接收轨道电路的信号电流。送电和受电设备一般在轨道旁，轨道继电器在控制室内。送电和受电设备由引接线直接连接钢轨或通过电缆过轨后由引接线连接钢轨。钢轨作为轨道电路的导体，为减小钢轨接头的接触电阻，增设了轨端接续线。钢轨绝缘节是用来分开相邻轨道区段，两个绝缘节之间的长度就是轨道电路的长度。

（二）计轴设备

计轴设备的基本原理是基于对所监视的轨道区段两端计数点驶入和驶出轴数的比较，以确定该区段的占用或空闲状态。

计轴原理如图 2-16 所示，列车从所监视区段的 A 端驶入，计入轴数为 CA，列车从所监视区段的 B 端驶出，计出轴数为 CB。当 $CA \neq CB$ 时，区段占用；当 $CA = CB$ 时，区段空闲。

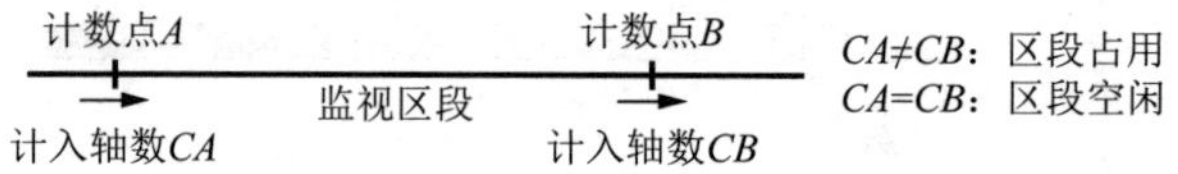

图 2-16　计轴系统原理

轨道占用和空闲状态检查方式可以分解为两个具体的操作：

（1）在轨道空闲状态下，计入一轴或探测到车轮，轨道转为占用状态。

（2）在轨道占用状态下，计出最后一轴，轨道转为空闲状态。

计入一轴和计出最后一轴都由计轴板作出判断，给输出板传送相应的信息。

二、常用列车位置检测设备

（一）50Hz 微电子相敏轨道电路

由于城市轨道交通电力机车大多为直流牵引，且牵引的钢轨回流为单条钢轨，交流连续式轨道电路需加设滤波器防护，滤波器故障不能保证安全，故轨道电路一般采用单轨条回流方式的 50Hz 相敏轨道电路。在正线道岔区段，为了节省投资和保障机车信号连续接收，可采用单轨条回流方式的 50Hz 相敏轨道电路加环线传送机车信号信息的方式，或采用 50Hz 相敏轨道电路叠加机车信号信息方式，即电码化方式。

1. 工作条件

环境温度一般在 −25 ～ 60℃，相对湿度不大于 90%（温度 25℃），大气压力在 74.8 ～ 106kPa（相当于海拔高度为 2500m 以下），振动不大于 15Hz，振幅不大于 0.45mm，工作于无爆炸危险的介质中，无足以腐蚀金属和破坏绝缘的气体与导电尘埃。

2.50Hz 微电子相敏轨道电路的工作原理

单轨条式 50Hz 相敏轨道电路的轨道接收器采用 WXJ50 型微电子相敏接收器，该接收器具有两种选择性，即频率选择特性和相位选择特性。频率选择性，保证了轨道继电器在接收到直流牵引电流的干扰时不会发出错误动作；只有在其接收端的 WXJ50 型微电子相敏接收器局部输入端加上 50Hz 交流电压，而该接收器的轨道接收端又接收到由钢轨传送来的轨道信息，其频率也为 50Hz，且相位合适时，才能正常工作。

50Hz 相敏轨道电路的轨道变压器能够适用在直流磁化电流的条件下，确保轨道电路系统正常工作。因此轨道变压器在其满载电流和直流磁化电流的共同作用下，50Hz 特性不能发生过大的变化，即不能饱和。

首先，在 50Hz 相敏轨道电路内传输和赖以工作的信号频率是 50Hz；其次，该轨道电路的接收器对该信号的相位有一定要求，即当接收器收到合适的相位时，才能正常工作，一般称其为具有“相敏”特性。所以该制式轨道电路的核心部分是 WXJ50 型微电子相敏接收器。

50Hz 相敏轨道电路在室外的主要设备为送电端轨道电源变压器和受电端轨道中继变压器等，它们分别置于室外的轨道电路送、受电端变压器箱内；室内需要设置相应的 50Hz 电源设备，分别为轨道电路送电端供给电源和为受电端的 WXJ50 型微电子相敏接收器供给局部电源，WXJ50 型微电子相敏接收器的工作电源为 DC24V，一般由电源屏供给。50Hz 相敏轨道电路系统安全可靠、制式简单、使用方便、维修周期长、易学好懂、便于设计、施工和维修。

（二）AzLM 计轴系统

AzLM 计轴系统由室内主机 ACE（图 2-17）和室外轨旁计轴点 ZP30H 组成。轨旁计轴点包括轨道磁头传感器 SK30H 和电子单元 EAK。室内主机与室外计轴点之间采用 ISDN 数据通信，且电源与数据可以共线传输。每台主机最多可以连接 32 个计轴点、监控 32 个区段，适用于一般区段和复杂站场。

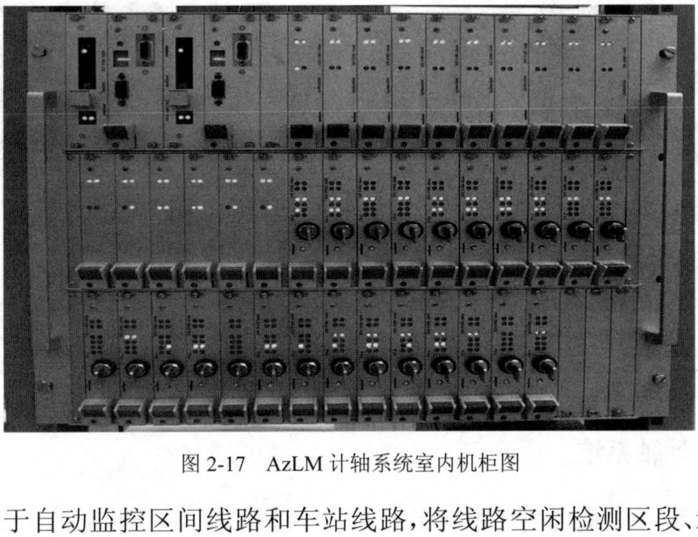

图 2-17　AzLM 计轴系统室内机柜图

计轴系统用于自动监控区间线路和车站线路，将线路空闲检测区段、道岔和股道显示

"空闲"或"占用"。在所监测区段的每一个端口安装一个计轴点。这些计轴点监测在这个轨道区段上运行的机车和车辆的轴数及运行方向。

计轴系统工作原理:列车从所检测区间的一端出发,驶入区间,经过计轴点时,运算单元对传感器产生的轴信号进行处理、判别及计数,此时轨道继电器落下。发车端不断将"计轴数"及"驶入状态"等信息编码传给接车端。当列车驶出区间,经过接车端计轴点时,接车端计数,接车端将"计轴数"及"驶出状态"传给发车端。当两端对"计轴数"及"驶入、驶出状态"校核无误后方可使两端轨道继电器吸起,给出所检测区间空闲信号。计轴系统连接如图 2-18 所示,室外电子盒如图 2-19 所示;室外磁头布置如图 2-20 所示。

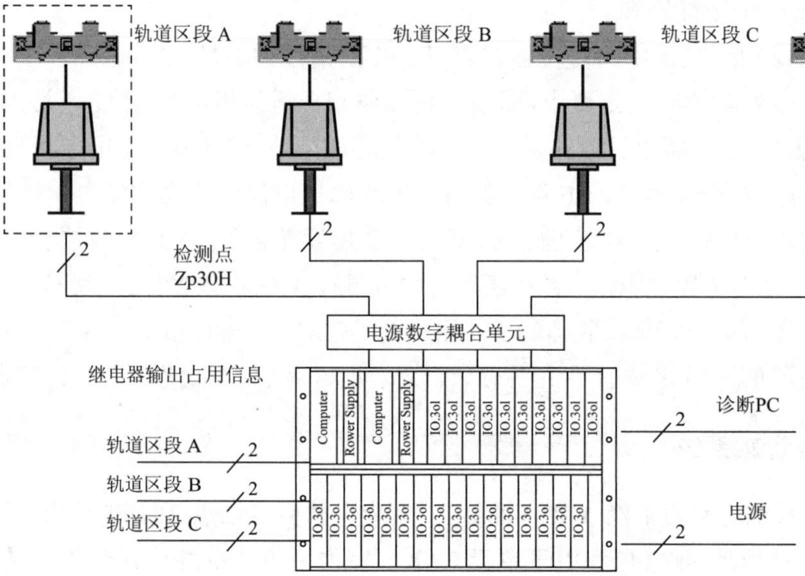

图 2-18 AzLM 计轴系统连接示意图

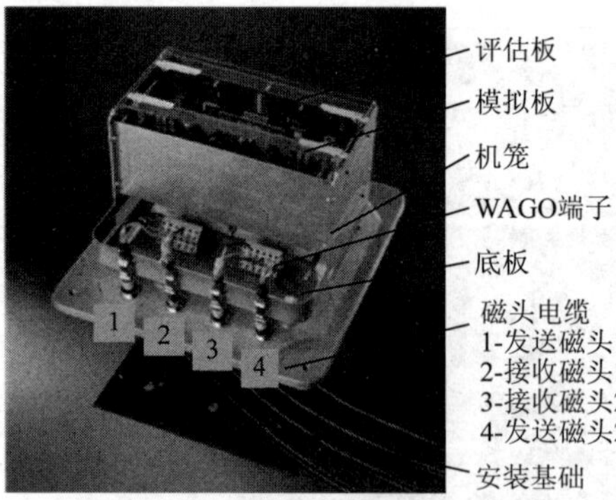

图 2-19 AzLM 计轴系统室外电子盒

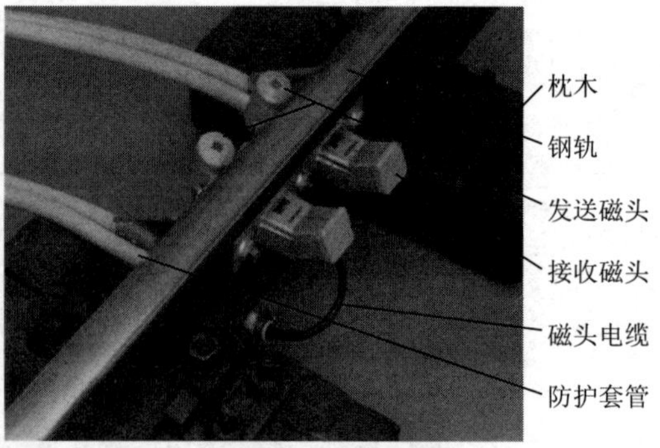

图 2-20 AzLM 计轴系统室外磁头布置

(三)TAZ Ⅱ计轴系统

TAZ Ⅱ/S295 型计轴系统由室内设备和室外设备组成,具备外接复零条件以及与联锁和维护监测等设备的接口，其组成框图如图 2-21 所示。

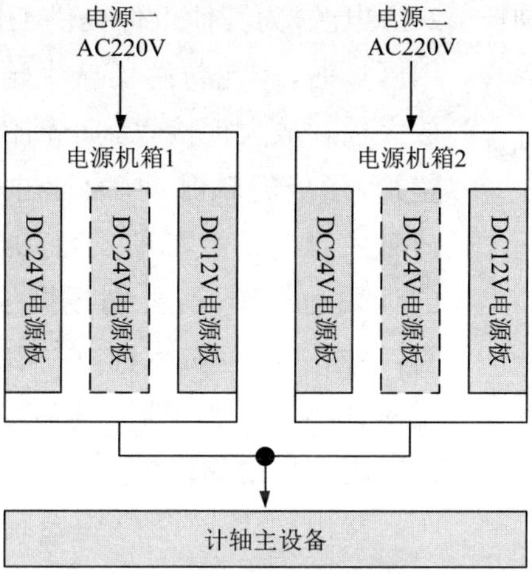

图 2-21 TAZⅡ/S295 型计轴系统框图

TAZⅡ/S295 型计轴系统室外电子设备为车轮传感器。室内设备主要包括：放大板、计轴板、输出板、复零板和电源板等单元。其中车轮传感器与放大板组成车轴检测单元，计轴板与输出板等组成计轴运算单元。其功能图如图 2-22 所示。

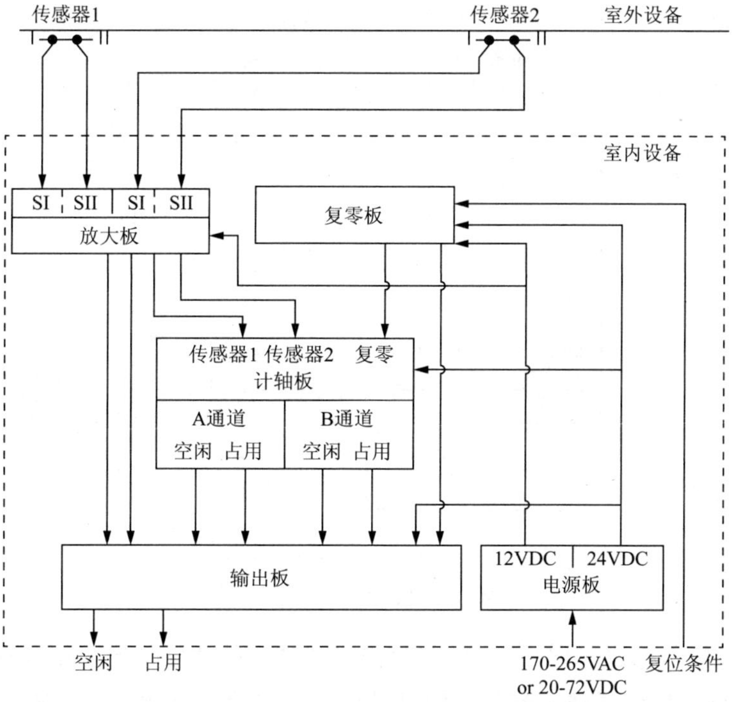

图 2-22 TAZⅡ/S295 型计轴系统功能图

计轴机柜，柜内布置电源机箱、监测机箱、放大机箱和计轴机箱各一个，其中放大机箱和计轴机箱可根据实际需要增加到需要的数量(图 2-23)。

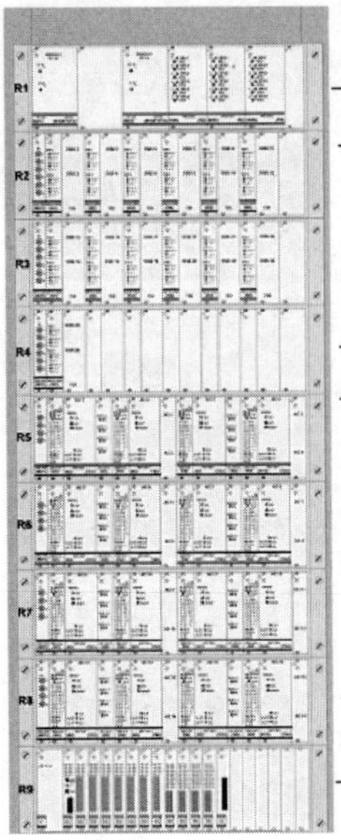

图 2-23　TAZⅡ/S295 型计轴机柜示意图

电源板输入 50Hz 交流 220V 电源，输出直流 12V 和 24V 电源，为其他板件提供工作电源。车轮驶过传感器作用区域时，车轮传感器产生轮轴信号，并将该信号输出至放大板。放大板接收到车轴传感器的轮轴信号，经放大和整形，形成轮轴脉冲，为计轴板和输出板提供工作条件。计轴主机为二取二的安全冗余结构。计轴板有 2 套独立的计轴运算单元，分别根据放大板传送的车轮传感器信息，判断列车行进方向，并完成经过的列车轴数计入和计出统计，当两套计轴运算单元计算结果完全相同时，才输出空闲信息给输出板。

输出板由 12 个继电器组成，完成车轮传感器的状态输出和区间空闲或占用的条件输出。复零板执行所属区段计轴电路的复零。

计轴机柜电源板采用“1+1”冗余配置，每台机柜提供两路 220V 交流供电。如图 2-24 所示，电源机箱 1 与电源机箱 2 中的电源板互为冗余，其中任一电源板或冗余电源告警板故障，不会影响计轴设备正常供电。电源机箱中电源板的数量可根据工程设计中主设备板卡的数量多少进行增减。

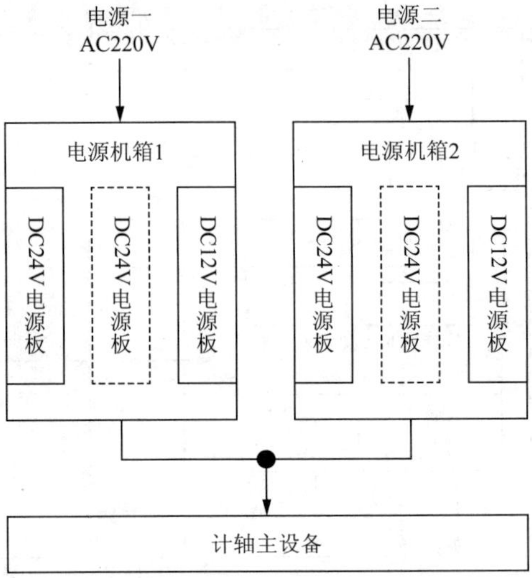

图 2-24　计轴机冗余电源框图

车轮驶过车轮传感器作用区域时，车轮传感器产生的轮轴信号经电缆传输到室内的放大板，由放大板将轮轴信号放大整形为轮轴脉冲，并传送到计轴板。计轴板进行车列运行方向判别及轴数统计。根据计轴板的运算单元比较区段计入和计出的轴数，确定区段占用或空闲状态，为输出板提供工作条件。

输出板根据计轴板和放大板提供的输入条件，输出区段空闲或占用信息。

第四节　转　辙　机

一、转辙机介绍

转辙设备供道岔转换和锁闭使用，它由安装装置、各类杆件、转辙机、锁闭装置和挤岔装置组成。转辙设备是直接关系行车安全的关键设备，要求安全可靠，在设备发生故障时，必须符合“故障—安全”的原则。**转辙设备的选择应与道岔相对匹配，城市轨道交通正线的列车运行速度较高，道岔一般采用 9 号道岔，城市轨道交通车辆段列车运行速度较低，道岔一般采用 7 号道岔。**城市轨道交通使用的转辙机主要有 ZD6 型电动转辙机、ZDJ9 型电动转辙机、S700K 型电动转辙机、ZYJ7 型电液转辙机。

（一）转辙机的作用

转辙机的作用具体如下：

（1）位置转换。根据需要转换道岔，使其位置至左位或右位（定位或反位）。

（2）道岔锁闭。道岔转至所需位置而且密贴后，实现锁闭，防止外力转换道岔。

（3）正确反映道岔位置。道岔的尖轨密贴于基本轨并锁闭后，给出相应的位置表示。

（4）报警。道岔挤岔或因故处于“四开”（两侧尖轨均不密贴）位置时，及时给出报警及表示。

（二）转辙机的基本要求

转辙机的基本要求具体如下：

（1）作为转换装置，应具有足够大的拉力，以带动尖轨作直线往返运动；当尖轨受阻不能运动到底时，应随时可以通过操纵使尖轨回复原位。

（2）作为锁闭装置，当尖轨和基本轨不密贴时，不应进行锁闭；一旦锁闭，应保证不致因车通过道岔时的振动而错误解锁。

（3）作为监督装置，应能正确地反映道岔的状态。

（4）道岔被挤后，在未修复前不应再使道岔转换。

（5）应有安全装置，确保维修人员的安全。

（三）转辙机的分类

1. 按动作能源和传动方式分

转辙机可分为电动转辙机、电动液压转辙机（电液转辙机）和电空转辙机。电动转辙机和电液转辙机均由电动机提供动力，分别采用机械传动和液压传动的方式。电空转辙机由压缩空气作为动力，由电磁换向阀控制。

2. 按供电电源种类分

转辙机可分为直流转辙机和交流转辙机。直流转辙机采用直流电源，由直流电动机作为动力，如 ZD6 系列电动机转辙机。

交流转辙机采用三相交流电源或单相交流电源，由三相异步电动机或单相异步电动机作为动力，如 S700K 型电动转辙机和 ZDJ9 型电动转辙机。

3. 按锁闭道岔的方式分

转辙机可分为内锁闭转辙机和外锁闭转辙机。

内锁闭转辙机依靠转辙机内部的锁闭装置锁闭道岔尖轨，是间接锁闭的方式，如 ZD6 型电动转辙机。

外锁闭转辙机虽然内部也有锁闭装置，但主要依靠转辙机外的外锁闭装置锁闭道岔，将密贴尖轨直接锁于基本轨，斥离尖轨锁于固定位置，是直接锁闭的方式，如 S700K 转辙机。

4. 按是否可挤分

转辙机可分为可挤型转辙机和不可挤型转辙机。

可挤型转辙机内设挤岔保护装置（挤切或挤脱），道岔被挤时，动作杆解锁，保护了整机。不可挤型转辙机内不设挤岔保护装置，道岔被挤时，挤坏动作杆与整机连接结构，应整机更换。可挤型和不可挤型的选择主要是从安全角度考虑。

（四）转辙机左装、右装的判断及倒换方向的方式

1. 转辙机左装、右装的判断

站在尖轨处面向岔心方向，转辙机安装在直股道左侧处即为左装，转辙机安装在直股道右侧处即为右装，如图 2-25 所示。

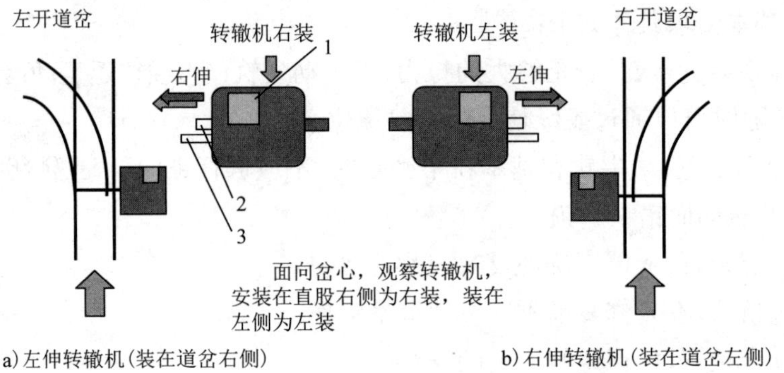

a）左伸转辙机（装在道岔右侧）　　b）右伸转辙机（装在道岔左侧）

图 2-25　道岔左装、右装示意图

1- 电动机；2- 动作杆；3- 表示杆

2. 倒换方向的方式

转辙机伸出方向与安装使用方向不一致时，可按以下方式进行调整：

（1）拆下转辙机（或转换锁闭器）动作杆、表示杆（或检测杆）的保护管。

（2）转辙机处于解锁状态，将锁闭杆、表示杆从原侧拉出，旋转 180° 从另一侧插入。

（3）将动作杆、表示杆（或检测杆）的保护管安装到另一侧即可。

二、常用转辙机设备

（一）ZD6 转辙机

1. 概述

ZD6 型电动转辙机目前在我国各城市轨道交通线路的车辆段 / 停车场运用比较广泛，如图 2-26 所示。其主要用途是转换道岔，改变道岔的开通位置，并在道岔尖轨与基本轨密贴后，将道岔锁闭在规定位置，并给出反应尖轨位置状态的指示。

图 2-26 ZD6 型转辙机现场安装图

ZD6 型电动转辙机主要由电动机、减速器、自动开闭器、主轴总成、动作杆、表示杆、移位接触器、底壳及机盖 9 部分组成。部件均可单独拆卸，互不影响，这样非常有利于检修。ZD6 型电动转辙机的编号原则以 ZD6-D 165/350 为例进行说明：Z 为转辙机；D 为电动；6 为设计顺序号；D 为派生顺序号；165 为动作杆动程；350 为额定转换力。

（1）ZD6 型电动转辙机的工作环境

①大气压力不低于 70kPa（海拔高度不超过 3000m）。

②周围空气温度为 −40 ～ 60℃。

③周围空气相对湿度不大于 90%（25℃）。

④周围环境无可能引起爆炸危险的有害气体、粉尘，或腐蚀金属的有害气体，或破坏电器绝缘的有害气体、粉尘等。

（2）ZD6 型电动转辙机的特点

①直流电源，额定电压 160V。

②内锁闭，除ZD6-E外均为可挤型。

③表示（锁闭）杆结构适用于联动道岔。

④派生型号较多，分别适用于不同的道岔。

⑤主要功能部件模块化，便于现场维护。

2. 各部件的作用及功能

（1）电动机

采用直流串激电动机，主要由定子、转子及前后端盖等部件组成。定子是产生电动机磁场的部件，由机体磁极和定子绕组构成。转子，即电枢部分，由铁芯、绕组、换向器及转子轴组成。转子铁芯采用优质硅钢片冲压，共110片。由于直流串激电动机具有软机械特性，故适用于作为转辙机的动力。由于转辙机采用直流串激电动机作为动力，使其可以在比较宽的范围内适应道岔转换力的变化。负载小于额定值时，可以加快道岔的转换，减少进路办理的时间；负载稍大于额定值时，转辙机仍然可以牵引，只是转换时间稍长，但不会因过负载而烧毁电动机。

（2）减速器

减速器是电动转辙机的主要部件，由减速器壳、内齿轮、外齿轮、偏心套、中间板、输入轴、大齿轮、输出轴等组成。它的作用是将电动机输出的高转速降低为适合道岔转换的低转速，与此同时，将电动机输入的小转矩增大到足以驱动具有规定载荷的道岔转换锁闭机构的大转矩。减速器为两级减速，第一级为定轴外啮合齿轮传动，第二级为渐开线内啮合行星齿轮传动。减速器的总减速比为这两级减速比之积。所有ZD6转辙机的减速器第二级减速比都是41，结构紧凑，传动比大，内齿轮与左右加板组成摩擦联结器，可双向调节。

ZD6转辙机由于采用了行星减速机构，固具有一定程度的防逆转功能，以防列车通过道岔时产生冲击力而使道岔解锁。

（3）自动开闭器

主要由机械联动机构和接点开关系统两部分组成，接点系统的接通与断开由机械联动机构带动。机械联动机构由起动片、速动片、速动爪、调整架、拉簧、检查柱、拐轴、和支架等零部件组成。接点开关系统由四排静接点和两排动接点组成。自动开闭器是转辙机中以机械动作来实现电路控制的重要部件，又是一个监督检查机构。自动开闭器要监督转辙机自身的转换过程是否按要求完成并与表示杆一起不间断地检查道岔开通位置以及尖轨与基本轨的密贴状态。另外，电动机驱动电路的接通与切断也要由自动开闭器完成。

（4）主轴总成

由主轴、主轴套、止挡栓、锁闭齿轮、挡圈及滚轮轴承等组成。该主轴由底壳的一端插入或抽出，不受其他部件影响。从来自减速器的转矩，通过起动片传给主轴，又由主轴通过花键配合将转矩传递到锁闭齿轮，锁闭齿轮和齿条啮合传动，把旋转运动转换成动作杆的水平移动，完成圆弧锁闭动作。

（5）动作杆总成

由动作杆、压簧、顶杆、挤切销、螺堵、齿条块等组成。动作杆与齿条块通过挤切销联结成一体，齿条块动作就带动与机外密贴调整杆相连的动作杆转换和锁闭道岔。当动作杆受力超过预定值时，器械发生塑性变形，直至断裂。动作杆上加工有90°的锥形孔，齿条块上的顶杆在弹簧压力下至于锥孔内，当动作杆和齿条块有相对位移时，顶杆会在齿条块中向上移动相同距离。

（6）表示杆

主要由两根带表示缺口的杆件及两个检查块等组成，这两根杆件与道岔尖轨组合一起相连，用于尖轨联动的道岔。表示杆随尖轨而移动，以确保表示杆正确反映道岔尖轨的位置。表示杆在使用前根据道岔实际情况调整好缺口位置及距离，这样当尖轨不密贴时，自动开闭器中的检查柱不能落入表示缺口，接点的转换就不能完成，即新的表示电路不能接通，这样故障就能得到表示。

（7）移位接触器

这是一个安全装置，它的接点串联在表示电路中，当发生挤岔时用于切断表示电路。挤岔时，若挤岔力大至切断挤切削，则动作杆相对齿条块发生位移，这样道岔与电动转辙机脱离机械连接，使转辙机主要部件和道岔尖轨不致被挤坏，同时当动作杆与齿条块的位移大于2.5mm时，齿条块内的顶杆上升同样距离使移位接触器阶接点断开，切断表示电路，且不经人工恢复不会接通电路。移位接触器上的按钮用于排除故障后人工恢复表示电路。

（8）堵孔板组及安全接点组

ZD6底壳上设有摇把孔及钥匙孔，堵孔板组用于防护开孔，同时起安全作用。堵孔板组通过开关轴装于底壳上，扳动时开关轴要转动，开关轴上安装的动接点也转过一定角度断开接点。接点断开后拨扣落下并卡阻，只有提起拨扣后堵孔板才可转回。防止开盖操作时，信号楼电操伤人，或摇把插入后电操使摇把甩出伤人或设备。

（9）起动片、速动片、速动衬套

联系减速器、主轴、自动开闭器的动作。转辙机动作时起动片与减速器输出轴基本上同时转动，将速动爪抬起，断开表示电路，接通反向工作电路。起动片转过一定角度，速动爪完全抬起后，起动片上的拨片钉将速动片带动共同转动，转动完成并锁闭后，起动片转至速动爪上的滚轮位于其斜坡边，速动片转至速动爪位于其缺口上，此时速动爪迅速落入速动片缺口，表示接点迅速接通，转辙机一次动作完成。

（10）摩擦联接器

该装置由摩擦片、左右夹板、弹簧等组成。安装在减速器上，用于保护电动机及传动零部件。使用时根据摩擦电路调整好联接器的弹簧压力，当载荷大于设定值时，摩擦片就会打滑，使载荷与电动机分离，从而保护电动机及转辙机的传动部分。

3. 转辙机的动作顺序

（1）切断原表示接点。

（2）转辙机解锁。

（3）转辙机转换。

（4）转辙机锁闭。

（5）接通新的表示接点。

以上程序必须按顺序完成。

ZD6 转辙机内部结构如图 2-27 所示，控制电路图如图 2-28 所示，传动原理及组件名称如图 2-29 所示。

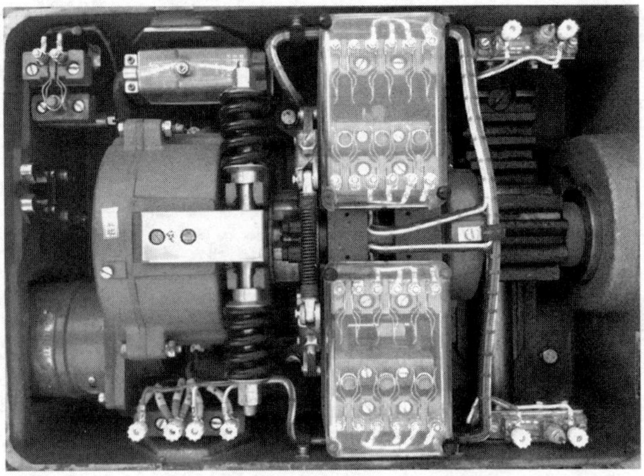

图 2-27　ZD6 转辙机机内布置图

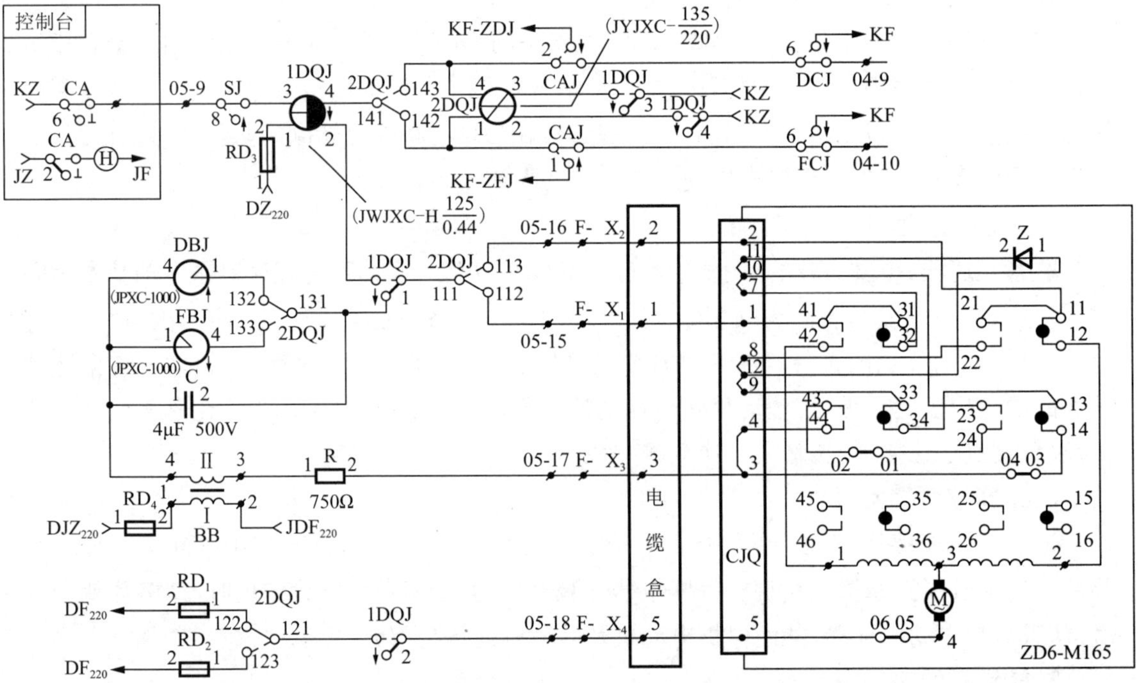

图 2-28　ZD6 转辙机电路图

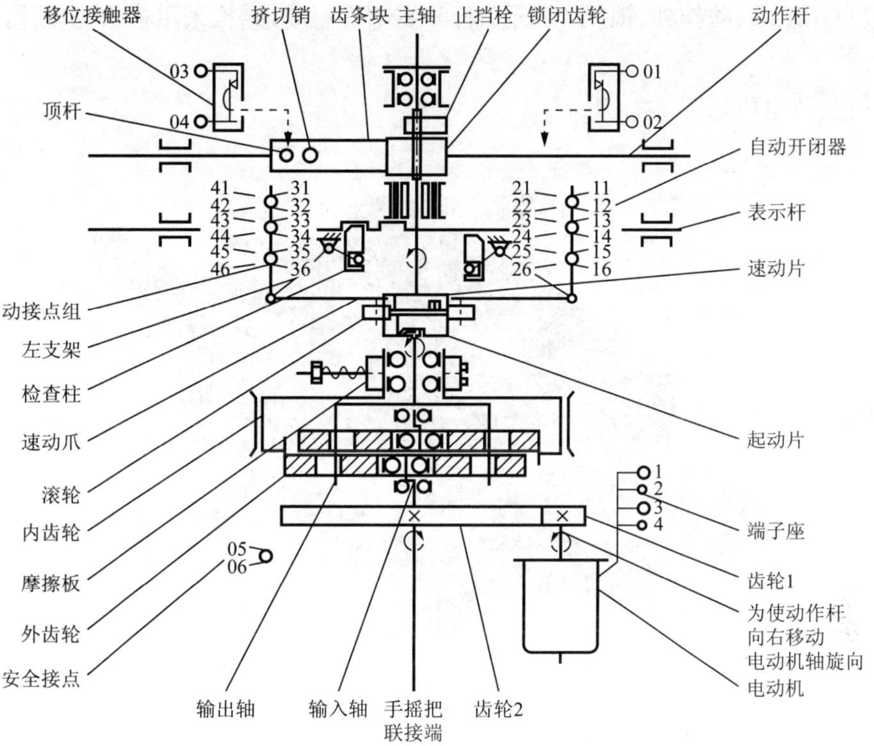

图 2-29　ZD6 转辙机传动原理及组件名称

(二)ZDJ9 电动转辙机结构及功能原理

ZDJ9 型系列电动转辙机是一种能适应交、直流电源的新型转辙机。它有着安全可靠的机内锁闭功能，因此既可适用于联动内锁道岔，又可适用于分动外锁道岔；既适用于单点牵引，又适用于多点牵引；安装时，既能角钢安装，又能托板安装。

型号组成及表示意义如图 2-30 所示。

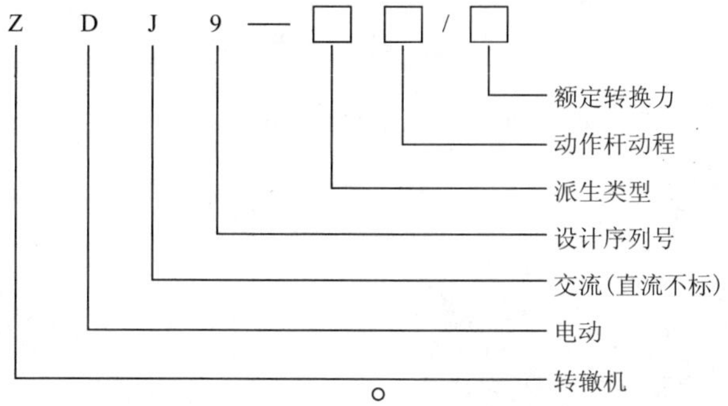

图 2-30　型号组成及表示意义

1. 转辙机的组成

ZDJ9 电动转辙机主要由电动机、减速器、摩擦联接器、滚珠丝杠、推板套、动作板、锁块、

锁闭铁、接点座组成、动作杆、锁闭（表示）杆等零部件组成，结构采用模块化设计，便于维护和维修。

转辙机整体组成如图 2-31 所示。

图 2-31　ZDJ9 电动转辙机整体图

转辙机的分解如图 2-32 所示。

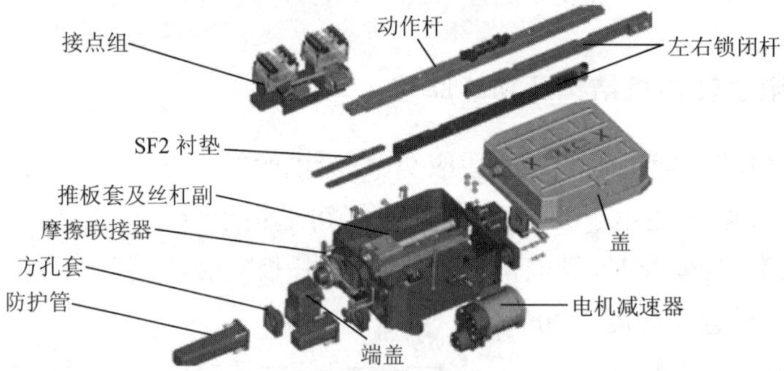

图 2-32　转辙机分解图

转辙机主要零部件外形如图 2-33 ～图 2-35 所示。

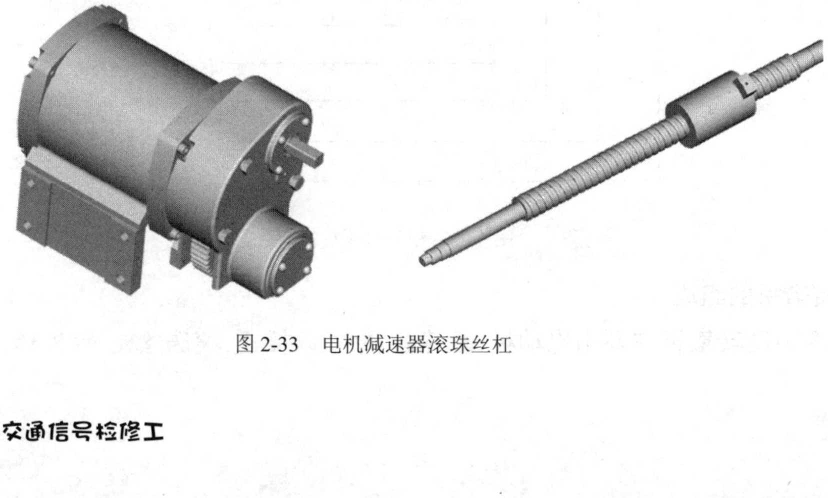

图 2-33　电机减速器滚珠丝杠

图 2-34　摩擦联接器接点组

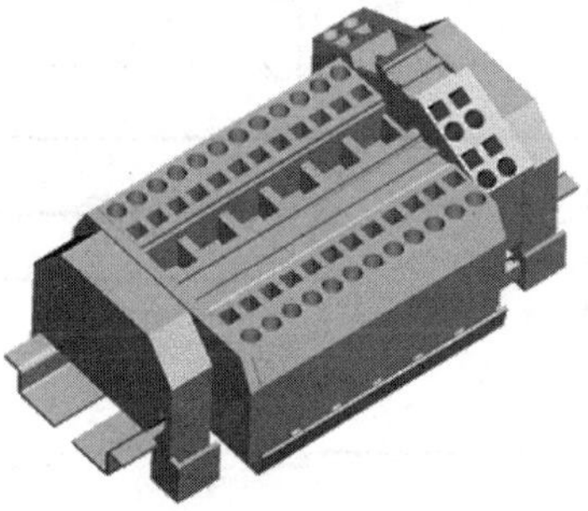
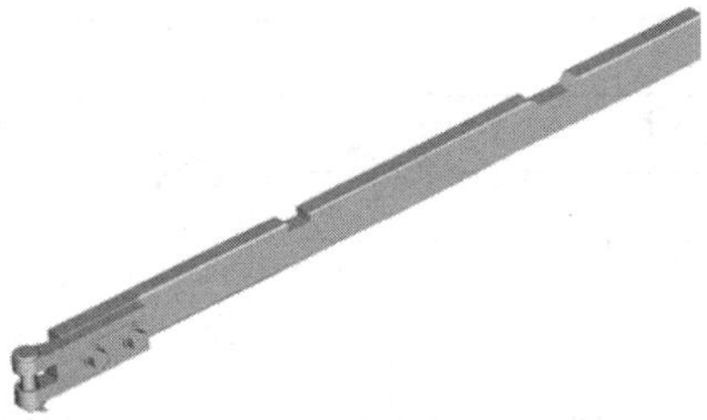

图 2-35　接线端子锁闭杆

（1）三相交流电机

ZDJ9 电动转辙机是由三相异步交流电机的三个绕组星型连接而成，提供转辙机动力。

（2）滚珠丝杠

滚珠丝杠的作用是将电动机的旋转运动转变为所需的直线运动。

摩擦连接器的作用是通过调整压力弹簧，调整摩擦片之间摩擦力的大小，保证可靠转换。

2. 工作原理

图 2-36 为转辙机的传动原理图，其工作原理如下：

（1）电动机接通电源后，电动机上的小齿轮通过齿轮箱中的传动齿轮进行两级减速，把动力传递到摩擦联接器的齿轮上。

（2）通过摩擦联接器中的内外摩擦片的摩擦作用，齿轮的旋转运动传递到滚珠丝杠上。滚珠丝杠把传动齿轮的旋转运动转换成与丝杠连接的推板套的水平直线运动。

（3）推板套水平直线运动，推动安装在动作杆上的锁块，在锁闭铁的辅助下使动作杆水平运动，完成道岔的锁闭功能。

3. ZDJ9 电动转辙机控制电路图

ZDJ9 电动转辙机控制电路图如图 2-37 所示。

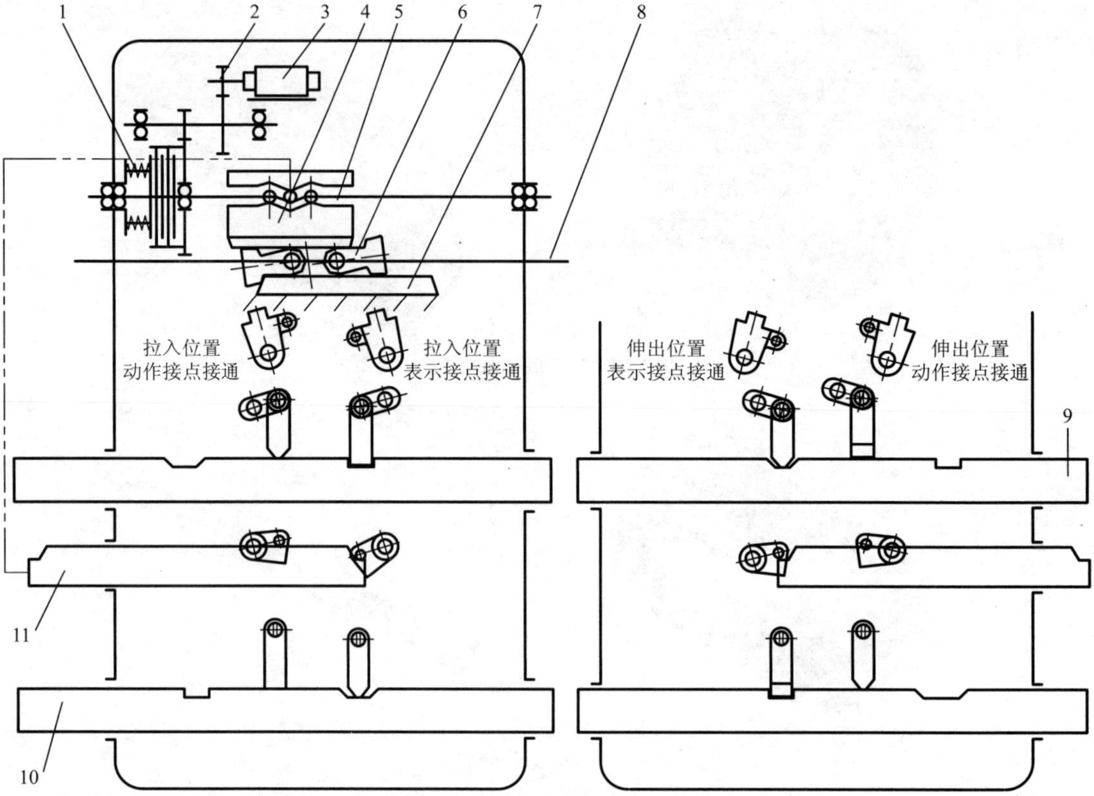

图 2-36　传动原理图

1- 摩擦联接器；2- 减速器；3- 电动机；4- 推板套；5- 滚珠丝杠；6- 锁块；7- 锁闭铁；8- 动作杆；9、10- 锁闭杆；11- 动作板

（1）电路组成

ZDJ9 转辙机控制电路采用的分动外锁闭道岔电路主要分为三个部分，即道岔室内控制电路、道岔动作电路和道岔表示电路。电路制式为五线制电路，室内外联系线路由 5 根电缆芯线组成，为 X1 ～ X5。各线的作用如下：

XI 线：定反位动作、表示共用线。

X2 线：反位向定位动作及定位表示线。

X3 线：定位向反位动作及反位表示线。

X4 线：定位向反位动作及定位表示线。

X5 线：反位向定位动作及反位表示线。

（2）控制原理

当进路式或单独操纵道岔时，首先使 1DQJ（3 ～ 4）线圈励磁，1DQJ 吸起后，使 lDQJF 励磁吸起，同时接通 TJ 的励磁电路。由 1DQJ 及 1DQJF 的前接点接通 2DQJ 的转极电路。当 2DQJ 转极后，经由 1DQJ、1DQJF 及 2DQJ 的接点条件向室外送动作电源。

当动作电路接通，DBQ 变压器中有均衡电流通过时，BHJ 吸起，接通 lDQJ 的自闭电路。当道岔动作到位或故障等其他原因使 BHJ 落下，TJ 在 13s 或 30s（下述均以 13s 为例）

而吸起时，切断 IDQJ 和 IDQJF 的自闭及励磁电路，使 1DQJ 和 1DQJF 落下。停止向室外送动作电源。

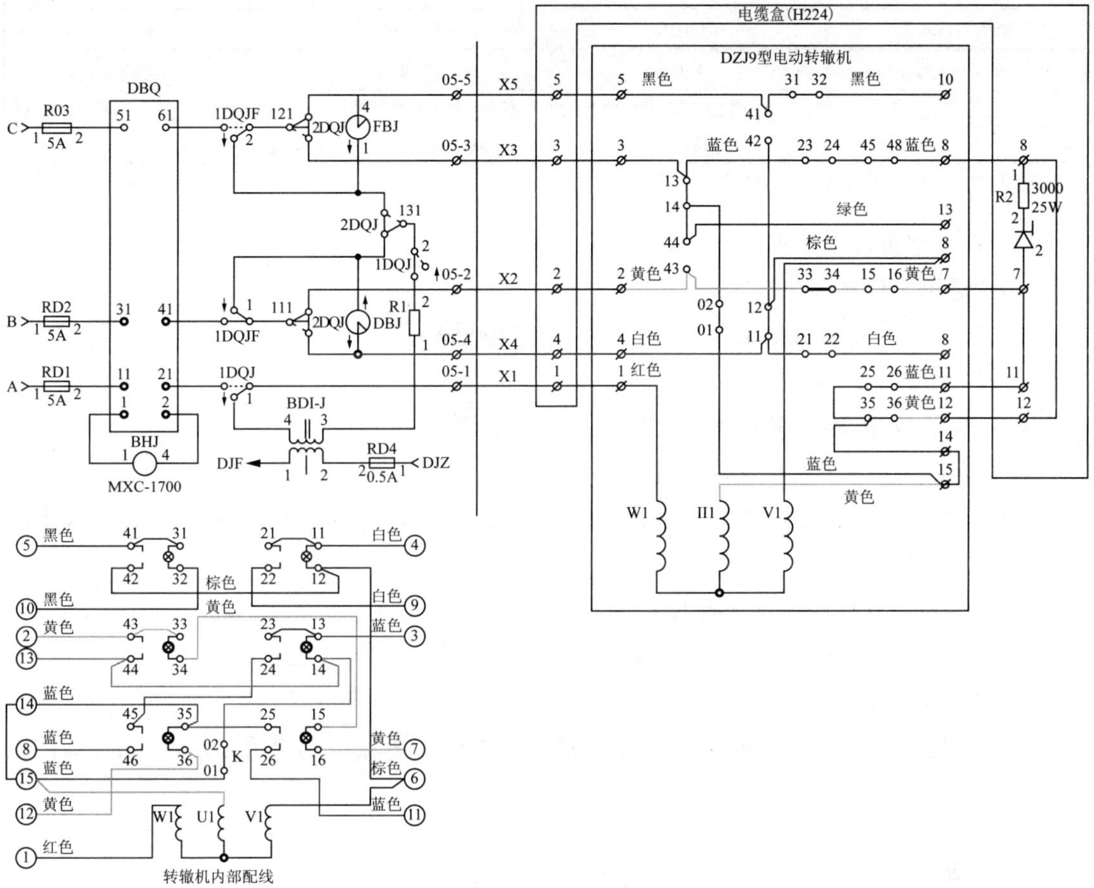

图 2-37　ZDJ9 电动转辙机控制电路图

4. 技术特性

1)交流系列电动转辙机主要技术参数，见表 2-1。

交流系列电动转辙机主要技术参数　　表 2-1

型　号	ZDJ9-170/4K	ZDJ9-A220/2.5K ZDJ9-C220/2.5K	ZDJ9-B 150/4.5K ZDJ9-D150/4.5K
电源电压 AC 三相(V)	380	380	380
额定转换力(kN)	4	2.5	4.5
动作杆动程(mm)	170	220	150
锁闭杆动程(mm)	152	160	75
工作电流(A)	≤ 2.0	2.0	2.0
动作时间(s)	≤ 5.8	5.8	5.8
单线电阻(Ω)	≤ 54	54	54
挤脱力(kN)	28±2	—	28

续上表

型　　号	ZDJ9-170/4K	ZDJ9-A220/2.5K ZDJ9-C220/2.5K	ZDJ9-B 150/4.5K ZDJ9-D150/4.5K
摩擦力(kN)	6±10%	3.8±10%	6.8
质量（kg）	180	182	177
适用范围	尖轨动程152mm以下的道岔,双杆内锁	双机牵引第一牵引点,不可挤,双杆内锁	双机牵引第二牵引点,可挤,单杆内锁

注:其中A、B用于分动道岔，C、D用于联动道岔。

2）ZDJ9整机技术要求

(1)转辙机工作环境:

①大气压力不低于70kPa（海拔高度不超过3000m）。

②周围空气温度 -40 ～ 70℃。

③空气相对湿度不大于90%（25V）。

④周围无引起爆炸危险的有害气体。

(2)各独立的导电部分之间及机壳之间的绝缘电阻,用500V兆欧表测量,其绝缘电阻应不小于25MΩ。

(3)转辙机动作应符合以下顺序:

切断原表示电路→解锁道岔→转动道岔→锁闭道岔→接通新表示电路。

(4)绝缘耐压要求

①转辙机的绝缘耐压应能承受50Hz正弦波，2400V有效值的交流电压,无击穿或闪络现象。

②电动机的绝缘耐压值应按《小功率电动机 第一部分:通用技术条件》(GB/T 5171—2002)的规定,需要重复试验时,电压应为原试验电压值的80%。

(5)转辙机使用寿命的要求:

交流系列转辙机在规定的维护条件下,其试验寿命应不小于100万次(拉入或伸出各计算一次)。直流系列转辙机的电动机和接点开闭器应不小于50万次（拉入或伸出各计算一次）。每动作一次间隔时间为10s。

(6)接点组应满足的要求:

①各开关组接通、断开良好。

②滚轮在丝杠动作板上应滚动灵活。当滚轮在动作板上滚动时,启动片尖端离开速动片上平面的间隙应为0.3 ～ 0.8mm。

③当锁闭杆从终端位往回移动,锁闭杆斜面与检查柱斜面接触后,锁闭杆再移动12mm时,表示接点组应可靠断开。

④静接点组应安装牢固,绝缘件无裂纹,接点片应长短一致、不弯曲、不扭斜,补强片应有预压力;动接点环打入静接点片的深度不小于4mm。

⑤各接点片的接点压力应调整至6 ～ 10N。

⑥转辙机接点组和即内接线端子采用免维护的万可（WAGO）公司的280-901型端子，由于该接线端子的零件没有螺纹连接件，能抗振动和冲击，同时又不损及导线，耐振动X、Y、Z方向可达2000Hz、100g。

⑦交流系列电动转辙机的机内配线采用0.75mm²氟46绝缘安装线，为19股线径0.23mm的多股软线，接线片与导线为压接方式。接线片共用FOT型线环1-3（3mm端子用）和1-5（5mm端子用）两种，用CQFOT型0.5～2.5双痕周压手动压线钳压接。

（7）转辙机的锁闭（检查）柱与锁闭（表示）杆之间应符合的要求：

①锁闭柱的下平面在接点组动作位时，距离锁闭（表示）杆上平面应不小于1mm，在锁闭位时进入锁闭（表示）杆缺口深度应不小于6mm，并不接触底面。

②当锁闭（检查）柱落在锁闭（表示）杆上平面时，动接点环与静接点片的断开距离应大于2.5mm。

（8）对其他各重要部件的要求：

①挤脱器中锁闭铁脱开时，表示接点动接点环与静接点片的断开距离应大于1.5mm。

②安全开关的常闭接点应接触良好，在插入手摇把时，常闭接点应能可靠断开。手摇把取出后，非经人工恢复不应接通常闭接点。

③滚珠丝杠副应转动灵活，无卡阻，内涂TR-1型转辙机润滑脂，丝杠螺母两端密封应良好。

④摩擦联接器在装入整机后出厂时，应将摩擦转换力调整至规定的要求，正、反向摩擦转换力（摩擦电流）之差不大于额定值的15%。锁紧片锁定和红漆封记。挤脱器在出厂时，应将挤脱力调整至28kN±2kN，并铅封。

⑤转辙机零部件应齐全，机内无杂物，无污垢。各种衬套及机械滑动面，均涂以TR-1型转辙机润滑脂。

⑥不可挤型转辙机装配后，具有动作杆和锁闭杆将道岔可动部分锁在终端位置的双锁闭功能，动作杆锁闭后应能承受100kN的轴向锁闭力，锁闭杆锁闭后应能承受30kN的轴向锁闭力，机内零部件不应损坏。

三、电动转辙机安装

（一）安装要求

1. 通用要求

（1）安装时要求线路部门配合，将拉杆、连杆、轨距、枕木间距、和尖轨动程调整到规定的标准，尖轨爬行量和道岔转换阻力也不超过规定的标准。

（2）安装时要先检查用于固定基础角钢、角型铁的螺栓头部是否与尖轨相碰，如果该螺栓影响尖轨密贴时，应将螺栓头部厚度铣薄到10mm。基础角钢应垂直于直股基本轨，短角钢垂直于基础角钢，角型铁应紧贴轨腰上下坡面，并安装牢固。转辙机应与道岔直股基本轨平行，其偏差不得大于10mm。

（3）密贴调整杆的螺母应有放松措施。

（4）各部绝缘要安装正确，不遗漏、不破损。

（5）各部螺母、垫圈、弹簧垫圈应齐全，螺母应紧固，螺栓头应露出螺母外。

（6）开口销应齐全，并按标准角度劈开。

（7）可动部分应动作灵活，不卡阻，间隙不超过规定的标准值。

（8）安装完毕，道岔在定位或反位时应保证尖轨之一必须密贴基本轨，在第一拉杆接头铁处，尖轨与基本轨有4mm及其以上间隙时，不得锁闭道岔。当道岔被挤时应可靠地切断表示电路。

2. 安装装置的要求

（1）基础角钢安装牢固，平直方正，角型铁与基本轨吻合。

（2）电动转辙机应与基本轨（直股或直股延长线）相平行，机体纵侧面的两端与基本轨垂直距离的偏差不超过10mm。

（3）密贴调整杆、表示杆、第一连接杆应与基本轨（直股或直股延长线）相垂直。各杆的两端与基本轨垂直线的偏差不大于20mm。

（4）各种连接杆及连接杆的螺扣调整部分，内外需有不少于10mm的余量，密贴调整杆的螺母应有防松措施。

（5）安装装置采用角钢型号为L125×80×10或与其强度相当的角钢，基础角钢、密贴调整杆等必须有足够的强度。

（6）穿越轨底的动作拉杆、表示拉杆，距轨底的净距离应大于10mm。

（7）附有绝缘的密贴调整杆、尖端杆、角型铁、角钢等，绝缘装设完整、性能完好。

3. ZDJ9型钩式外锁闭装置安装要求

（1）具有两个以上牵引点的分动外锁道岔，其尖轨竖切部分任意两牵引点间，尖轨与基本轨间有10mm及其以上间隙时，道岔表示电路不得接通。

（2）凡用于正线道岔第一牵引点的转辙机，动作杆和表示杆必须具备锁闭能力。

（3）尖轨与基本轨应达到静态宏观密贴，在锁闭处不应有密贴力。

（4）两个及其以上牵引点时，任意两牵引点尖轨与基本轨间有10mm及其以上间隙时，道岔不能锁闭。

（5）钩式外锁闭装置锁闭量要大于35mm。

（6）尖轨与基本轨应达到静态宏观密贴，尖轨与基本轨间在外锁闭处不应有密贴力，并保证各牵引点2mm锁闭，4mm不锁闭。在尖轨第一、二牵引点间任意一点上，尖轨与基本轨之间插入10mm厚、20mm宽的铁板，不得接通转辙机内的表示接点。

（7）尖轨第一、第二牵引点外锁闭两侧（定位、反位）锁闭量分别大于或等于35mm、20mm。

(8)检测杆表示缺口调整应为A机2mm，B机4mm，左右偏差小于0.5mm。定反位缺口均须按此规定调整。

(9)双机牵引9号岔：开口量第一牵引点动程160mm±3mm内，第二牵引点动程70mm±3mm内。

第五节 信号机

一、信号机介绍

信号机是用于指挥列车运行的信号设备，信号机显示为开放信号时允许列车通过进路，信号机显示为关闭信号时禁止列车进入进路。开放信号是指室外信号机点亮绿灯（黄灯或白灯），关闭信号是指室外信号机点亮红灯（蓝灯）。

（一）信号机的一般组成及工作原理

信号机一般由点灯单元（含灯丝转换）、灯座和灯泡（或发光盘）以及机构等组成，信号机系统刚启动时，采集驱动单元通过常态闭合开关接通供电单元向室外信号机的红灯点灯单元供电，使室外信号机点亮红灯（信号机关闭状态）。当想让室外的信号机为开放信号时，可以通过操作及显示工作站选择相关信号机及进路并把相关信息传送给逻辑控制单元；如果满足信号开放条件，逻辑控制单元通过接口单元向采集驱动单元发出开放信号命令，采集驱动单元立即接通供电单元向室外信号机的绿（黄）灯点灯单元供电，同时切断红灯点灯单元的供电，室外信号机点亮绿（黄）灯（信号机开放状态）。此时，如果我们想关闭信号机，也可以通过操作及显示工作站选择相关信号机，并把相关信息传送给逻辑控制单元，逻辑控制单元通过接口单元向采集驱动单元发出关闭信号命令，采集驱动单元立即切断供电单元向室外信号机绿（黄）灯点灯单元的供电回路，同时通过常态闭合接点接通供电单元向红灯点灯单元供电，室外信号机点亮红灯。

（二）信号机显示颜色的含义

地铁信号机显示采用的颜色主要有：红色、绿色、黄色、蓝色和白色等。根据不同的颜色显示可以表示不同的行车信息，用于指挥列车的运行。

红色——代表停车信号。列车必须在信号机前停车。

绿色——代表列车可以通过信号机。且进路中的所有道岔均开通直股（只用于正线显示，车辆段一般不设绿色显示）。

黄色——代表列车可以通过信号机，且进路中的道岔至少有一组开通弯股（用于正线显示），用于车辆段显示时，只代表列车可以通过信号机，不含道岔开通情况。

蓝色——代表禁止调车信号（用于车辆段、停车场显示），列车必须在信号机前停车。

白色——代表允许调车信号（只用于车辆段、停车场），列车可以通过信号机进行调车作业。

红色＋黄色的显示——代表引导信号，列车可以按照25km/h的速度通过信号机。

但如果信号系统为移动闭塞系统时，可以使用灭灯信号来代表自动列车信号，此时，自动列车可以凭机车信号通过显示为灭灯的信号机，而非自动列车必须在此显示的信号机前停车。

（三）信号机显示的距离要求

信号机的显示均应使其达到最远，即使是在曲线上的信号机，也应使接近的列车尽量不间断地看到显示，信号机的显示距离应满足以下要求：

（1）正线上各类信号机的显示距离不得小于300m。

（2）车辆段各类信号机的显示距离不得小于200m。

（3）不满足显示距离要求的小半径曲线区段的信号机应使其达到最远显示距离。

（四）信号机的设置原则

目前城市轨道交通使用的信号机一般为固定的色灯信号机。对于固定的色灯信号机在城市轨道交通正线上的设置，主要遵循以下原则：

（1）在每一站台的正常运行方向都应设置出站信号机。

（2）在道岔前都应设置道岔防护信号机。

（3）在线路的尽头都应设置尽头信号机。

（4）对于反向进路，始终端信号机之间的距离尽量控制在两个区间以内。

（5）信号机应设在列车运行方向的右侧，特殊情况可设于列车运行方向的左侧或其他位置。

（6）一般采用三灯位四显示信号机，只在尽头型线路上采用两灯位两显示信号机。

（五）信号机的命名规则

关于信号机的命名，在不同的城市轨道交通信号系统会有所不同，但一般会按照以下规则来命名。

1. 在城市轨道交通正线上的信号机

主要遵循以下规则来命名：

（1）信号机的编号共有五位，第一位为字母（S或X），后四位为数字，如X2101。

（2）第一位字母为S或X，代表行车方向，S（汉语拼音第一个字母）代表上行方向，X（汉语拼音第一个字母）代表下行方向。

(3)第二、三位为数字,代表车站编号。

(4)第四、五位为数字,代表设备编号,单数为站台上行区域设备,双数为站台下行区域设备,按照列车到达方向顺序从小到大的顺序进行编号,离站台最远的设备编号为第一个,如01代表站台上行区域设备且离站台最远,如02代表站台下行区域设备且离站台最远。

2. 在城市轨道交通车辆段内的信号机

主要遵循以下规则来命名:

(1)信号机的编号共有2～3位,第一位为字母(D、S或X),第二、三位为数字或字母。

(2)第一位字母为D、S或X,代表调车和列车信号机, D代表调车信号机, S代表上行方向的列车信号机, X代表下行方向的列车信号机。

(3)第二位或第二、三位为数字或字母,代表设备编号,如果第一位为字母D(调车信号机)且第二位或第二、三位为数字,则单数为停车库上行咽喉区域设备,双数为停车库下行咽喉区域设备,按照列车到达方向顺序从小到大的顺序进行编号,距离停车库最远的设备编号为第一号。

(六)信号机的分类

信号机从用途上分,在正线上可以分为出站信号机、道岔防护信号机、防淹门防护信号机和尽头信号机四种;在车辆段可以分为列车信号机、调车信号机两种。

信号机从结构上分,可以分为两灯位结构、三灯位结构和四灯位结构信号机三种。其中,在正线上基本是采用三灯位结构的信号机;只在尽头型线路采用两灯位结构的信号机;但在移动闭塞系统也有采用四灯位结构的。而在车辆段,列车信号机采用三灯位结构的信号机,调车信号机采用两灯位结构的信号机。

信号机从光源来分,可以分为白炽灯透镜式色灯信号机与LED色灯信号机两种。目前城市轨道交通使用的信号机基本为固定色灯信号机,下面将针对这两种固定色灯信号机进行详细的讲解。

二、常用信号机设备

(一)白炽灯透镜式色灯信号机

白炽灯透镜式色灯信号机有两灯位、三灯位和四灯位机构三种。主要由灯泡(采用直丝双灯丝铁路信号灯泡)、灯座(定焦盘式灯座,调好焦后换灯无需再调)、点灯单元(带灯丝报警及切换)、透镜组、遮檐(防止阳光等光线直射时产生错误的幻影显示、背板黑色,背景暗,衬托信号灯光亮度,改善瞭望条件)等组成。

1. 白炽灯透镜式色灯信号机的灯泡和灯座

白炽灯透镜式色灯信号机的灯泡一般采用直丝双灯丝铁路信号灯泡,其额定电压为

12V，额定功率为25W。灯座为带切换试验按钮和不带切换试验按钮两种的定焦盘式铁路信号灯座。由于需要调整信号机的光源位置，使主灯丝位于透镜组的焦点上，才能获得最佳显示效果，所以此灯座的安装位置必须可以调节。但调好焦点后再更换灯泡就无需再调整了。

2. 白炽灯透镜式色灯信号机的点灯单元（带灯丝报警及切换）

白炽灯透镜式色灯信号机的点灯单元一般由信号变压器和灯丝转换继电器组成，目前城市轨道交通使用的主要有DDXL型点灯单元和XDZ-B型多功能信号点灯装置两种，这两种点灯单元都将点灯和灯丝转换结合为一体，从而减少体积。

（二）LED色灯信号机

LED色灯信号机有两灯位、三灯位机构和四灯位三种，主要由点灯变压器、超高亮度发光二极管矩阵（发光盘）、光学透镜、固定框架等组成，如图2-38所示。

图2-38　信号机

注：盖子上为变压器，罩子下面为点灯模板，前面为发光盘。

1. LED色灯信号机的点灯变压器和发光盘

LED色灯信号机点灯变压器和发光盘的工作原理如图2-39所示。因LED发光管是低能耗的高效发光器件，在满足相关光学指标的前提下，LED信号光源的功率不足25W双灯丝灯泡的1/4，仅6W左右，如果直接采用交流220V向点灯变压器和发光盘供电，则会造成点灯回路中的电流过小而无法满足JZXC-H18等型号灯丝继电器工作的要求，所以，供电电路一般会采用低压供电方式，即将信号点灯电源输出由交流220V降低为交流110V，为点灯变压器和发光盘供电。点灯变压器可以起到电隔离作用，同时为发光盘提供合适的电源电压。

发光盘（含整流门限电路）的内部电路为串并联结构，每条支路由若干个LED发光二极管和电阻R组成，LED发光二极管均匀地分布在发光盘圆面内，构成发光点阵。支路中的电阻R起限流作用，限定电流在规定范围之内。为提高LED信号光源的抗干扰能力，在LED信号光源内均设有抗干扰门限电路。门限设定为线路输入电压60V，如果输入电压低于门限值，门限关闭，光源灭灯。当外部接上正向直流电源时，LED发光二极管点阵便发出相应颜色光，经光学集光透镜后产生由多个光轴组成近似于平行的信号灯光。

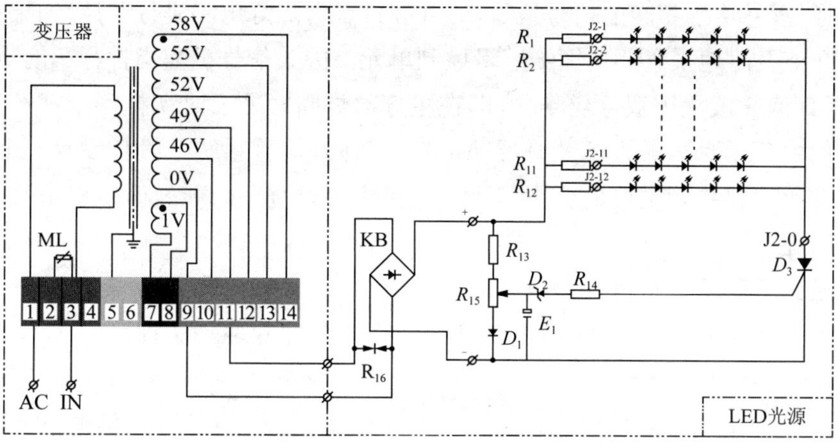

输出电压调整表

输出电压(V)	45	46	47	48	49	50	51	52	53	54	55	56	57	58	59
连接端子	8—10		8—9	8—11		8—9	8—12		3—9	3—13		3—9	8—14		8—9
使用端子	7—9	9—10	7—10	7—9	9—11	7—11	7—9	9—12	7—12	7—9	9—13	7—13	7—9	9—14	7—14

图 2-39　LED 信号机室外电路原理图

2. LED 色灯信号机的主要特点

（1）寿命长。发光二极管理论寿命超过 100000h，是信号灯泡的 100 倍，可免除经常更换灯泡的麻烦，且有利于实现免维修，降低运营成本。

（2）可靠性高。发光盘是用上百只发光二极管和数十条支路并联工作的，在使用中即使个别发光二极管或支路发生故障也不会影响信号的正常显示，提高了信号显示的可靠性。

（3）聚焦稳定。发光盘的聚焦状态在产品设计与生产中已经确定，并能始终保持良好的聚焦状态，现场安装与使用不再需调整。

（4）显示效果好。发光盘除有轴向主光束外，还有多条副光束，有利于增强主光束散角之外以及近光显示效果。

（5）无冲击电流，有利于延长供电装置的使用寿命。点灯时没有类似传统 25W 信号灯泡冷丝状态的冲击电流，有利于延长供电装置的使用寿命，并减少对环境的电磁污染。

3. LED 色灯信号机主要技术参数

（1）LED 发光管额定工作电流：20mA。

（2）光源额定输入电流：160mA。

（3）光源额定输入电压：DC39.5V。

（4）光源额定功率：＜ 8W。

（5）光源供电电源调压范围：AC43 ～ 52V。

（三）信号机采集驱动单元及主灯丝报警电路

信号机的采集驱动单元的主要功能是接收来自逻辑控制单元的命令，根据不同的命令来点亮不同灯位，并给出相应的信号机显示。同时，还对点灯电路进行监控，如果室外灭灯，采集驱动单元能及时地采集并反馈给逻辑控制单元。因为信号机为指挥行车的重要信号设备，所以信号灯泡一般采用双灯丝结构，即在主灯丝烧断时能及时切换到副灯丝工作，从而不影响信号机的正常功能。为了及时反映主灯丝故障，信号系统一般会设置一个主灯丝报警单元。主灯丝报警单元主要的作用是当信号机主灯丝烧断时能及时发出报警，以通知维修人员进行处理。

1. 信号机采集驱动单元

信号机采集驱动单元主要有继电器采集驱动和模块采集驱动 2 种。

（1）继电器采集驱动

信号机继电器采集驱动工作原理如图 2-40 所示。系统刚启动时，供电单元通过 HJ 和 LJ 的后接点闭合接通红灯点灯电路，此时室外信号机点亮红灯。灯丝继电器 DJ（JZXC—H18）为整流型继电器，串接在信号机点灯电路中，用于对信号机的断线及断丝检测，逻辑控制单元通过对 DJ 的前接点的采集就能完成此项功能。当联锁条件满足，要求室外信号机点亮绿灯时，逻辑控制单元输出命令控制绿灯继电器 LJ 吸起，通过 LJ 的前接点闭合接通绿灯点灯电路，同时断开 LJ 的后接点，切断红灯点灯电路，此时室外信号机红灯灭灯，绿灯点亮。点黄灯的原理同绿灯。

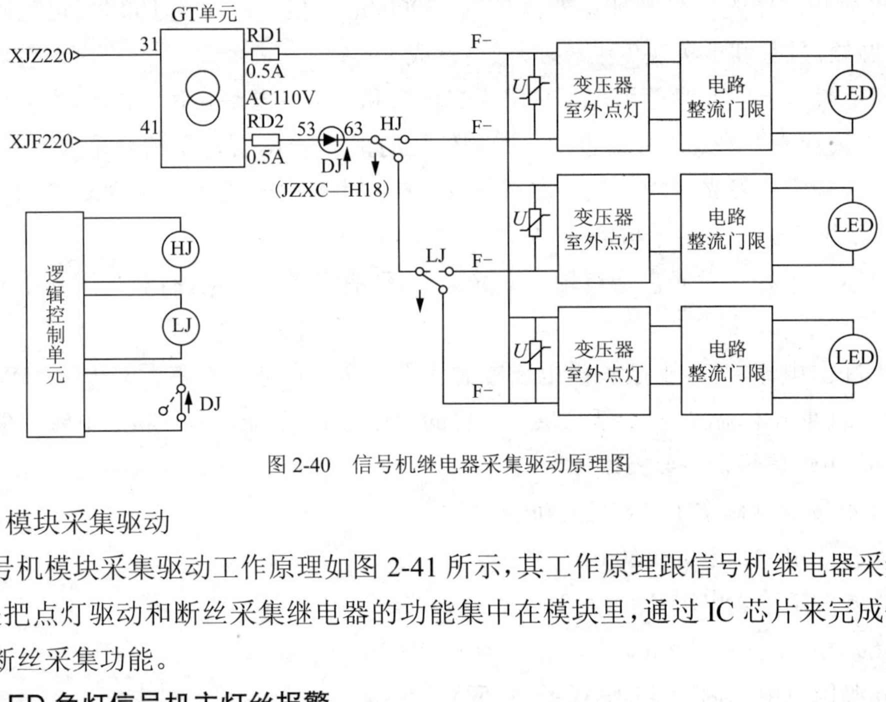

图 2-40　信号机继电器采集驱动原理图

（2）模块采集驱动

信号机模块采集驱动工作原理如图 2-41 所示，其工作原理跟信号机继电器采集驱动类似，只是把点灯驱动和断丝采集继电器的功能集中在模块里，通过 IC 芯片来完成信号机的点灯和断丝采集功能。

2. LED 色灯信号机主灯丝报警

通过电流互感方式实时监测 LED 信号机的工作电流变化，当 LED 发光二极管出现损坏时，造成点灯回路的电流增加或减小，通过单片机内部运算，实现报警功能，LED 色灯信号机主灯丝报警单元一般采用模块集中报警电路，如图 2-42 所示。

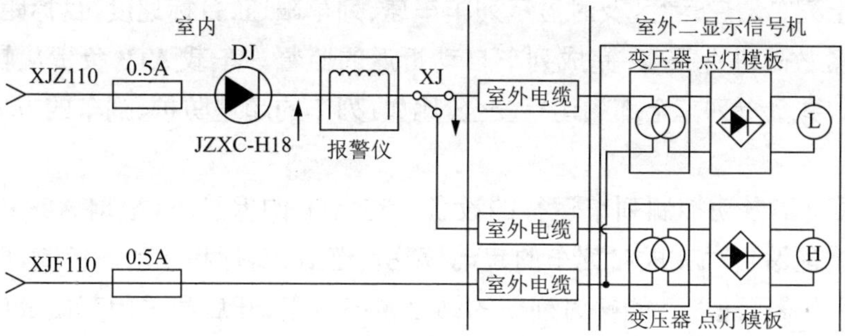

图 2-41　信号机模块采集驱动工作原理图

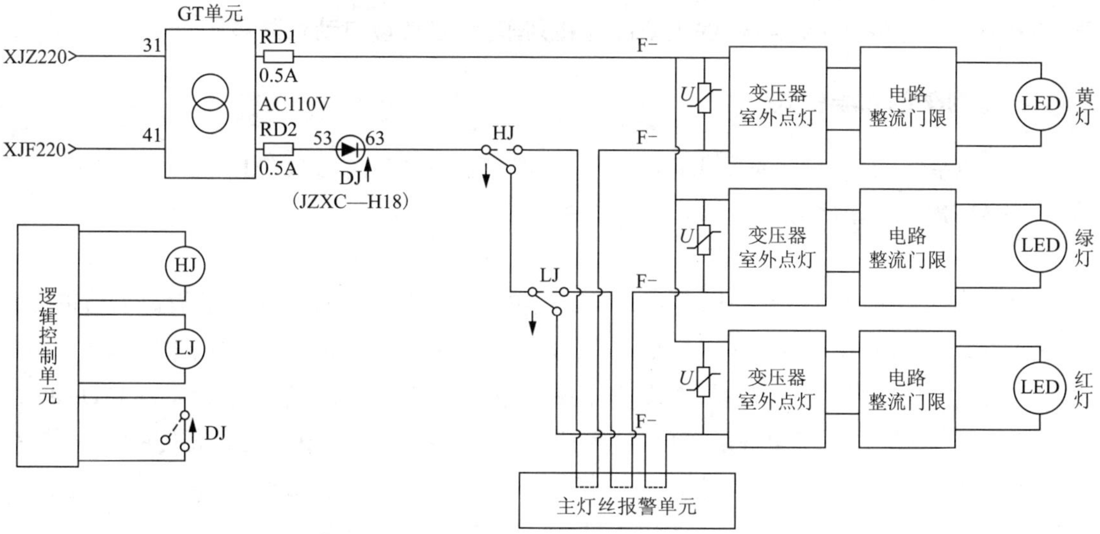

图 2-42　信号机主灯丝报警模块集中报警电路图

第六节　车载信号设备

一、车载系统介绍

车载系统提供自动列车防护（ATP）和自动列车运行（ATO）功能，总体而言，ATP 是一个安全系统，当列车超速（或 ATP 故障危害到安全）时，它将强制自动实施制动，ATO 能提供自动(无人)运行的功能。

ATP 子系统可分为轨旁子系统和车载子系统两部分。该系统必须符合“故障—安全”的原则，主要功能包括：自动连续检测列车位置，确定 ATP 信息的发送方向；确保列车之间的

安全距离，防止列车超速运行，及时显示列车车速、列车限速、目标速度、目标距离等信息，对列车超速、设备故障进行报警；完成列车自动折返的监督。车载ATP负责从轨旁接收运行所需要的信息，并负责列车全部的运行安全，比如：列车的超速防护、列车的方向监督及紧急停车的监督等。

ATO子系统是自动控制列车运行的设备。在ATP的保护下，根据ATS的指令实现列车的自动驾驶，能够自动完成对列车的起动、牵引、巡航、惰行和制动的控制，确保达到列车运行设计间隔及旅行速度。能够对列车的站台精确停车、开启和关闭车门及屏蔽门。车载ATO（自动列车驾驶）负责控制列车的运行，例如列车的自动离站，列车的速度调节，列车的目标制动以及车门、屏蔽门和安全门的开/关的启动控制等。ATO不负责安全，它总是运行于ATP的安全监督之下，ATO的主要部件在列车上，以实现自动驾驶模式。

（一）列车的驾驶模式

不同的系统，驾驶运行的模式有所区别，一般来说有ATO模式、AR（折返）模式、ATP模式、RM模式、NRM模式。

1. ATO模式

ATO模式也就是自动驾驶模式。该模式只能用于正线（或试车线）及敷设了与正线同样设备的车辆段，且在车辆、ATP、ATO、联锁正常的情况下使用。运行中不需要司机驾驶，在一些系统中司机所需的操作是：列车在车站的停站时分为零（发车时刻指示器DTI=0）前将车门关好（实际运用中可提前关门，使得门关好的时机与DTI=0的时机正好吻合，可提高正点率），而有些系统则完全不用司机操作，自动开关车门，然后启动ATO模式，列车按照ATO根据ATP、联锁、ATS系统提供的信息计算出的运行曲线自动运行。在列车的运行过程中，司机只负责监督ATP/ATO显示信息，列车运行时所通过的轨道、道岔、信号机的状态，在必要时才人工介入。ATO模式是运行等级最高的模式，列车完全在ATP的保护下运行，如设备发生故障，ATP系统自动采取措施，保证列车的运行安全。

2. AR（折返）模式

AR模式为列车自动折返模式，该模式用于已设计了可进行列车自动折返的车站。AR模式按折返时列车有无司机驾驶标准分，可分为有人折返和无人驾驶列车自动折返；按列车运行时采用的模式标准分，又可分为（DTRO、ATB）无人驾驶列车自动折返、ATO折返、ATP折返三种折返运行模式。

3. ATP模式（阿尔卡特系统又称为PM模式）

ATP模式为ATP监督下的人工驾驶模式，该模式下，列车在ATP的保护下，由司机参照ATP提供的速度曲线人工驾驶列车，如列车的运行速度超过ATP允许的速度，ATP将发出报警信号，然后施行紧急制动，直至列车停车。一般在ATO设备故障时采用此模式。

4. RM模式

RM模式是限制式的人工驾驶模式，该模式下，ATP只提供对设定速度（在设计中确定，如 25 km/h）的超速防护和车门监督，列车由司机负责驾驶，运行安全由司机负责。当列车运行速度超过设定速度或车门开时，ATP 自动施行紧急制动。

5. NRM 模式（阿尔卡特系统又称为 CUT—OUT 模式）

NRM 模式是非限制式人工驾驶模式，此模式下列车的运行没有 ATP 防护，运行安全完全由司机负责。

（二）车载 ATP 的功能

1. 监督功能

（1）速度的监督功能

ATP 系统根据运行环境（如前方的列车、正在移动的道岔、进路的设定和临时限速区段）和固定的数据（如恒定限速区段、停车点、最高列车速度）决定列车的速度限制，计算出速度曲线。在相应的模式（如 ATO）下驾驶时，ATP 系统连续地对列车进行速度监督，实时监督列车是否超出所允许的速度限制，最低的速度限作为 ATP 的推荐速度（最高的列车运行速度）。

（2）方向监督功能

列车在接收到数据的情况下，是具有方向监督功能的，如果反方向的移动距离超过规定值，那么列车将实施紧急制动。如西门子系统列车倒行超过 2m 后即产生紧急制动，安萨尔多系统及卡斯柯系统，列车倒行超过 5m 后即产生紧急制动。

（3）车门释放功能

ATP 车载单元只有列车停在车站且数据信息允许开门、列车停稳和列车停在停车窗内三个条件同时满足时才给出允许开门信息。当所有的上述条件满足，ATO 或列车司机将会打开列车车门和屏蔽门 / 安全门。如果列车没有在规定位置停车，列车司机可以人工打开列车车门和屏蔽门 / 安全门。

（4）车门监督功能

如果在运行的列车上，来自车辆接口的所有车门关闭信号消失，ATP 车载计算机单元将启动紧急制动。但是如果满足“0 速”条件，则该功能将被抑制。

（5）紧急停车监督功能

列车接收到紧急制动数据，将在最短的距离范围内停车，如在站台按下紧急停车按钮，紧急停车命令应立即生成，ATP 传输功能立刻发出紧急停车数据。

（6）数据监督功能

ATP 监督从传输功能接收到的数据，例如西门子系统，如果数据传输中断且持续超过 5s，并且在这段时间，列车走行超过 10m，监督功能将触发紧急制动，例如卡斯柯系统，如果数据传输中断且持续超过 5s，监督功能将触发紧急制动。

（7）内部监督功能

内部运行监督功能应监督 ATP 车载设备的正常运行，且保证如果设备出现对安全造成威胁的故障，应阻止列车的运行。

（8）列车完整性监督

由于移动闭塞原理和安全列车间隔功能基于列车的安全位置，ATP 车载计算机单元必须向轨旁计算机单元报告列车前端和尾端的安全位置。为了提供该信息，ATP 车载计算机单元必须考虑当前位置的不确定性和当前列车的长度。ATP 车载计算机单元连续监督当前列车的完整性，该信息来自列车的安全输入（车辆提供商）。只要完整性信号有效，车载 ATP 就能确信当前列车编组存在。这样，车载 ATP 给轨旁报告一个有效的位置。

一旦列车的完整性信号缺失，系统就会有以下反应：

①车载 ATP 立即触发紧急制动。

②车载 ATP 给轨旁报告一个无效的位置。

③当一列信号装备列车不再报告它的有效位置，则对于轨旁来说该列车就变成无信号装备的列车，采用由轨旁空闲检测追踪的方式。

2. 服务功能

（1）速度和距离测量

列车速度和距离的精确测量是所有与速度有关的安全功能以及列车定位的先决条件。不论列车的定位状态如何，利用速度传感器数据的安全组合，速度和距离被连续地测量。这样，如果列车没有定位，列车的实际速度仍然可以被预先定义的速度级别检查和比较。

（2）数据接收功能

车载 ATP 从轨旁接收数据，并解码感应数据信号，控制列车的运行，在数据传输过程中，数据接收功能如果检测到数据错误，该数据将视为无效。

（3）自动折返功能

折返功能可使列车在运行到终点站时，自动更换主副车头，将驾驶权转让给主车头，并重新调整位置信息。

（4）服务、诊断功能

该功能包括，列车轮径值与最大速度的输入，以及故障信息与紧急制动信息的记录与读取等。

（三）车载 ATO 的功能

ATO 功能包括 3 个控制子功能，这 3 个控制功能相互之间独立地运行。各控制功能管理列车自动驾驶，各控制功能只有在 ATO 模式中才有效。控制子功能有：自动驾驶；无人驾驶自动折返；车门开关。

1. 自动驾驶功能

当车载设备在 ATP 模式中，列车离站所需的条件已经满足，且列车牵引和制动控制已放置零位时，司机可以实施自动驾驶功能。一旦激活，ATP 车载单元转换至 ATO 模式，ATO 功能将计算出列车至下一车站停车点距离速度轨迹。一般地，ATO 应同时优化速度距离曲线，实现有效节能。

2. 无人驾驶自动折返

无人驾驶自动折返功能是一种特殊情况下的驾驶，在这种驾驶情况下无司机，而且列车上的全部驾驶控制台将被关闭，用于列车无人驾驶折返的运行。

3. 开关车门

(1)车门打开

车门打开功能接收来自 ATP 的数据，该数据显示列车运行的方向和车门打开的侧边。在由 ATP 准许释放以后 ATO 功能选定合适的车门打开。然而，车门的关闭只能由司机实施完成(一些无人自动驾驶系统中车门关闭功能可由 ATO 自动执行)。

当列车空车运行时，车门的打开会被专门指定的目的地号阻止。从 ATS 接收到的目的地数值，发送给 ATO，指示列车不在载客服务状态。

车门打开功能的输入：来自 ATP 功能车门打开数据：车门释放，运行方向，以及车门打开数据；以及来自 ATS 功能：列车的目的地号。

车门打开功能的输出：将车门打开命令发给列车系统，列车系统负责控制车门。

(2)屏蔽门开关

ATP 会检查列车是否停稳并检查是否停靠在正确位置。如果符合要求，列车车门才会被释放。司机或车载 ATO 才可以打开车门。同时，车门开启的信息将被传送到 PSD (屏蔽门)系统，通过 PSD 系统打开屏蔽门。

如果列车门已关闭，则请求关闭屏蔽门。

如果司机关闭车门，则信号系统把该信息传送给 PSD 系统。这样，通过 PSD 系统关闭屏蔽门。

上述 ATO 控制功能由下列服务功能支持。

(1)列车位置

ATO 功能从 ATP 功能中接收到当前列车的位置和速度方面的详细信息。计算出列车的位置后，需要调整列车实际位置以考虑列车运行的距离。调整考虑到 ATP 功能计算列车位置的时间，ATP 功能将列车位置信息发给 ATO 功能的时间，以及传输和 ATO 接收信息之间延误的时间。

(2)允许速度

允许速度功能为 ATO 速度控制器提供列车在轨道任意点的对应速度值，该速度值未经优化，只是采用了当前线路限速值和制动曲线限速值之间的最小值。对列车允许速度的调整，其目的之一是通过优化速度曲线，以及采用适当的巡航 / 惰行运行模式，达到节能要求。

允许速度功能的输入：来自 ATP 功能的当前轨道速度限制，以及列车制动曲线。

允许速度功能的输出：ATO 速度控制器的允许速度。

(3)巡航 / 惰行功能

ATC 功能中一个主要的任务是按照时间表控制站间列车的运行，同时保证最大能量效率。这就是 ATO 巡航 / 惰行功能的作用。

（4）司机人机接口功能

司机人机界面（安萨尔多系统称为 TOD、卡斯柯系统称为 DMI、西门子系统称为 MMI）功能实际上由两个子系统组成，在司机驾驶室里，提供指示和显示功能（司机显示功能）以及在司机驾驶室里的操作设备控制（司机外部接口）。

①显示功能。这个子功能是以向司机提供驾驶列车时所需的全部信息为目的。有时这些信息是从其他渠道接收到的，其他的是在司机人机界面功能内进行计算，修改得到。

司机人机界面（人机接口）功能向司机提供下列信息：

a. 实际速度。

b. 允许速度（只在 ATP、ATO 和 AR 折返信号模式中）。

c. 目标距离 / 速度从最大限制的 ATP 功能条件下推算出的速度（目标速度转换为数字标度显示给司机）。

d. 驾驶状态，即牵引（列车加速或巡航）、惰行及制动。

e. 信号模式（只有在信号模式下运行时才提供）。

f. 列车折返运行（在 AR 模式可用显示，也在 AR 按钮按下确认时显示）。

g. 列车停在预定停车窗以外。

h. 车门释放有效，向司机提供列车车门打开一侧的显示。

i. 关门指令。

j. 出站命令。

k. 车场显示，列车在车场时的车场识别显示。

l. 实施紧急制动。

m. ATP/ATO 故障。

n. 打滑或空转状态。

这些显示是非安全相关的，司机对信息的响应在 ATP 功能防护下。

司机显示功能的输入来自 ATP 和 ATO 功能的上述操作的当前状态。

司机显示功能的输出是将状态显示给司机。

②外部控制。这个子功能负责控制：通过音响警报功能发出驾驶室内的音响报警；非安全数据输入，通过人机界面功能输入车次号，车组号，乘务员号，目的地号。

（四）ATP/ATO 的工作原理

1. ATP 的工作原理

由于 ATP 系统在设计理念和设备的不同，在工作原理上会有所差异，但是基本的原理是相同的，下面以一个典型移动闭塞系统和一个固定闭塞（点式）系统的工作原理为例进行介绍。

（1）移动闭塞系统工作原理

信号系统应用了如下的“移动闭塞”原理来实现列车分隔。在此原理指导下，前方列车后部的安全距离将基于列车最大运行速度、制动曲线和列车位置进行动态计算。由于有了高精度的列车位置报告，并基于该段线路的最大允许速度，追踪列车将可以安全地向前方列车接近，直到距离前车尾部最后一次证实的位置有一个安全制动距离。不难看出，由于列车不需要在一个被占用的固定闭塞区间的入口处停车，因此使用本系统可以大大地缩短运行间隔。图 2-43 显示了移动闭塞安全列车分隔的基本原理。

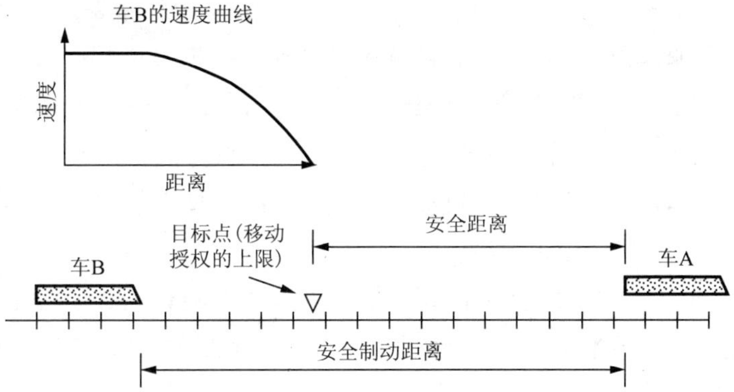

图 2-43　移动闭塞原理

（2）安全列车分隔

列车之间总是保持一个“安全距离”。该安全距离是介于后车的目标停车点和确认的前车尾部之间的一个固定距离。在选择该距离时，我们充分考虑到即使存在一系列的最坏情况，列车仍能够被安全地分隔开来。

对安全列车分隔的安全性监督是通过向车载子系统提供最大允许速度信息以及当前停车点信息来实现的。通信将循环更新，以保证对列车信息的持续更新。

列车将运行在以下因素确定的包络曲线下：最大速度；确认的停车点；制动曲线；轨道坡度。

2. 固定闭塞（点式）系统工作原理

点式通信级移动授权下的固定闭塞模式是连续式通信级移动闭塞模式的降级模式。

（1）传输模式

点式通信意为在线路上特定的点进行车地信息传输。点式通信以应答器建立，应答器安装在线路上，车载应答器天线通过应答器时可得到应答器内的数据。

应答器的种类有两种，分别是无源数据应答器和有源数据应答器。

无源数据应答器存储一个可再编程的数据并将其传输给通过列车。没有电缆或者其他的安装需求，诸如附加的电源或数据提供。应答器数据持久有效，但可以用测试和编程单元检查和重新编程固定数据。

当信号系统使用点式通信时，有源可变数据应答器用于给列车传送数据。可变数据应答器连接到一个和信号机相连的轨旁电子单元（LEU）。正常情况下，可变数据应答器接收 LEU 连续发送的数据，列车通过该应答器的瞬间，该数据被传送到列车上。一旦与轨旁电子单元的连接中断，将向通过的列车传送存储在可变数据应答器中的缺省数据。

（2）数据安全

每条应答器数据至少都含有标记，可使列车确定其在线路上的绝对位置。

数据是在列车经过应答器时传送的。应答器车载天线激活应答器传输数据。车载查询器使用激活的能量通过数据总线将数据传输至车载计算机。

（3）系统运行

固定闭塞列车间隔功能取决于由始端和终端物理信号机定义的联锁分区。该功能还基于相关联锁分区的轨道空闲信息，并保证最长的一列列车在一个分区的范围内。该功能检测并通过可变数据应答器向列车发送点式通信级移动授权报文。

可变数据应答器与一架联锁信号机相连，报文内容只取决于相对应的信号机显示。应答器报文通过轨旁电子单元(LEU)选择。

可变数据应答器安装在每架信号机的前面。当列车经过可变数据应答器，根据当前信号机显示（进路设定），它将得到一个移动授权。根据线路数据库信息（坡度，静态速度曲线），列车完全的监督它接收到的移动授权。

如果信号机显示“前进”，则列车获得一个直到下一个信号机的移动授权。列车司机或ATO将会驾驶列车前行，直至在下一个可变数据应答器处得到下一个信号机显示“停止”的信息。如果信号机显示状态变为“前进”，则列车可以通过下一个可变数据应答器获得新的移动授权。

基于点式通信级的列车运行原理如图2-44所示。

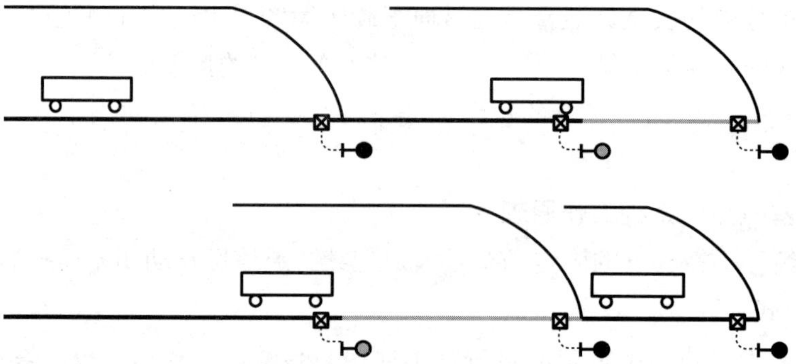

图2-44　基于点式通信级的列车运行原理

3. ATO的工作原理

（1）车载ATO自动控制列车的牵引和制动单元，为此，ATO需要从车载ATP得来的数据：

①从轨旁单元来的ATP运行命令（移动/目标授权）。

②测速电机（以决定实际速度）。

③位置识别和定位系统的信息（轨道分界点、应答器信息等）。

④列车长度。

（2）ATS列车自动调整根据时刻表和下列到轨旁单元的运行命令对列车自动运行进行

干涉：

①发车命令。

②下一车站的计划到达时间。

(3)在 ATO 自检成功通过并在 ATP 设备释放自动驾驶信息后，就可以采用 ATO 驾驶。ATO 模式在下列条件下激活：

①列车在 ATP 模式。

②停站时间已过(运行停车点已被释放)。

③从轨旁接收到移动授权。

④门已关闭。

ATO 驾驶时驾驶手柄在“0”位置，方向手柄在“前进”位置。

由司机通过按压 ATO 启动按钮启动 ATO 模式。如果任何一个前提条件不满足，启动将被取消。ATP 将 ATO 控制信号传输到牵引系统。在 ATO 由启动按钮激活后，列车加速直到计算出来的速度曲线。

当列车达到期望的速度后，系统控制列车按速度曲线运行。当达到制动触发点时，ATO 设备将自动控制常用制动使列车跟随制动曲线。当列车停在车站预定的停车区域后，ATO 自动打开车门。类似的过程也应用于驾驶通过限速区，在列车通过限速区后，列车自动加速到计算出来的速度曲线。

(4) 常用制动模型。根据安全制动模型，ATO 生成驾驶速度曲线。该安全制动模型结合常用制动曲线，描述了 ATO 车载设备的驾驶曲线。ATO 车载设备依据下一停车点(如，下一车站)计算出实际位置、速度、ATP 安全停车点(防护点)和常用制动曲线。

二、车载信号设备与其他专业的接口

车载 ATP 与 ATO、车辆、联锁、ATS 等都有接口，但各系统的设置不一样，同样接口也有所不同，下面所述的是一些典型的接口。

1. ATP 与车辆输入接口

(1)电源

电源由车辆提供，在一定的电压范围之内设备可正常工作，短时间地低于或高于该电压范围不会影响设备的工作。车辆提供的电压通过自动保险开关后接到车载设备的分线端子上，经过转换，再分别提供给车载各个设备工作。

(2)主控钥匙开关

激活和切断 ATP 车载单元时，要求输入该信息。当驾驶室未激活，ATP 车载单元自动切断。主控钥匙开关的接点是双通道的，主控钥匙开关的双通道应同时动作，如两通道之间动作的时间差大于某一值时，车载 ATP 会认为主控钥匙开关不正常，不采用其信息。ATP 车载单元周期地读入该信息，信息输入一旦出现错误，ATP 启动紧急制动。

（3）门关闭显示

如果所有门关闭并锁闭，则由车辆控制发出门关闭显示。该接点是双通道的，当列车开门运行时，触发紧急制动，ATP 车载单元周期地读入该信息，该信息以故障安全模式读入，当出现错误，认为“开门”。

（4）ATO 启动按钮

通过按压列车驾驶台上的 ATO 启动按钮，可以启动自动驾驶。一般启动按钮有两种形式：一种是两个 ATO 启动按钮同时按下来启动自动驾驶；另一种是只有一个启动按钮，按压下去就能启动自动驾驶。

只有在 ATP 已经提前释放 ATO 的条件下，才可能转换为自动驾驶（ATO 模式）。这由点亮的 ATO 启动按钮指示。将“牵引 / 制动”杆移出“0”位置或将方向杆移出“向前”位置就将列车的驾驶模式转回到手动控制。

（5）ATO 释放

“ATO 释放”信号是由“牵引 / 制动”和运行方向杆接点的串联而产生的。如果“牵引 / 制动”杆位于“0”位置并且方向杆位于“向前”位置，则串联闭合（输入信号激活）。这是转向 ATO 模式的基本条件。该状态的读入是故障安全的，当出现错误，认为该输入为“没释放”。

（6）选择运行模式按钮（开关）

通过按钮（开关）可选择系统设计的运行模式。

（7）车辆的紧急制动状态

由于除了 ATP 车载单元外，车辆也可以启动紧急制动，故 ATP 车载单元要读入紧急制动的当前状态。ATP 车载单元周期读入紧急制动的状态。输入是故障安全的，故障和失真输入不会导致非安全状态，当输入受干扰 ATP 车载单元切换到“RM”模式。

（8）自动折返按钮

通过车辆驾驶台上自动折返按钮，可以启动列车进行折返允许，ATP 车载单元读入按钮状态。

（9）列车的完整性

该信息表明列车是完整的，列车的一致性可以得到保证。

（10）ATP 切除开关

ATP 切除开关的作用是在车载 ATP 故障无法通过复位恢复时，通过操作此开关，切除 ATP 的控制，实现完全由司机负责驾驶列车。通过操作此开关，可切除 ATP 的电源和使 ATP 不对紧急制动、门释放和牵引释放进行控制。

2. 车载 ATP 与车辆输出接口

（1）紧急制动

紧急制动的触发是 ATP 的一个组成功能。当出现一个运行错误时，启动一个紧急制动给车辆的控制系统，紧急制动是 ATP 系统的基本的安全行为，是故障安全的输出，当检测到

任何输出干扰，ATP 车载单元会安全切断。如果出现故障，启动紧急制动。

(2)允许开门信号(允许开左门信号和允许开右门信号)

为了防止车门在未经授权下打开，车门在车辆行驶过程中被锁闭，只有在确定的车站停车区段以及列车停稳后，车门才解锁，由于车门释放是在全 ATP 运行情况下才提供的，所以在其他运行条件下(即车辆在清洗过程中或者在车间)对车门释放的所有外部旁路可通过其他按钮(开关)实现。

(3)牵引释放

ATP 提供了一个安全输出以防止车门开启时的列车移动。在车载单元上的 ATP 故障开关切断的情况下能够切断 ATP 对此的控制。

(4)与车辆的机械和电气接口

车载 ATP 设备中各类天线、应答器、测速电动机及连接电缆等安装在车辆的位置和参数必须符合要求，具体的安装参数参见各系统的接口要求。

(5)车载人机界面与车辆的接口

车载人机界面的安装位置以及和电气接口见各系统的接口要求。

3. 车载 ATO 与车辆接口

ATO 车载设备提供一个用于与车辆进行数据交换的接口。主要接口信息及命令有：ATO 命令（牵引 / 制动命令、ATO 驾驶模式、列车开门 / 关门命令、ATO 启动灯、牵引 / 制动力大小等）。

4. 与旅客信息系统(PIS)的接口

实现与旅客信息系统(PIS)的接口，为旅客信息系统(PIS)提供：广播、显示下站站名、显示目的地站名、时钟显示等信息。

三、常用车载系统

常用车载系统有西门子系统采用头尾热备冗余系统结构、安萨尔多系统采用单端 3 取 2 系统结构、卡斯柯系统采用头尾热备冗余系统结构。

(一)安萨尔多车载系统

1. 车载设备介绍

(1)车载控制器设备介绍

车载控制设备组成及安装位置如图 2-45 所示。

车载控制器（CC)，它包括一个安全的带数字式输入 / 输出控制器的三取二处理器。这个子系统负责确定列车位置，监测列车速度，保证适当的制动次序，移动授权以及其他有关的 ATP 和 ATO 功能。管理列车的控制模式并根据区域控制器提供的信息来控制列车。车载控制器采用三取二表决方式。每端的 ATP/ATO 均为冗余的设备。如果一个 ATO 单元故障，同一端的另一个 ATO 单元将接替工作。切换是自动的，不需要人工干预。

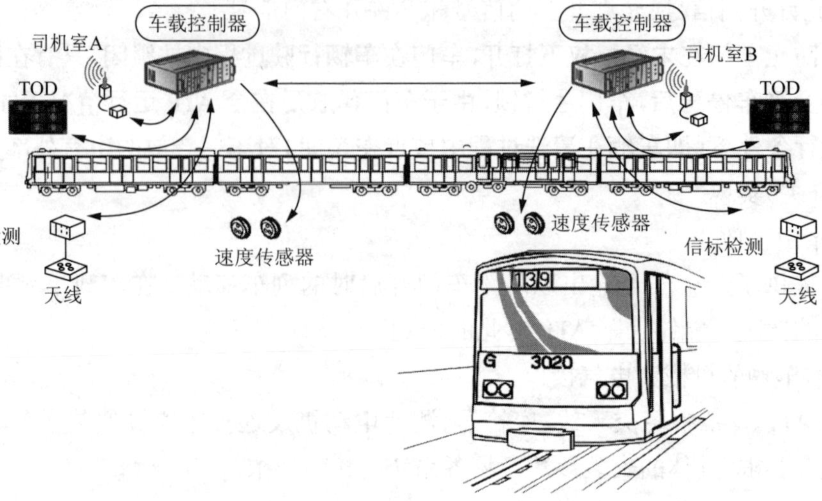

图 2-45　车载 CBTC 系统设备位置图

机柜中分为机笼 A 和机笼 B，安装有多块板卡，如图 2-46 所示。

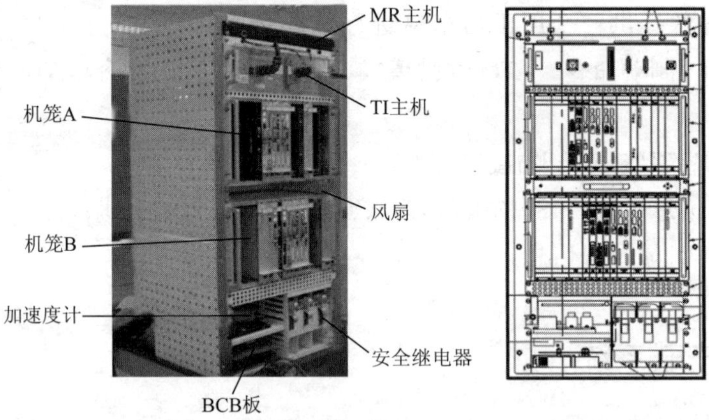

图 2-46　车载 CC 机柜图

机笼 A 装有：1 块 ESE，1 块 CCTE，1 块 CBOP，2 块 MTORE，1 块 PSB，1 块 ACSDV，1 块 NRB，1 块 SRB，如图 2-47 所示。

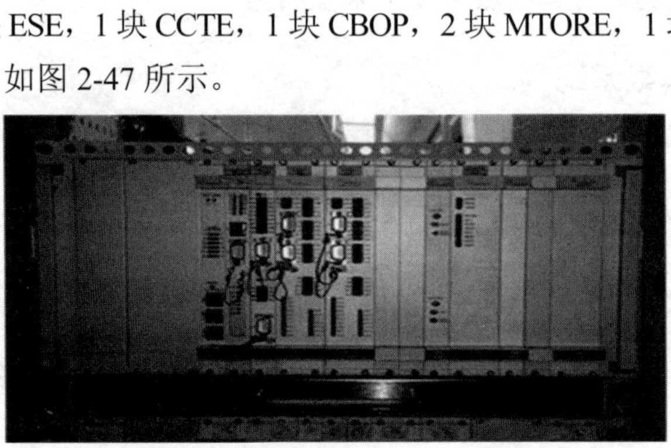

图 2-47　CC 机柜机笼 A 正面图

机笼B装有:2块ACSDV，1块TIC，2块CCTE，1块ESE，1块CBOP，2块MTORE，如图2-48所示。

图2-48　CC机柜机笼B正面图

（2）MR主机

MR是车载无线设备,用来在车载设备（如ATP和ATO）和轨旁设备间传输数据,车载ATP和ATO子系统通过两个独立的以太网连接到MR，MR主机如图2-49所示。

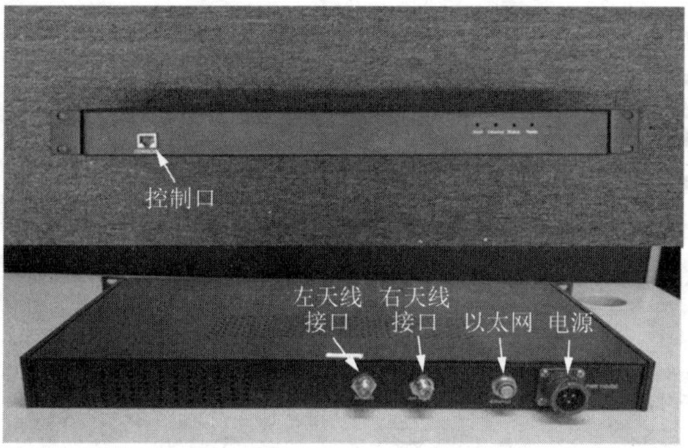

图2-49　CC机柜MR主机正面图

（3）速度传感器

光电速度传感器(EOSS)安装在拖车车厢非动力轴的一轴和四轴。

速度传感器电缆通过匹配连接器接到CC,速度传感器的保护线管或线槽为碳制钢管,线管或线槽必须具有有效的高斯屏蔽,保护其不受低频电磁场干扰,如图2-50所示。

图2-50　速度传感器图

(4)查询器主机(TI)和查询器天线(TIA)

每列车的每个 CC 都装备 1 套查询器和查询器天线,如图 2-51 所示。

图 2-51　查询器天线图

①主询器主机(TI)。查询器主机(TI)外形如图 2-52 所示。

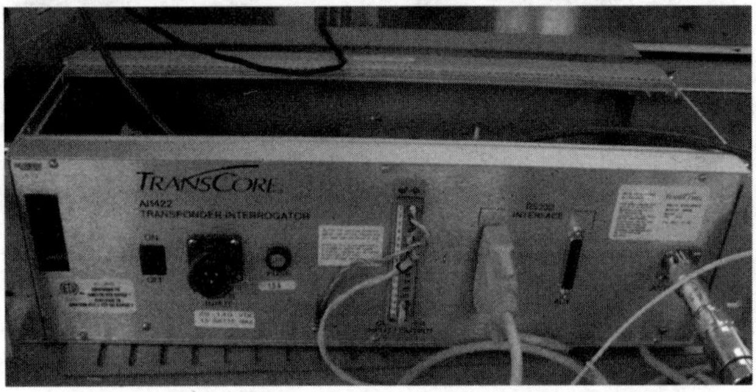

图 2-52　查询器主机图

② TIA 安装要求。列车的纵向轴,TIA 的中心到车钩距离 5779mm±10mm,TIA 边到边的安装误差为 ±5mm;TIA 安装在距离轨面(TOR)高度为 300mm±10mm,通过安装螺栓和垫片调节高度。

(5)列车司机显示器(TOD)

列车司机显示器(TOD)显示界面及实物图如图 2-53、图 2-54 所示。

(6)驾驶模式开关

模式开关有 5 挡,分别为:ATO 模式;ATB 模式;IATP 模式;ATP 模式;RM 模式。实物如图 2-55 所示。

(7)驾驶模式

① ATO= 自动驾驶模式。

列车在 ATP 的防护下自动运行,实现 ATP 和 ATO 的所有功能。

司机只需操作的是按“ATO 发车”按钮,或“人工干预开 / 关门”按钮。

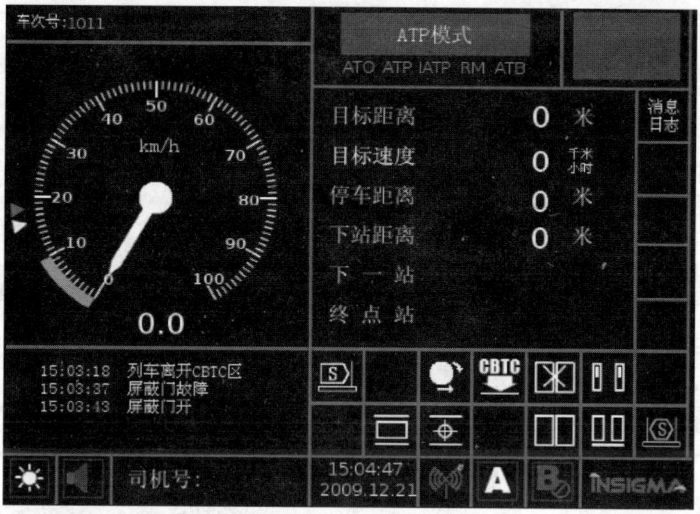

图 2-53　TOD 显示图

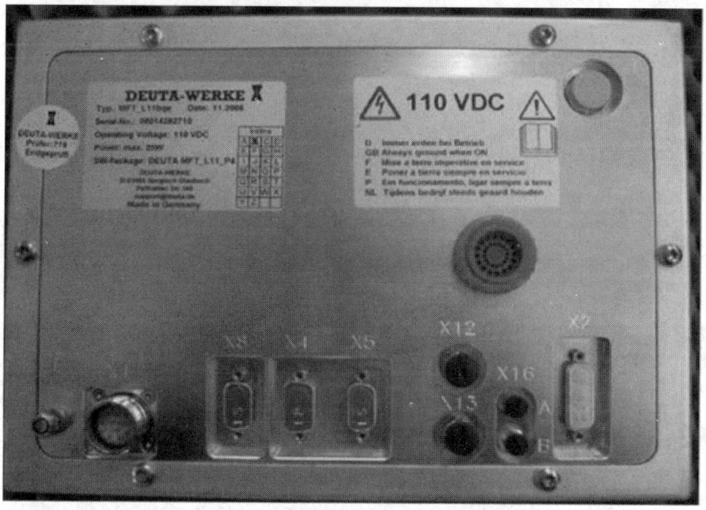

图 2-54　TOD 实物图

② ATPM=ATP 列车人工驾驶模式。

司机根据 TOD 上显示的信息，在 ATP 防护下驾驶列车。

③ IATPM= 点式列车驾驶模式。

司机利用来自信号机处动态信标的信息以及 TOD 信息来驾驶列车。

④ RM= 限制人工驾驶模式。

列车司机按照地面信号显示运行并不能超过 25km/h。

⑤ NRM= 非限制人工模式。

所有车载控制器的输出被旁路，列车驾驶完全由司机负责，列车转到 NRM 模式时，必须停车，否则会施加紧急制动。

⑥ ATB= 自动折返。

在折返操作过程中，CC 负责安全和自动运行，无需司机任何干涉，折返完成后 CC 自动换端。

（8）加速度计

每个 CC 设置 4 个加速度计，其中 2 个数字型，2 个模拟型，安装在 CC 机柜底部，互为冗余，用于提高系统的有效性和可靠性，如图 2-56 所示。

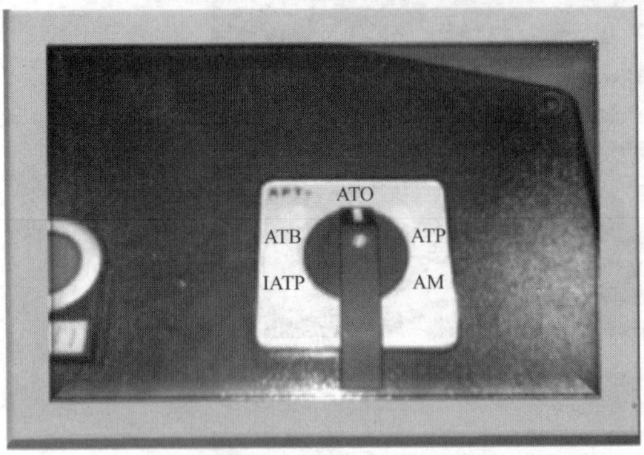

图 2-55　模式开关实物图

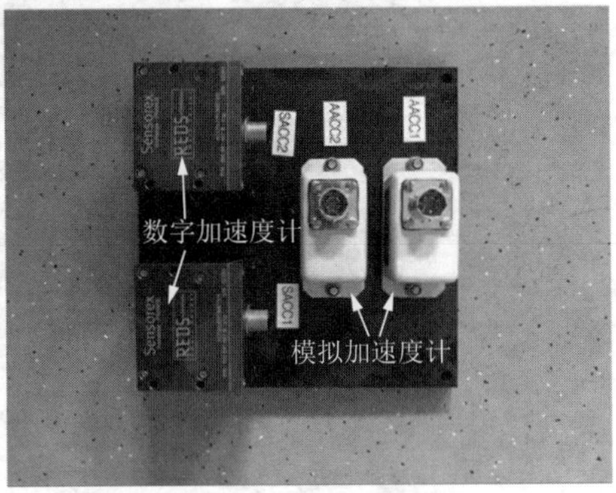

图 2-56　加速度计图

（9）安全继电器

控制紧急制动回路和车载控制器的安全输出，使用双线双断，确保紧急制动回路能够在系统出现问题时立即断开，触发紧急制动，如图 2-57 所示。

（10）电源组件

车辆给信号提供电源输入接口，如图 2-58 所示。

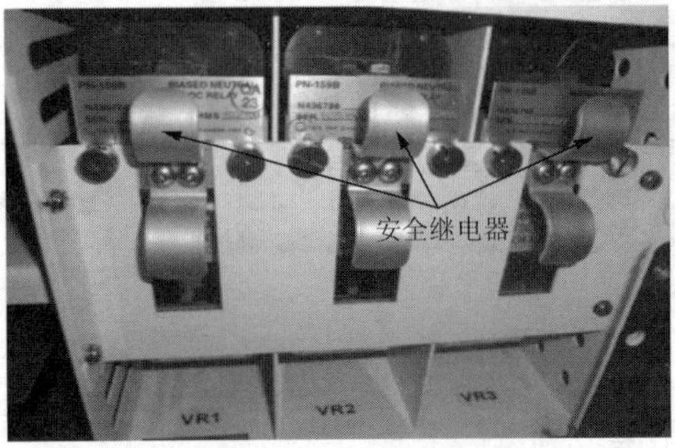

图 2-57　安全继电器图

图 2-58　电源组件图

2. 车载控制器及各组件的功能

（1）车载控制器功能

ATP 是一个安全的系统，当列车超速（或是 ATP 故障危害到安全）时，它将强制自动实施制动，ATO 能提供自动运行的功能。功能模块如图 2-59 所示。

（2）CCTE 功能

CCTE 板是一块基于三取二表决结构的处理器板，这样以达到 4 级安全完整性等级以及列车控制的高可用性，每个板包括 4 个主要功能模块：ME、AP、VO、CPL，如图 2-60 所示。

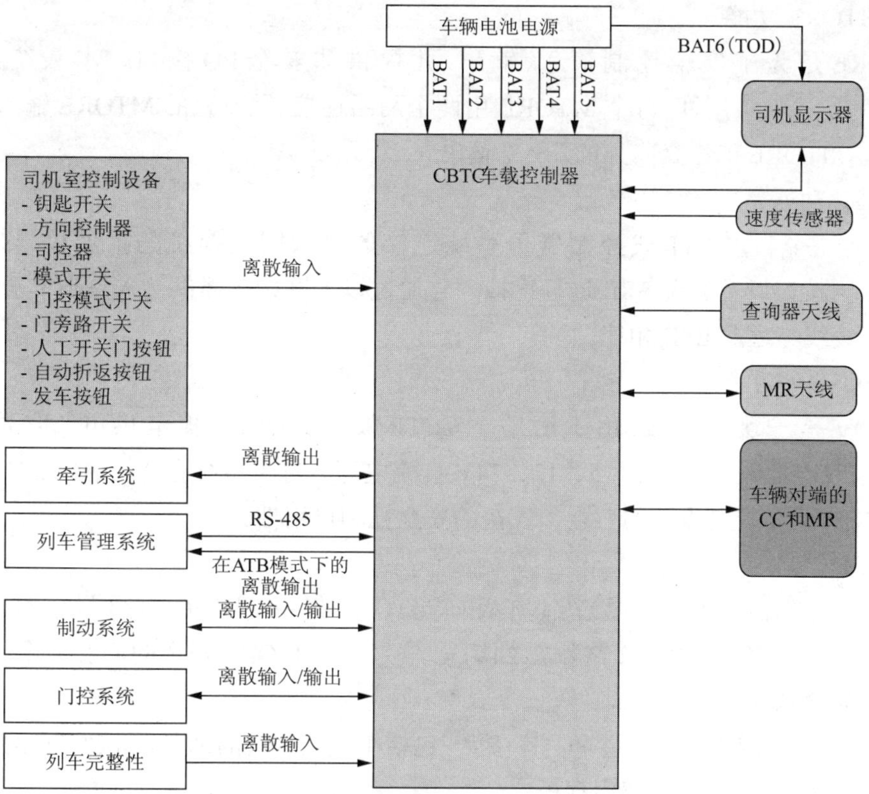

图 2-59　车载控制器功能模块图

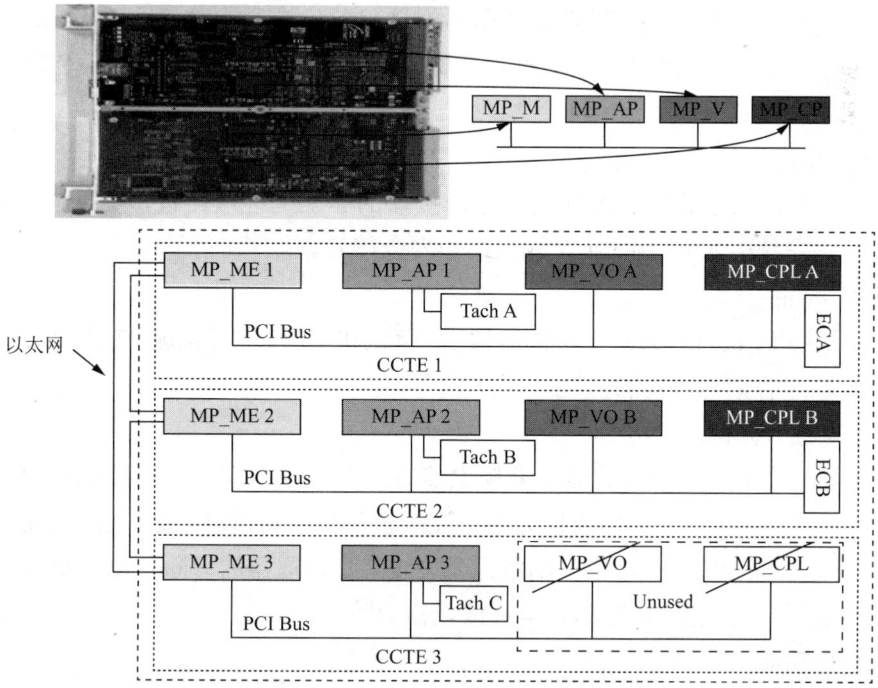

图 2-60　CCTE 图

(3)MTORE 功能

MTORE 是为了安全控制输入、输出，并提供非安全 I/O 接口。本系统共有 4 个 MTORE，为了系统可用性，每个 MTORE 用两个网络连接，且所有的 MTORE 输入 / 输出都是冗余的，MTORE 能组合附加的输入 / 输出。

(4)ESE 功能

ESE 是一个与多个车载控制器子系统连接的以太网交换机的扩展板，它与 PMC、TOD、以太网接口以及远端 ESE 进行连接。它通过以太网接口提供接入点到本端设备的通道，通过双绞线与远端 ESE 相连。

(5)ACSDV 功能

ACSDV 是一块供电板，用于给单个 CCTE 板及其他 CC 板卡供电。它接受 72～110VDC 车载电池输入，并输出 5、12、24V 直流电源。每个系统有 3 块 ACSDV 板实现隔离设计以支持列车控制设计的三取二表决的安全性和可用性。

(6)PSB 功能

PSB 是一个供电板，它通过继电板向 MTORE 提供 24VDC 的回测信号。它接收 110VDC 列车电池输入，输出 2 路独立 24VDC 信号，为 MTORE 板上的非安全输出供电。

(7)CBOP 功能

CBOP 是设计用于储存配置和列车参数，包括车载控制器的细节(如 CCTE 的 ID 号)和列车细节(如车辆长度)的外部内存板。

(8)SRB 功能

SRB 是一个提供了车载控制器和列车之间接口的安全继电器板。它从 MTORE 接收 24VDC 继电器线圈指令，使用安全继电器并提供相关回测电路。本系统中 SRB 主要用于 CC 输出的 4 组安全信号。

(9)NRB 功能

NRB 是一个提供车载控制器和列车之间接口的非安全继电器板，它接受 24VDC 继电器线圈指令，本系统中 NRB 用于 CC 输出的非安全信号。

(10)TIC 功能

与查询器主机(TI)接口；提供不同的通道(解调和解码逻辑)检测 TI 解调来自 TI 的 IF FSK 信号；解码串行消息；检测有效信标 ID。

(11)查询器主机和天线功能

信标读取器使用两个不同的通道来提供信息给车载控制器：一个指示开 / 关状态的电磁场强度信号和一个数据的串口连接。串口连接也提供诊断信息通道以便 CC 能够监视信标读取器的状态。除此之外，车载控制器将会关联来自读取器的诊断信息，磁场强度信号和关于信标正在读取的信息来判断是否信标读取器故障。

(12)BCB 功能

在车辆电源输入 CC 设备前进行滤波。在 CC 内部横向安装，滤波电路和机架间

1500VAC 绝缘，接受 5 路独立电池输入信号。

（13）速度传感器功能

随着车轮轮齿的转动，当传感器经过轮齿的时候会输出数字脉冲。这些脉冲通过硬件计数器计数，可以在给定周期内测试速度。速度传感器经过多次现场使用并且被证明是非常可靠的。设备的配置和传感器的数量针对不同应用可能不同，并且车轮每转一圈能够的输出脉冲数量也与速度传感器的通道数量有关，与输出通道之间的相移（如何把各个通道的输出整合在一起来提高分辨率）也有关系。

（14）加速度计功能

加速度计分为两套，每套有两个不同的加速度计，两套设备提供高可用性。必须对每套加速度计做一个比较，以确认输出的有效性。空转 / 滑行开始时，列车使用空转 / 滑行开始前的速度，利用加速度仪进行补偿，来计算当前的速度和位置。一旦空转 / 滑行结束，速度和位移的测量将切换回速度传感器。

（15）加速度计的容错

当两个同型号的加速度计同时故障时，CC 将无法为列车防护功能提供加速度测量；当两个不同型号的加速度计同时故障时，根据它们在系统中的位置，CC 仍然可以提供加速度测量。如图 2-61 所示，组合方式为 Acc1A 和 Acc2B、Acc2A 和 Acc1B、Acc2A 和 Acc2B。所以，如果故障组合方式不是上述组合，将影响 CC 的运行。

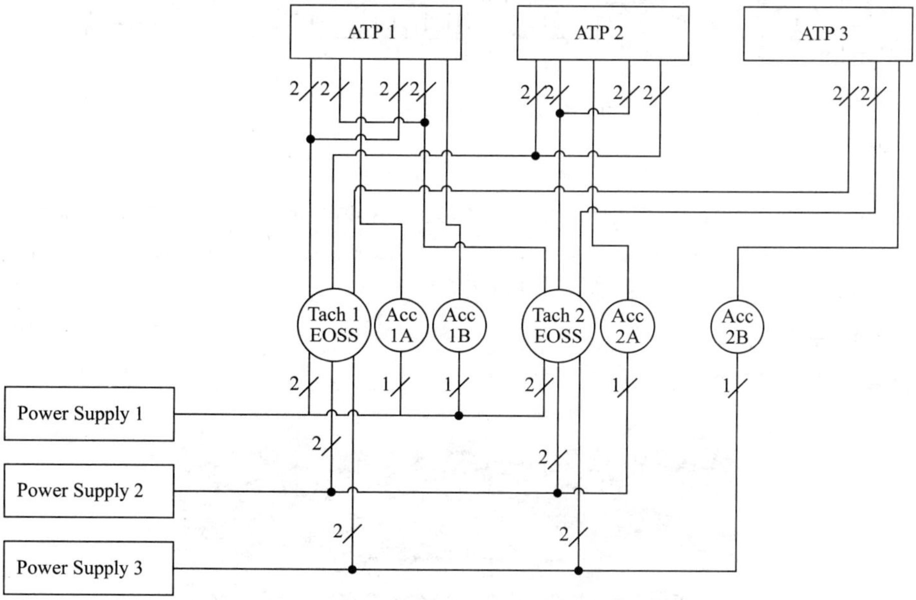

图 2-61　加速度计容错图

（16）安全继电器功能

控制 EB 回路和 CC 的安全输出，使用双线双断确保 EB 回路能够在系统出现问题时立即断开触发 EB。

(二)阿尔斯通车载系统

1. 车载控制器设备介绍

每列 6 节编组列车配置一套完整的完全热备冗余的 CC 设备(图 2-62),包括:

(1)车头和车尾驾驶室分别装备一套车载控制器 CC。

(2)每列车装备 1 个 DLU 数据记录单元。

(3)每个车载控制器 CC 连接一个信标天线。

(4)每个车载控制器 CC 连接一个编码里程计。

(5)头尾各配 2 套 CBTC 无线天线分别对应红蓝网自由无线接收天线。

(6)头尾各配 2 套 DCS 无线天线设备 MRE 分别对应红蓝网。

(7)4 个中继器,分别对应红蓝网。

(8)2 套 DMI。

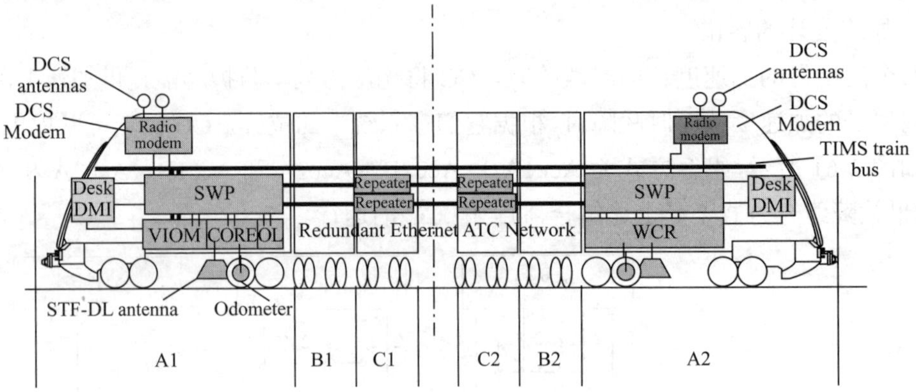

图 2-62　车载系统结构

DCS antennas-DCS 无线天线;SWP- 交换机机架;DCS Modem-DCS 无线调制解调器;WCR-CC 机架;Desk DMI- 司机操作人机界面;Repeater- 中继器;ATC Network-ATC 网络;STF DL antennats- 信标天线;Odometer- 编码里程计;TIMS train bus- 车辆列车总线;CORE- 核心处理器;VIOM- 输入输出模式

2. 电源组件

车辆给信号提供电源输入接口。电源组件如图 2-63 所示。

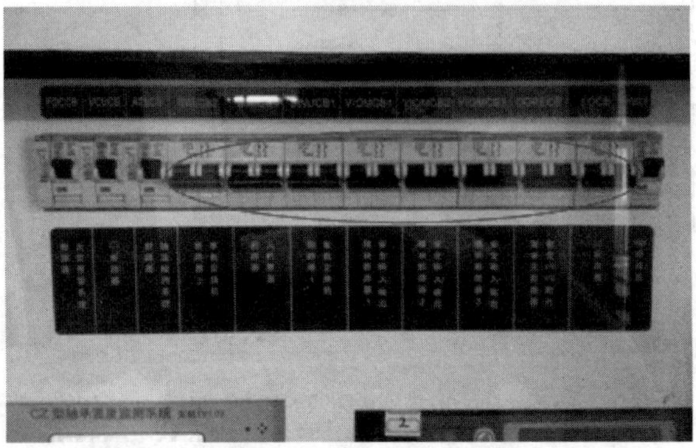

图 2-63　电源组件

3. 编码里程计

车载 CC 从编码里程计获取速度和位移信息。电缆正确固定在转向架支架上，轴端里程计电缆与竖直方向夹角 30° ～ 60° ，电缆弯曲半径满足动态半径≥ 150mm。编码里程计安装位置如图 2-64 所示。

4. 信标天线

信标天线用于信标和 CC 之间的传输。信标天线正确固定在转向架中心的托盘支架上，并且有垫片调节高度，天线与钢轨的静态距离必须在 185 ～ 206.5mm 之间，信标天线连接器插座（B6）正确固定在车底，并能与 B4 跳线插头正确连接，如图 2-65 所示 。

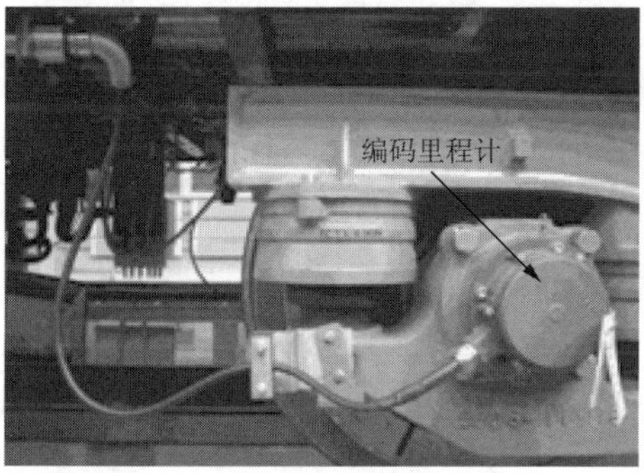

图 2-64　编码里程计

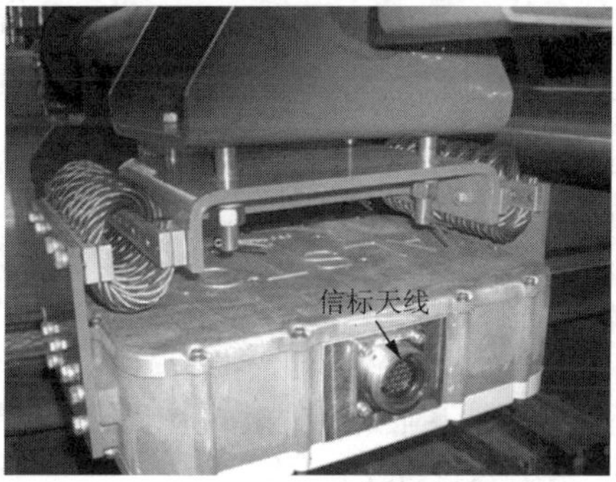

图 2-65　信标天线

5. 交换机

交换机的作用是实现网络初始化启动和通信，提供设置配置功能。交换机实物如图 2-66 所示。

图 2-66　交换机

6. 中继器

中继器用于放大以太网信号强度。

7.DMI

DMI 是用于司机和信号系统之间的接口界面。界面显示如图 2-67 所示。

DMI 网络连接如图 2-68 所示。

图 2-67　DMI 界面显示

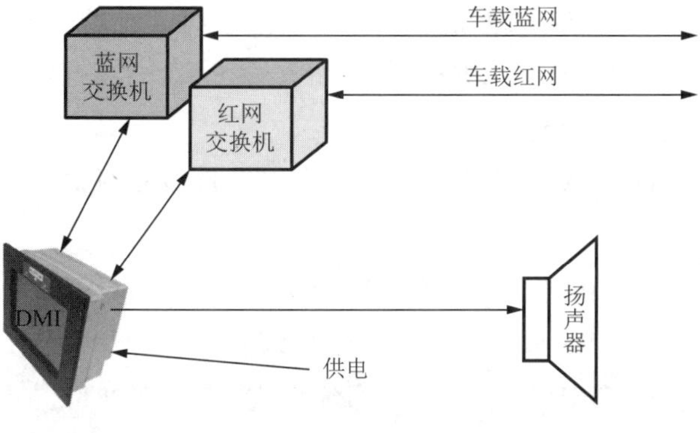

图 2-68　DMI 网络连接

8. 驾驶模式

（1）ATO= 自动驾驶模式

列车在 ATP 的防护下自动运行，实现 ATP 和 ATO 的所有功能。

司机只需操作的是按 ATO 发车按钮，或人工干预开 / 关门。

（2）ATP=ATP 监督下人工驾驶模式

司机根据 DMI 上显示的信息，在 ATP 防护下驾驶列车。

（3）IATO= 点式列车自动驾驶模式

列车在 ATP 的防护下自动运行，实现 ATP 和 ATO 的所有功能。

司机只需操作的是按 ATO 发车按钮，或人工干预开 / 关门。

（4）IATP= 点式 ATP 监督下人工驾驶模式

司机利用来自信号机处动态信标的信息以及 TOD 信息来驾驶列车。

（5）RM= 限制人工驾驶模式

列车司机按照地面信号显示运行并不能超过 25km/h。

（6）NRM= 非限制人工模式

所有车载控制器的输出被旁路，列车驾驶完全由司机负责，列车转到 NRM 模式时，必须停车，否则会施加 EB。

（7）ATB= 自动折返

在折返操作过程中，CC 负责安全和自动运行，无需司机任何干涉，折返完成后 CC 自动换端。

9. 车载控制器及各组件的功能

（1）车载控制器功能

ATP 是一个安全的系统，当列车超速（或是 ATP 故障危害到安全）时，它将强制自动实施制动，ATO 能提供自动运行的功能。

（2）UNIVIC 板卡的示意图如图 2-69 所示。

①CORE-MPC（1 和 / 或 2）：CORE-MPC 主要用 ATP/ATO 的应用程序，提供相关计算功能和数据存储，同时嵌入了编码里程计模块和用于列车定位的信标天线模块。

②DLU：数据记录单元主要用于存储维护数据，如：事件记录，软件版本记录等。

③VIO1 或 VIO2：安全输入输出模块，VIO 主要与车辆设备接口（主要是继电器），目的是实现功能性和安全性。

④GTW1 或 GIW2：GTW 提供 TCMS 网络接口，GTW 也用于 VIO 模块和 UNIVIC 的通信。

⑤CPS 板主要功能是给 CORE-MPC 供电。

⑥CBS 板主要功能是管理编码里程计和信标天线的接口。

⑦CMP 板主要由两部分组成，第一部分负责非安全功能（ATO），第二部分负责安全功能（ATP）。

⑧PPU板主要功能是给I/O的供电及处理板。

⑨PSO板主要功能是电源安全输出。

⑩DSO板主要功能是离散安全输出。

⑪FDO板主要功能是离散功能输出。

⑫DSI板主要功能是离散安全输入。

⑬FDI板主要功能是离散功能输入。

⑭FAG板主要功能是功能模拟输入/输出。

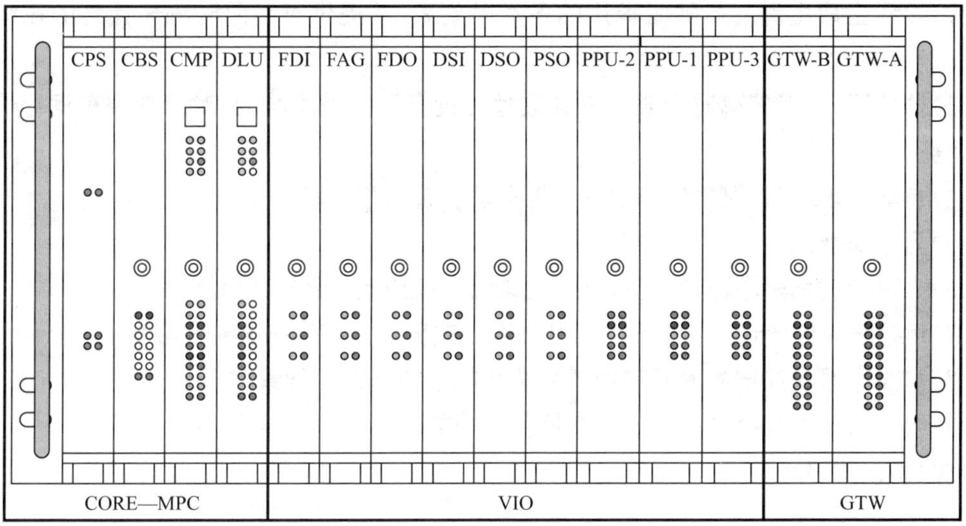

图 2-69

第七节 列车自动监控设备

一、列车自动监控系统介绍

列车自动监控ATS（Automatic Train Supervision System）是用于城市轨道交通列车自动控制ATC系统的一个子系统。

完整的ATS子系统功能基于ATP、ATO子系统，实现对全线列车运行的自动管理和监控过程，其设备组成及具备的各项功能完全满足运营组织需求，例如能够可靠地完成运行图编辑、运行列车的自动调整、自动排列进路及调度员岗前培训等功能。通过操作界面，调度员可以随时根据需要，局部或全部下放或收回对车站的控制权，能够实时地向行车岗位操作员和其他有关人员提供全线车站、道岔、信号机、UPS电源设备、ATP轨旁设备等信号系统的设备状态、列车运行情况的表示信息。人机界面设备在功能上实现互为备用，多台人机对话工作站可以实现相同的操作控制功能。

ATS 设备主要集中在控制中心。其主要设备包括调度工作站、模拟显示屏、运行图编辑工作站、ATS 中央网络设备、系统管理工作站、维护工作站、与其他系统接口的通信服务器等，以及报告输出和系统运行状态信息输出打印设备。

ATS 子系统的主要功能包括：

（1）监督列车运行。

（2）编译生成由调度员随时调用的各类时刻表，并提供对当前时刻表计划的在线修改功能。

（3）监控运行、对偏离时刻表或非计划性的列车运行做出响应，对计划列车运行偏差的自动调整。

（4）自动列车进路（根据列车运行计划自动设置列车进路）。

（5）列车识别。

（6）人工控制列车进路，实现对进路要素的单独控制 / 设置等功能。

（7）运行记录的统计、自动保存 / 归档，以及完善的系统维护 / 备份功能。

（8）ATS 子系统局部故障或其他子系统故障下的降级运行管理。

（9）实现与地铁其他系统的信息交换接口功能。

（10）事件、故障记录。

二、列车自动监控系统接口

（一）ATS 与信号系统内部接口

1. 与区域控制器（ZC）的接口

（1）ATS 子系统与区域控制器的通道基于以太网连接和光纤骨干网，使用 UDP/IP。ATS 向区域控制器传送以下主要信息：

①临时限速请求（建立 / 修改 / 删除）。

②工作区请求（建立 / 修改 / 删除）。

③区域关闭（建立 / 修改 / 删除区域）。

④区域中不允许的列车模式。

（2）区域控制器向 ATS 发送以下主要信息：

①临时限速回应。

②工作区域回应。

③区域关闭回应。

④列车运行模式回应。

2.ATS 系统与联锁的接口

ATS 子系统与联锁控制器的通道基于 10/100M 以太网连接和光纤骨干网，使用 UDP/IP 协议。

（1）ATS 系统向联锁发送以下主要信息：

①进路请求 / 信号关闭请求。

②信号机封锁请求 / 封锁解除请求。

③信号引导请求。

④道岔定位 / 反位 / 单锁。

⑤ MicrLok Ⅱ故障恢复 / 恢复请求。

⑥信号通过开启 / 关闭请求。

（2）联锁向 ATS 系统发送以下主要信息：

①计轴区间占用状态（占用 / 非占用 / 重置）。

②信号机状态（开放 / 关闭 / 灭灯 / 引导 / 激活 / 封锁 / 接近 / 快速自动 / 闪烁 / 熔断丝）。

③道岔位置（定位 / 反位 / 锁闭 / 单锁）。

④进路锁闭（方向）状态。

⑤车站屏蔽门状态（关闭 / 紧急车门状态）。

⑥ ATS/LCW 控制状态。

⑦激活车站紧急停车按钮。

⑧ IBP 盘站台扣车状态。

⑨ MicroLok Ⅱ状态（离线 / 通信故障 / 故障恢复状态）。

⑩电源故障状态（接地检测故障 / 熔断丝熔断）。

3. ATS 系统与车场联锁的接口

车辆段 / 停车场 ATS 与车辆段 / 停车场联锁控制系统通过标准串口连接。联锁控制系统将车辆段 / 停车场线路及进路状态发送到 ATS。

4. ATS 系统与 DTI 系统的接口

在各车站，车站引导控制计算机通过串口经过终端服务器（TS）与 ATS 系统接口，实现与 ATS 系统的信息交换。车站引导控制计算机通过 RS485 串口与发车指示器接口，可对该控制区域内最多 16 套发车指示器进行控制。

5. ATS 系统与维护支持系统的接口

ATS 系统与维护支持系统的接口主要通过网络传输，由 ATS 系统向维护支持系统传输信号系统的各种状态。

（二）ATS 系统与外部接口

1. ATS 系统与通信系统的接口

ATS 与通信系统的接口包括：与通信时钟子系统的接口、与无线系统的接口、与广播系

统的接口以及与旅客信息系统的接口。ATS 系统与通信时钟子系统相连接。ATS 系统会将此作为标准时间源采用网络时间协议（NTP）来同步连接着信号系统电脑的网络。所有事件的输入、警报、报告以及日期与时间的显示都将遵照主时钟的时间源信息。如果主时钟不可用时，将采用信号系统的内部时钟作为主时钟源，直到主时钟可用为止。ATS 向无线系统提供列车运行数据信息，以便控制中心调度员、车站值班员用列车号呼叫列车。另外，ATS 还向广播和乘客信息系统提供列车运行信息，以便广播和乘客信息系统预报列车到站信息等。

2. ATS 系统与综合监控系统的接口

ATS 具有与综合监控系统相连接的冗余接口。ATS 向综合监控提供列车阻塞及其他综合监控所需的列车运行信息，综合监控向 ATS 提供牵引供电各供电分段的相关状态信息。

3. ATS 系统与大屏系统的接口

信号系统 ATS 在控制中心设有大屏接口工作站 1 台，用于处理和综合显示。工作站提供图像视频信号或以太网接口，连接到综合多屏控制器的输入端口。

三、常见列车自动监控系统

（一）安萨尔多列车自动监控系统

安萨尔多 ATS 系统设备主要分布在运营控制中心、车站车控室、信号值班楼信号室、模拟培训中心等。

中心级主要设备有：主机服务器、通信服务器、接口服务器、数据库服务器、调度长工作站、调度员工作站、时刻表编辑工作站、培训仿真工作站等组成。主要设备如图 2-70 所示。

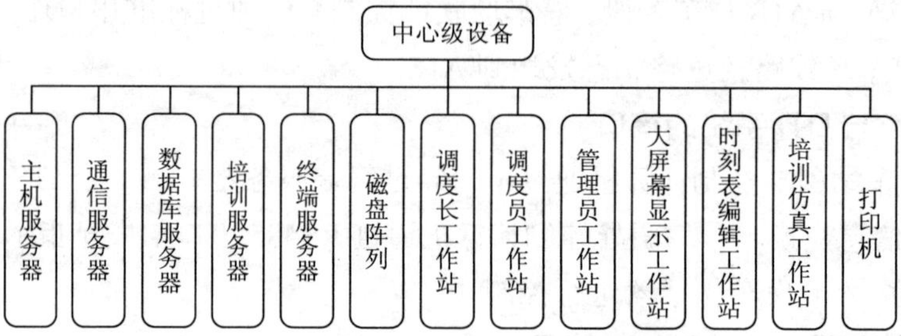

图 2-70 ATS 系统中心级设备组成

车站级主要设备有：后备中心设备、车场调度工作站、ATS 工作站、LCW 工作站、车场监视工作站、乘务室工作站、派班室工作站、试车线工作站等。主要设备如图 2-71 所示。

它是基于现代数据通信网络（DCS）的分布式实时计算机控制系统，通过与 ATC 系统中的 ATP（自动列车保护）、ATO（自动列车驾驶）和 MLKII（微机联锁）子系统的协调配合，完成对高密度城市轨道交通运输信号系统的自动化管理和全自动行车调度指挥控制。

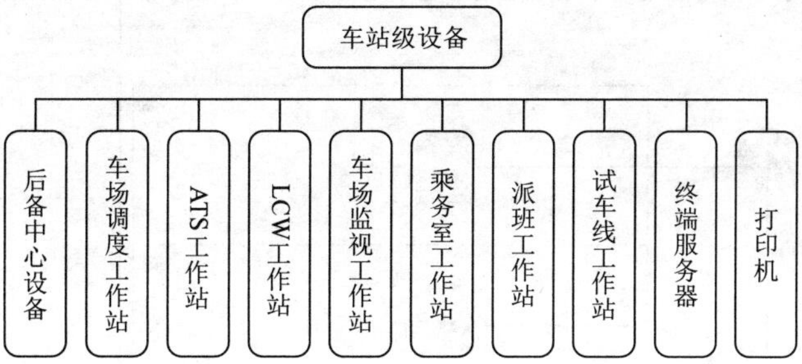

图 2-71　ATS 系统车站级设备组成

1. 控制中心

安萨尔多 ATS 系统控制中心设备结构示意图如图 2-72 所示。

（1）ATS 主机服务器

主机服务器设置在控制中心综合设备室内。ATS 主机服务器是两台同样的服务器，负责全线的 ATS 系统功能。这些服务器主要完成列车追踪、自动调度、自动进路、自动列车调整和控制请求确认等。主机服务器还与时钟系统接口。

（2）ATS 通信服务器

通信服务器设置在控制中心综合设备室内。ATS 通信服务器是两台同样的服务器，运行与外部系统通信的软件，通过接口服务器与外部系统进行通信。这些服务器处理所有从外部系统接收的数据（通过接口服务器），并向外部系统发送其所需数据（同样通过接口服务器）。ATS 通信服务器还负责与其他 CBTC 子系统接口包括 MicroLokII、FRONTAM、ZC、CC。

（3）ATS 接口服务器

接口服务器设置在控制中心综合设备室内。接口服务器应用软件处理 ATS 和外部接口之间的协议。ATS 通信服务器会发送必需的信息给接口服务器，接口服务器将转发相应格式的信息给外部系统。

（4）ATS 数据库服务器

郑州轨道交通 1 号线的接口服务器设置在控制中心综合设备室内。数据库服务器亦是双机冗余设备。数据库服务器持续存储接收到的事件、ATS 用户控制请求、ATS 自动控制请求、报警，并为用户生成包含所有这些数据的报告。

2. 后备中心

线路设计后备中心设置在正线信号设备室内。后备中心设备包括应用服务器 1 台、通信服务器 1 台、接口服务器 1 台。在中央 ATS 服务器不可用时，这些服务器为中央服务器提供备份服务。

3. 调度工作站

ATS 调度工作站包括调度长工作站和调度员工作站，主要用于监视、控制线路和列车运行。

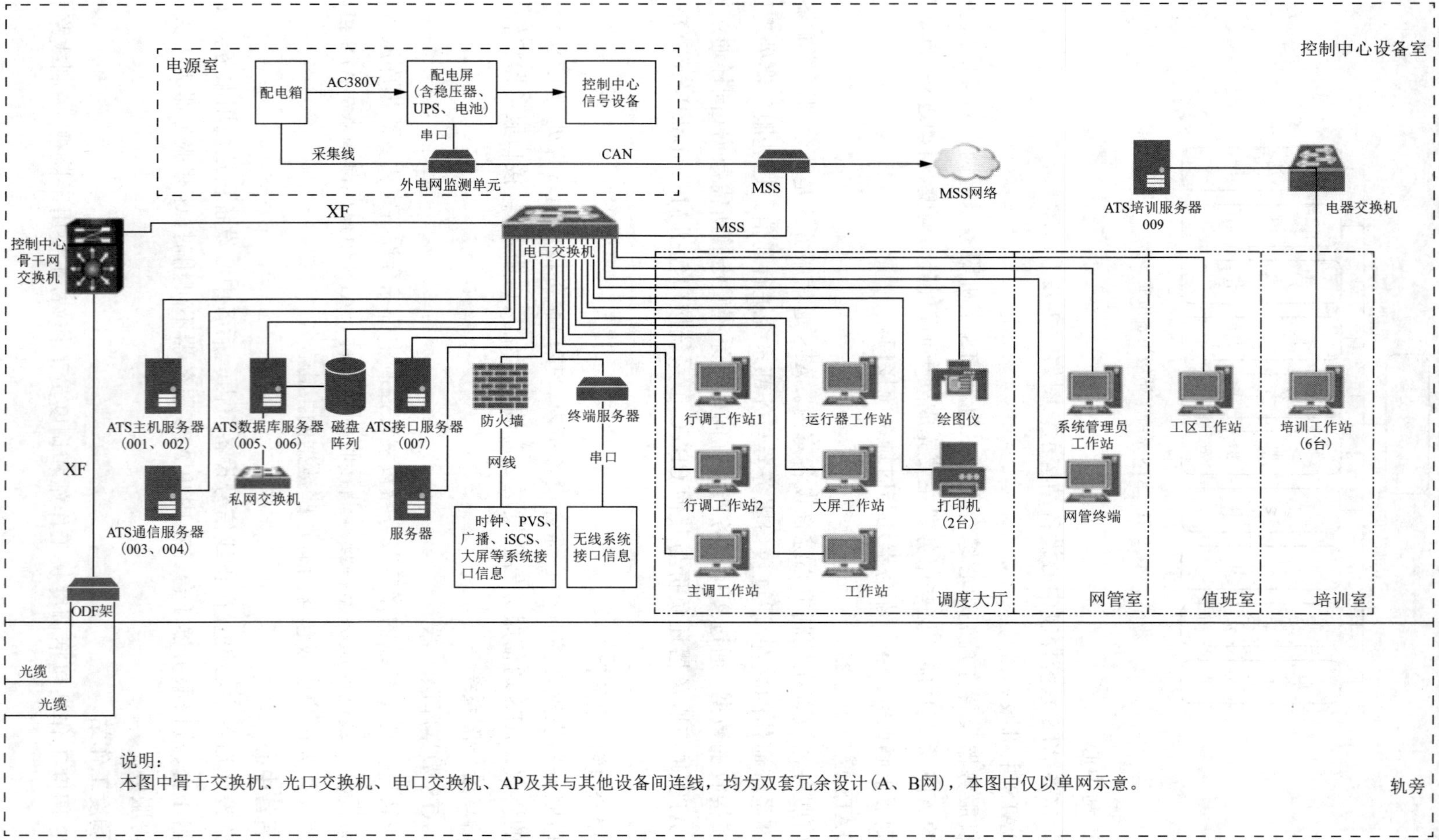

图 2-72　ATS 系统控制中心设备结构示意图

4. 车站工作站

安萨尔多 ATS 系统是基于中心信息处理，车站联锁区域管理的格式。车站工作站分为设备集中站和非设备集中站等。

设备集中站的联锁区域内的车站现地控制工作站是单机工作站，各配有两台 LCD 显示器，用于监视列车运行。联锁区域内的车站现地控制工作站的运行与 ATS 中央调度工作站的运行相似。一般情况下，车站现地控制工作站用户监视本联锁区内列车的移动，而不需要控制本联锁区域。车站现地控制工作站集成了车站 ATS 工作站和 LCW（联锁工作站）的功能，ATS 与 LCW 使用不同的用户界面。

非设备集中站的车站工作站是单机工作站，各配有一台显示器，用于监视当前情况（设备状态，列车运行）。其只具备 ATS 操作功能，不具有联锁工作站的功能。在设备集中站的工作站出现故障后，指定的非设备集中站可以具备设备集中站工作站的 ATS 全部功能。

5. 管理员工作站

系统设计在控制中心综合网管室内设置有 ATS 系统管理员工作站。这台工作站具有更新 ATS 软件、图形图表和数据库等功能。同时，其亦具备分配 ATS 系统用户角色等功能。

6. ATS 系统发车指示器

线路各站设置有发车指示器（DTI），DTI 设备用于列车在车站的发车时刻以及站台的扣车和跳停状态的指示。

发车计时器的车站引导控制计算机（SCC）从 ATS 子系统接收有关发车计时器显示的内容信息，经处理后将数据显示在相应的发车计时器显示，同时将相应的发车计时器的故障报警信息发送给维护支持子系统。DTI 由计时显示区和发车指示区组成。

7. ATS 系统附属设备

ATS 系统附属设备主要包括打印机、信号延长器等设备。信号延长器主要用来为信号长距离传输服务。

ATS 系统设备维护主要分为硬件维护和软件维护。硬件方面主要包括工业级服务器和工业级工控机维护。这些都是通用的维护方式。软件维护主要包含各个服务器和工作站上安装的程序。日常巡检主要检查各工作站服务器的 CPU 占用情况，以及进程启动运行情况。

8. ATS 主界面介绍

ATS 主界面主要包含：菜单栏工具条、时钟框、站场图运行界面框、报警信息框、VR 调整框等。

（1）“菜单栏工具条”可实现在程序退出后，重新登录用户。其他可选运行显示内容均可在此工具条中选择打开。

（2）“时钟框”用来给操作员提示当前时间。

（3）“站场图运行界面框”显示的是线路车辆运行的状况等。

（4）“报警信息框”给操作员显示目前 ATS 接收到的监控报警信息。

（5）“ VR 调整框”用来实现车辆运行等级等功能。

9. ATS 站场图界面元素介绍

ATS 站场图界面包含与行车组织相关的关键信号元素：道岔、计轴、信号机显示、车辆位置、车辆车次号等信息。

另外站场图界面元素还包含车站控制模式、通信状态、联锁联网状态、电源屏工作状态等控制信息。所述界面如图 2-73 所示。

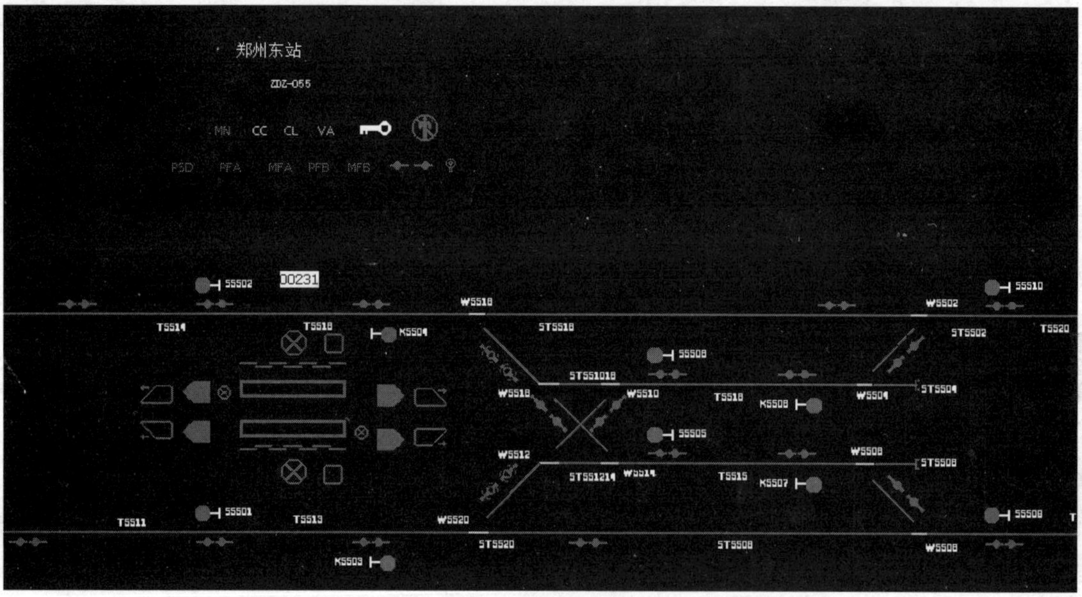

图 2-73　站场图界面示例

10. 基本操作

（1）站控模式转换

使用鼠标右键点击站名，从弹出的菜单项中找到如图 2-74 所示的内容，即可申请控制模式转换（将控制模式由中心控制转为车站控制）。

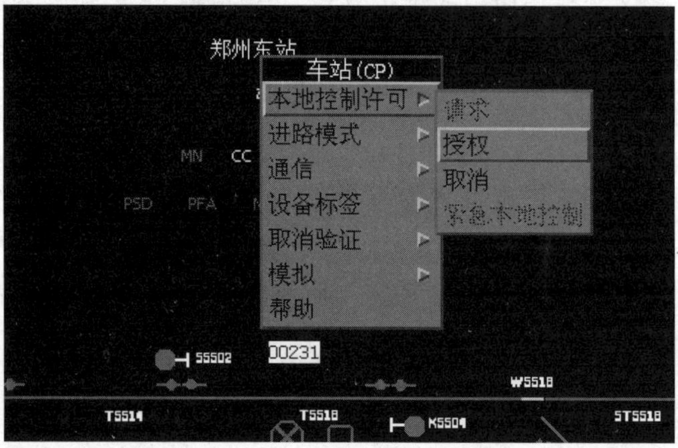

图 2-74　站控模式转换示例

（2）排列进路

点击始端信号机和终端信号机，然后在界面空白处右击，弹出对话框后选择“发送”，即可办理该进路，如图 2-75 所示。

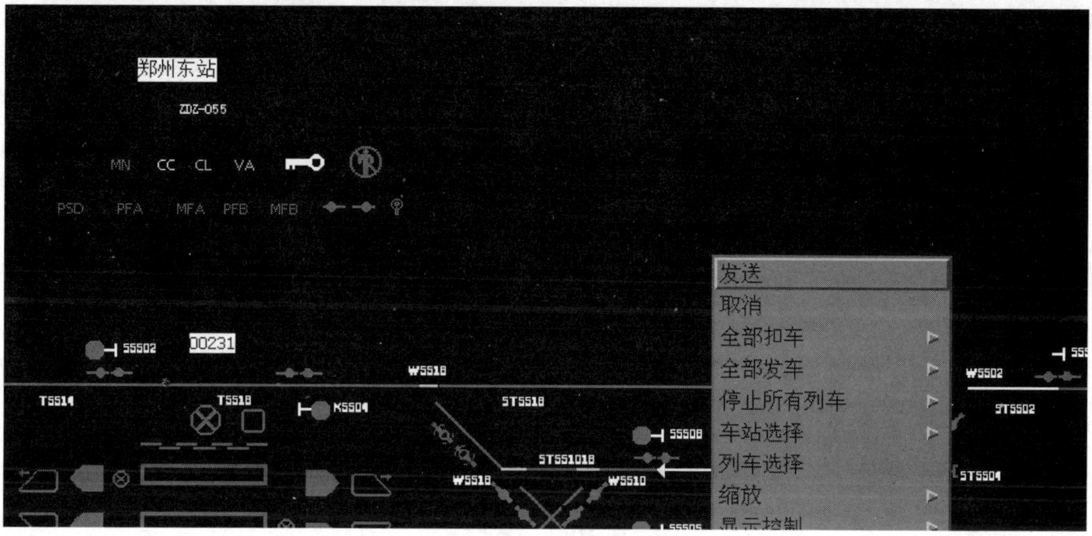

图 2-75 站控模式转换示例

（3）车辆信息查询

点击车次号，从弹出的菜单栏中即可选择相对应的车辆信息，如图 2-76 所示。

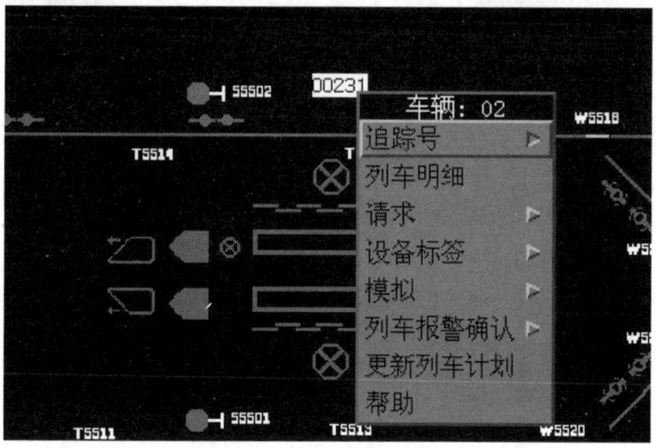

图 2-76 车辆信息查询示例

（二）卡斯柯列车自动监控系统

卡斯柯列车自动监控系统是一个分布式的计算机监控系统，主要分布于控制中心、正线设备集中站、正线非设备集中站和车辆段，系统采用热备冗余的方式，保证系统有高度的可用性。

1. 控制中心（OCC）

控制中心 ATS 子系统结构示意图如图 2-77 所示。

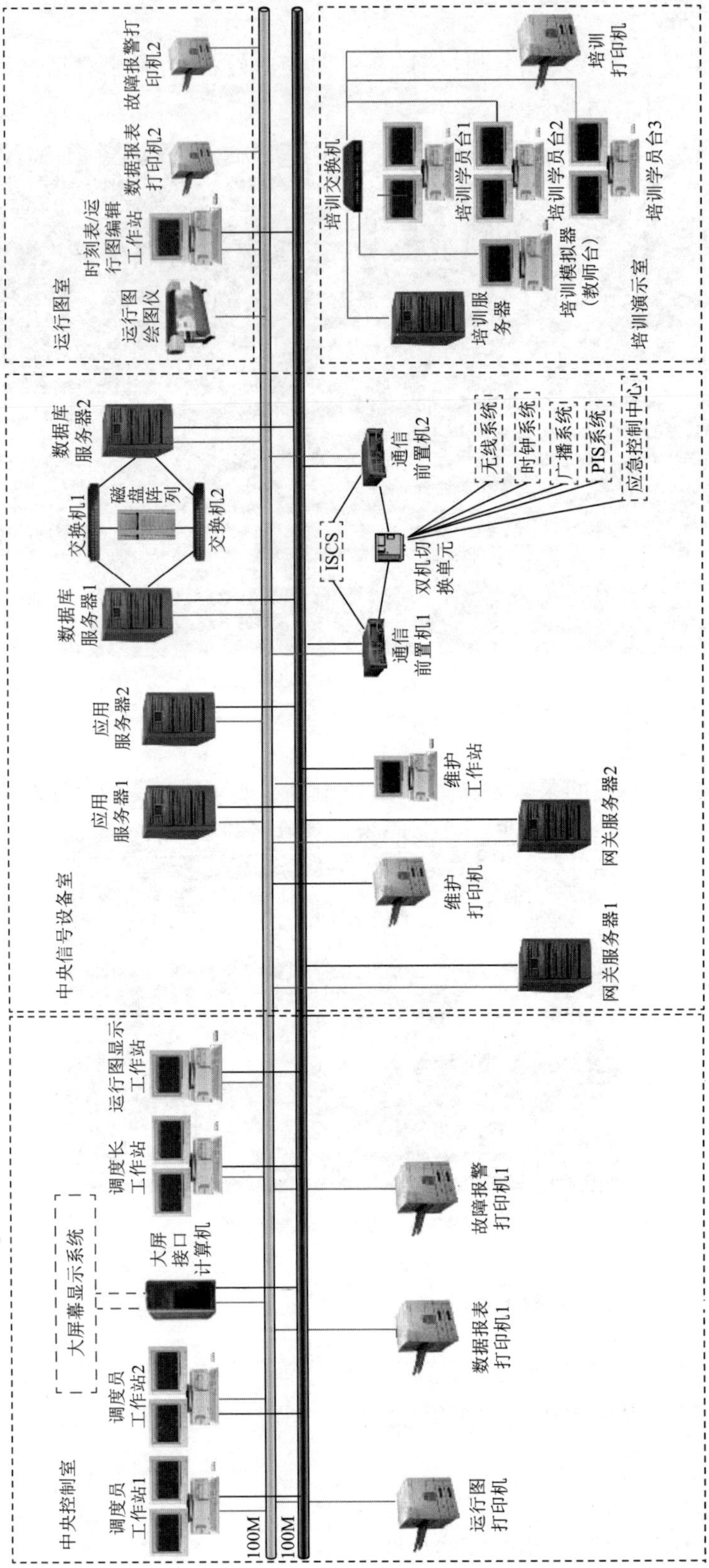

图 2-77 控制中心 ATS 子系统结构示意图

主要包括：

2 台调度员工作站；1 台调度长工作站；1 台网络打印机；1 套冗余的 ATS 通信前置机（FEP）；1 个双机切换单元；1 个网络机柜；3 台培训学员工作站；其他设备都是与郑州轨道交通 2 号线共用的。

2. 正线设备集中站

正线设备集中站 ATS 子系统结构示意图如图 2-78 所示。

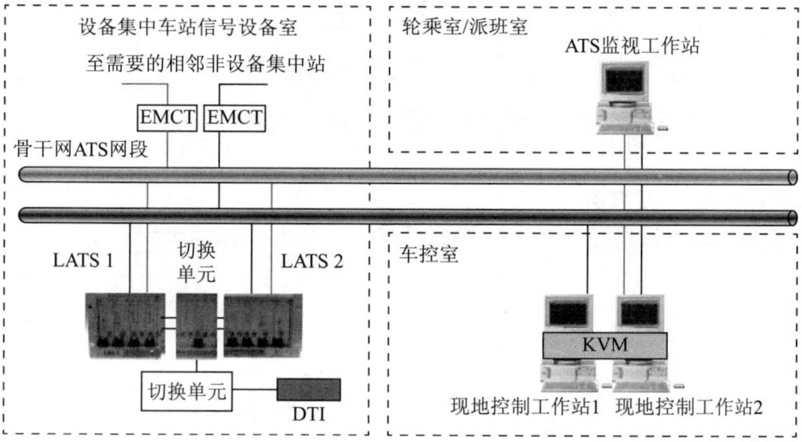

图 2-78　设备集中站 ATS 子系统结构示意图

每个正线设备集中站 ATS 子系统主要包括以下设备：

（1）信号设备室：1 套主 / 备车站 ATS 分机（LATS）；1 个设备机柜；2 套发车指示器（DTI）；若干光纤转换器；1 台串口转换器。

（2）乘务员轮乘室：1 台 ATS 监视工作站。

（3）车控室：1 套 ATS 工作站（与联锁现地工作站合用）。

3. 正线非设备集中站

正线非设备集中站 ATS 子系统结构示意图如图 2-79 所示。

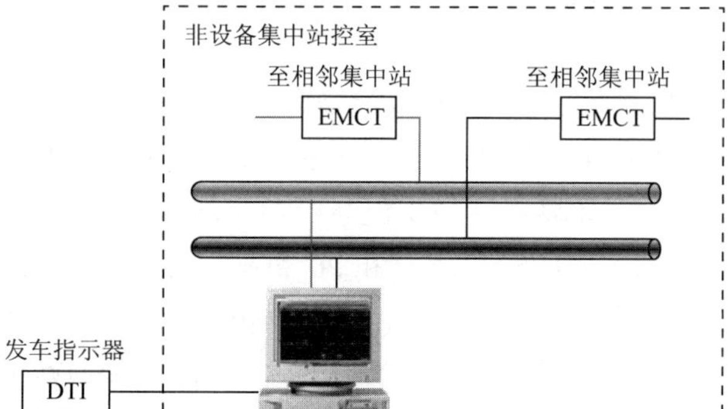

图 2-79　非设备集中站 ATS 子系统结构示意图

每个正线非设备集中站 ATS 子系统主要包括以下设备：1 台 ATS 工作站；2 套发车指示器（DTI）；若干光纤转换器。

4. 车辆段

车辆段 ATS 子系统结构示意图如图 2-80 所示。

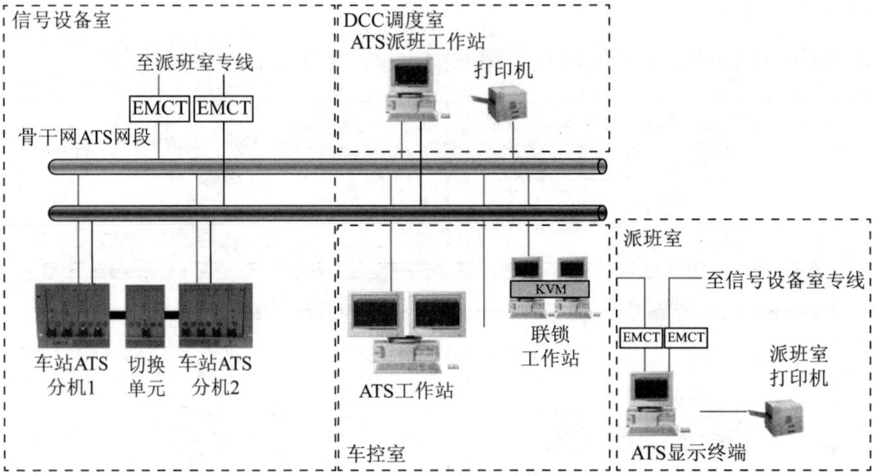

图 2-80 车辆段 ATS 子系统结构示意图

车辆段 ATS 子系统主要包括以下设备：

（1）信号设备室：1 套冗余的车站 ATS 分机（LATS）；1 个设备机柜；若干光电转换器。

（2）DCC 调度室：1 台 ATS 派班工作站；1 台 ATS 终端打印机。

（3）车控室：2 台联锁 HMI 工作站；1 台 ATS 监视工作站；1 台 ATS 终端打印机。

（4）派班室：1 台 ATS 监视工作站；1 台 ATS 终端打印机。

5. 试车线

试车线 ATS 子系统主要是试车线工作站。

6. 维修中心

维修中心 ATS 子系统主要包括 1 台维修中心 ATS 维护工作站。

7. 系统硬件

本系统中 ATS 的中央设备包括服务器、网络设备、终端工作站及其他计算机外围设备（如打印机）采用市场上的主流名牌高端产品，按照标准化功能模块进行设置。主要设备冗余，并达到工业级标准。以上计算机硬件均能与国内市场的主流国产计算机及网络设备兼容，并可由国产设备替换。所有工作站、终端和 PC 机配置 22in 彩色液晶显示器。

ATS 子系统所采用的服务器为 HP ProLiant DL 580 G9，采用最新的英特尔处理器技术，延续了一流的性能、管理功能和可靠性，非常适用于准备部署大型数据库，需要向上扩展计算能力、海量内存和 I/O 密集型应用程序的客户。

ATS 子系统所采用的工作站为 HP Z640 工作站，它支持多达 6 个独立处理器内核，可将大量的计算和虚拟化功能包装到一个安静紧凑的空间内实现。其双插槽系统有助于利用新一代英特尔至强处理器和多达 8 台显示器的支持提高生产力。HP Z640 具有 6 个内核，其功能可以支持各种处理器，有助于提高用户的工作效率。

8. 主要设备描述

（1）CATS 应用服务器

CATS 应用服务器上采用 Windows Server 中文标准版操作系统，运行 CATS 应用服务器软件，该软件采用 C/C++ 语言编程。

CATS 应用服务器为 ATS 子系统的数据处理中枢，它获得全线车站、车辆段以及外部系统的数据后，将站场图显示、告警、列车状态等各种信息发往各 ATS 工作站和表示屏显示。它负责列车运行和计划相关事务，并处理调度人员、维护人员、车辆段派班人员的各种操作请求，并发送到相关系统执行。它保存系统日常运行的各种数据，供各种事后分析和回放。CATS 应用服务器还负责通过通信前置机向无线、综合监控系统等外部系统发送相应的信息。

CATS 应用服务器为双机热备冗余设计，备机实时从主机获得同步的各种数据，可以实现无扰切换。

（2）数据库服务器和磁盘阵列

数据库服务器上采用 Windows Server 中文标准版操作系统，运行 ORACLE 数据库标准版软件。

两台数据库服务器是集群的，在数据库服务器上运行并行数据库例程，数据库例程接受数据库访问。数据库数据如计划数据、列车运行数据、列车编组信息等存放在磁盘阵列上，以便系统调用和查看。

（3）总调度 / 调度员工作站

调度工作站上采用 Windows 7 中文专业版操作系统，运行 ATS 工作站 / 终端软件，该软件采用 C/C++ 语言编程。

调度工作站包括两个全屏幕的窗口，一个运行图显示窗口主要用于显示计划运行图和历史运行图，提供与运行图相关的操作，如运行图修改、打印等，另一个站场图窗口主要用于显示系统设备状态、站场设备状态、时间、报警等，提供站场图相关的操作，如联锁控制、列车运行控制、车辆管理、职责和授权、报警管理及报表等。调度工作站可以显示在线列车车载设备状态和告警信息。

运营要求中心具有单操道岔的功能，其操作过程要遵守运营组织要求和卡斯柯提供的操作流程。

各个调度工作站在硬件和软件上具有相同的结构，根据登录用户角色和控制区域的不同来完成不同的功能，如果一台调度员工作站故障，另一台调度员工作站可以接管其控制区域。

（4）大屏接口计算机

ATS 通过大屏接口计算机将相关信息传送至控制中心大屏，控制中心大屏幕能清晰显示线路状态、相关的列车运行信息及报警信息，并提供操作菜单。

（5）ATS 维护工作站

在中心信号设备室及车辆段综合维修中心设置了 ATS 维护工作站。工作站上采用 Windows 7 中文专业版操作系统，运行 ATS 工作站 / 终端软件，ATS 工作站 / 终端软件采用 C/C++ 语言编程。

下面从 ATS 角度描述维护诊断工作站的功能：

维护工作站用于显示全线站场图、系统设备状态、故障报警、重要事件等，并进行数据存储管理、ATS 系统管理。对告警和事件的历史数据可进行查询分析，指定的查询条件包括：查询起始时间与查询终止时间，告警与事件的级别，告警与事件的类别，是否被确认，关键字。查询结果可以显示、打印和转存为文本文件供二次分析。

（6）时刻表 / 运行图编辑工作站

时刻表 / 运行图编辑工作站分为离线和在线两种形式，都采用 Windows 7 中文专业版操作系统，运行 ATS 运行图离线编辑软件或显示在线运行图，该软件采用 C/C++ 语言编程。

时刻表 / 运行图离线编辑工作站用于基本运行图的离线管理与维护，包括基本运行图的生成、编辑、打印、上传数据库及从数据库下载等。时刻表 / 运行图在线编辑工作站用于列车在线运行计划的制定及生成，同时提供运行图的打印等功能。

（7）通信前置机

通信前置机上采用 Windows 7 中文专业版操作系统，运行 ATS 通信前置机软件，该软件采用 C/C++ 语言编程。

通信前置机作为控制中心 ATS 子系统的通信枢纽，负责为控制中心的外部系统（无线、时钟、综合监控、广播、PIS、应急控制中心）提供与 ATS 连接的接口。

（8）网关服务器

网关服务器上采用 Windows Server 中文标准版操作系统，运行 ATS/ 信号网关软件，该软件采用 C/C++ 语言编程。

网关服务器用于 ATS 网段和信号网段之间的数据传输。

（9）培训设备

在控制中心设培训演示室，提供培训功能，包括培训服务器、培训模拟器、培训工作站等设备。

培训服务器采用 Windows Server 中文标准版操作系统，运行 CATS 应用服务器软件，该软件采用 C/C++ 语言编程。培训服务器负责向其他培训设备提供数据处理，具有和正线 CATS 一样的功能。

培训模拟器采用 Windows 7 中文专业版操作系统，运行 ATS 培训模拟软件，提供 ATC、联锁、列车等模拟信息，并将该模拟信息送到其他的培训设备。

培训工作站采用 Windows 7 中文专业版操作系统，运行 ATS 终端软件，具有和正线一样的站场图，并和培训服务器、培训模拟器相连，用于显示模拟产生的信号设备状态，以及列车运行信息，用于培训学员进行信号设备模拟操作。

（10）网络拓扑及网络设备

在控制中心、各正线设备集中站、正线非设备集中站、车辆段均有冗余 100M 局域网，各局域网通过 100M 以太网接口连到 100M 冗余主干网，整个系统构成一个冗余可靠高速的广域网，单网故障不影响数据传输的连续性，不影响系统的控制功能。

（11）设备集中站 ATS 分机（LATS）

设备集中站 ATS 分机（LATS）上采用 Linux 操作系统，运行设备集中站 LATS 软件，该软件采用 C/C++ 语言编程。

设备集中站 LATS 负责控制中心与车站联锁系统之间的数据传输，能根据运行图或目的地自动触发列车进路，当列车到达站台后，设备集中站 LATS 将正确驱动发车指示器显示。

设备集中站 LATS 是双机热备的，备机实时从主机获得同步的各种数据，可实现无扰切换。

（12）设备集中站现地控制工作站（与联锁共用）

现地控制工作站上采用 Windows 7 中文专业版操作系统，运行现地控制工作站软件，该软件采用 C/C++ 语言编程。

设备集中站的现地控制工作站设置的车站人工控制功能包括但不限于：控制权的交接 / 强行站控；设置 / 取消 / 人工解锁列车进路；设置 / 取消临时限速；将信号机设置为人工 / 自动模式等；封锁 / 解封信号元素（信号机、道岔等）；单独操纵道岔；单独锁闭 / 解锁道岔；取消信号；提前发车；扣车 / 扣车解除；跳停 / 跳停解除。

现地控制工作站用于显示系统设备状态、站场图，并可进行联锁控制等，相关界面操作方式与控制中心基本一致，其控显范围为本集中站管辖区域，并可选择显示相邻设备集中站 / 车辆段的系统设备状态、站场图、列车运行状态信息。在有联络线车站，ATS 工作站可显示与本线有关的相应联络线的列车运行信息。

每个设备集中站的两个现地控制工作站在硬件和软件上具有相同的结构，根据登录用户角色和控制区域的不同来完成不同的功能。

（13）乘务员轮乘室 ATS 工作站

乘务员轮乘室 ATS 工作站采用 Windows 7 中文专业版操作系统，运行 ATS 工作站 / 终端软件。

轮乘室工作站上能正确显示相应范围内的信号设备状态和车组号、联锁范围内接触网分区的供电状态及报警。

（14）非设备集中站 ATS 工作站

非设备集中站 ATS 工作站上采用 Windows 7 中文专业版操作系统，运行 ATS 工作站 / 终端软件。

非设备集中站 ATS 工作站除了提供本站发车指示器，还可以显示本站及相邻车站系统设备状态、站场图、列车运行状态信息。

非集中站ATS工作站正常情况下不申请控制功能，由集中站的ATS工作站管理非集中站的信号设备，在需要的时候非集中站的ATS工作站可向所属集中站申请本站的控制权限，集中站将该非集中的控制权释放后，该非集中站获得本站设备的控制权限，包括对道岔、信号机等的操作控制。若特殊情况下集中站不能正常释放非集中站的控制权限，那么非集中站在必要时可进行强制申请，也可获得本站设备的控制权，同时非集中站的ATS工作站被迫失去对该非集中站的控制权。

（15）车辆段ATS分机（LATS）

车辆段ATS分机（LATS）上采用Linux操作系统，运行车辆段LATS软件，该软件采用C/C++语言编程。

车辆段LATS负责控制中心与车辆段联锁系统之间的数据传输。

车辆段LATS是双机热备的，备机实时从主机获得同步的各种数据，可实现无扰切换。

（16）车辆段信号楼ATS工作站

车辆段信号控制室ATS工作站上采用Windows 7中文专业版操作系统，运行ATS工作站/终端软件。

在车辆段信号控制室ATS终端上能正确显示车辆段范围内的信号设备状态和车组号、联锁范围内接触网分区的供电状态显示及报警，取得有关列车和司机数据，显示当前使用的时刻表和车辆段计划列车的出入场信息等，还能显示出/入段/场线以及转换轨及相邻正线车站的列车运行信息。车辆段值班员根据当日车辆运用计划和计划运行图/时刻表组织车辆段的列车运行作业，设置出入车辆段的列车进路。

（17）车辆段派班室ATS工作站

车辆段派班室ATS工作站上采用Windows 7中文专业版操作系统，运行ATS工作站/终端软件。

在车辆段派班室ATS工作站上能正确显示车辆段范围内的信号设备状态和车组号、联锁范围内接触网分区的供电状态显示及报警，显示当前使用的时刻表。

（18）车辆段DCC室ATS派班工作站

车辆段DCC室ATS派班终端上采用Windows 7中文专业版操作系统，运行ATS工作站/终端软件。

在车辆段DCC室ATS派班终端上能正确显示车辆段范围内的信号设备状态和车组号、联锁范围内接触网分区的供电状态显示及报警，编辑有关列车和司机数据，显示当前使用的时刻表，编辑车辆段计划列车的出入场信息等。

（19）发车指示器

在各车站每个站台与正向运营相关的运行车头侧的适当位置设置发车指示器（DTI），发车指示器采用发光二极管LED作为光源全屏显示。ATS子系统在各车站通过RS-422串行接口连接到DTI，向DTI发送停站时间、跳停和扣车等内容显示，向司机提供发车时机早晚点提示。ATS子系统可以正确可靠的采集发车指示器的状态信息。

第八节 数据传输设备

数据通信子系统又称 DCS 子系统，它是实现 CBTC 列车控制与运行的关键子系统之一，它为位于控制中心、停车场、车辆段、车站、正线轨旁与车载信号子系统设备之间提供冗余、可靠、安全的数据信息提供传输和交换，为 ATS 对轨道交通 PIS、广播、ISCS、传输无线、时钟 系统等其他相关系统设备间的通信提供网络接口。DCS 子系统应采用符合国家标准或国际标准的标准协议和接口，整个有线网络采用 IEEE 802.3 的以太网标准。其性能指标满足列车自动控制系统的要求。

DCS 子系统需串联的信号系统设备典型结构如图 2-81 所示。

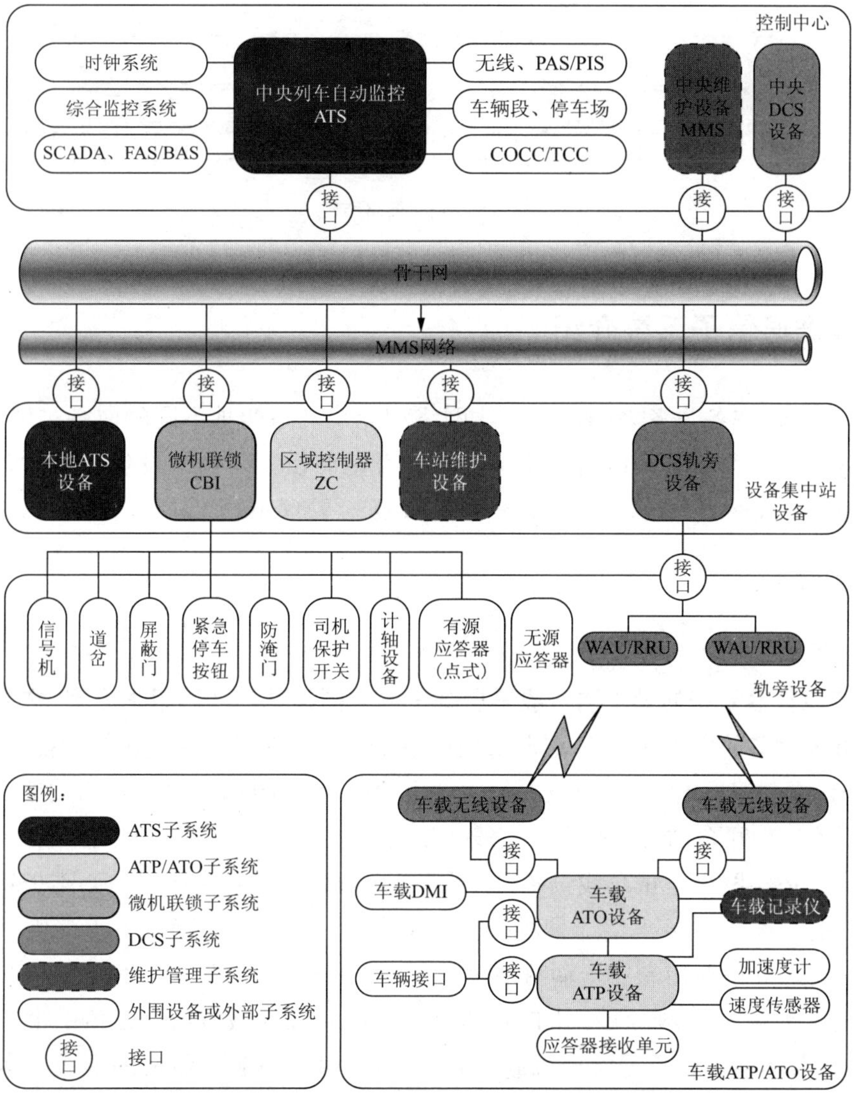

图 2-81　设备典型结构

DCS 典型的网络结构图如图 2-82 所示。

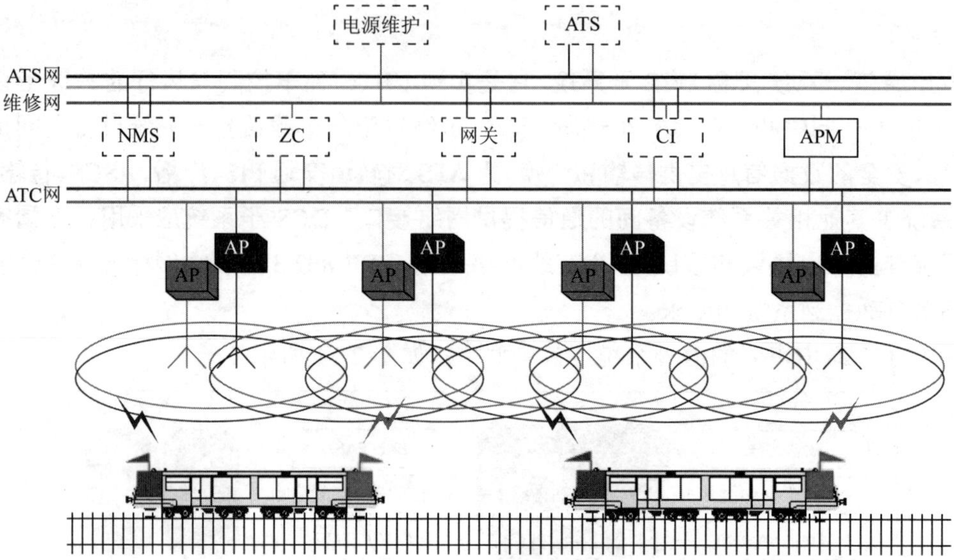

图 2-82　典型网络结构

一、数据通信子系统介绍

DCS 子系统，在各设备之间通过有线网络和无线网络两种不同的网络实现双向通信，用以提供各设备子系统之间的有线信息传输以及地面设备与车载设备之间的无线信息传输。该系统由有线网络系统、车—地无线系统和 DCS 管理系统组成。

（一）系统组成

1. 有线网络

DCS 有线传输系统的骨干网一般采用基于以太网技术的环网组网方案，称为工业以太网方案。DCS 设备的骨干网节点（或网络交换机）一般在控制中心、正线设备集中站、车辆段 / 停车场设置。组网时，在每个设备集中站设置两台骨干网交换机，在相关地点设置接入交换机分别连接到冗余的骨干网上。全线各站的两台骨干网交换机通过骨干网光纤组成两个相互独立的环状网络。试车线设备、控制中心模拟培训设备及维修中心维护培训设备分别配置独立的传输网络，不与骨干网进行数据通信，保证两者间工作不相互影响。

骨干网可以使用通信专业传输网络组网，也可由信号专业独立组网，WLAN 技术传输时信号专业一般独立组网，当采用 TD-LTE 技术方案时，各城市结合工信部批准的带宽情况，可采用一条环网通信信号综合承载，另一环网信号专业独立组网的形式。本节中 DCS 子系统的组网方式为 WLAN 技术。

DCS 子系统光缆一般由通信专业提供，并使用尾纤跳接的方式以满足现行骨干网拓扑结构。利用骨干网交换机的 HiPER-Ring（环形冗余以太网）协议来实现光纤保护，确保信号应用间的通信有更高的可靠性。

（1）有线网络的拓扑结构

按照传输信息的种类，DCS 子系统传输的信息可分为安全信息和非安全信息，其安全信息主要为联锁及 ATP 等安全系统设备间的信息传输；非安全信息传输主要为 ATS 及维修支持等非安全系统设备间的信息传输；为保证安全，用于安全信息传输和非安全信息传输的网络应相互独立，且不能直接连接，其连接应采用网关设备进行有效的防护。

信号专业与有线网络连接的应用系统主要包括：ATP/ATO 子系统、ATS 系统、联锁系统、MSS 系统及电源监测系统。逻辑上，根据应用数据的安全性和可靠性，可划分有线网络为 5 个独立网络：2 个冗余的 ATC 网、2 个冗余的 ATS 网和 1 个维护网（含电源监测）组成，如图 2-83 所示。这些网络在逻辑上是完全独立的，且 2 个 ATC 网互为冗余，2 个 ATS 网互为冗余。有线网络在地面配置网络接入交换机，将各种地面设备和无线网络接入骨干网。

图 2-83 是某地骨干网拓扑结构图，从图中可以看出，该城市地面信号系统中 CI、ZC、LC、APM、NMS 等安全信息传输由红蓝两个环装网络组成，两者互相独立；ATS 等非安全信息由信息传输用深灰、浅灰网络构成两个环装网络，两者物理独立；共同为信号系统提供可靠、冗余、安全的传输通道。一般情况下，信号相关设备监测信息与维护网相连接，设备维护网与 ATS 其中一个环网合用。

有线网络在试车线配置冗余的交换机，将试车线地面设备以及试车线无线网络接入试车线局域网。

有线网络在培训中心配置冗余的交换机，将培训中心的地面设备和轨旁设备接入到培训中心局域网。

（2）DCS 有线网络的功能

有线网络子系统是整个信号系统的传输平台，用以连接控制中心、车站、车辆段、停车场、试车线等站点。DCS 有线网络的功能如下：

骨干网络采用工业以太网设备组网。在每个设备集中站配置两台高可靠性的骨干网交换机，全线共构建两个相互独立的冗余骨干交换机环网。骨干网交换机连接 SIG、ATS 网络的设备，通过划分 VLAN 来进行网络隔离；冗余骨干网的设计能够确保当一台骨干网交换机出现故障时该集中站的另一个网络完全不受影响，提高了网络的可靠性。

每个设备集中站配置两台无线接入交换机，通过电口连接至本站骨干网交换机，通过光口与本集中站管辖范围的轨旁 AP 相连。

非设备集中站的 ATS 设备可由光电转换器或交换机通过通信提供的光缆通道接入到设备集中站 ATS 网络。

DCS 结构网络如图 2-84 所示。

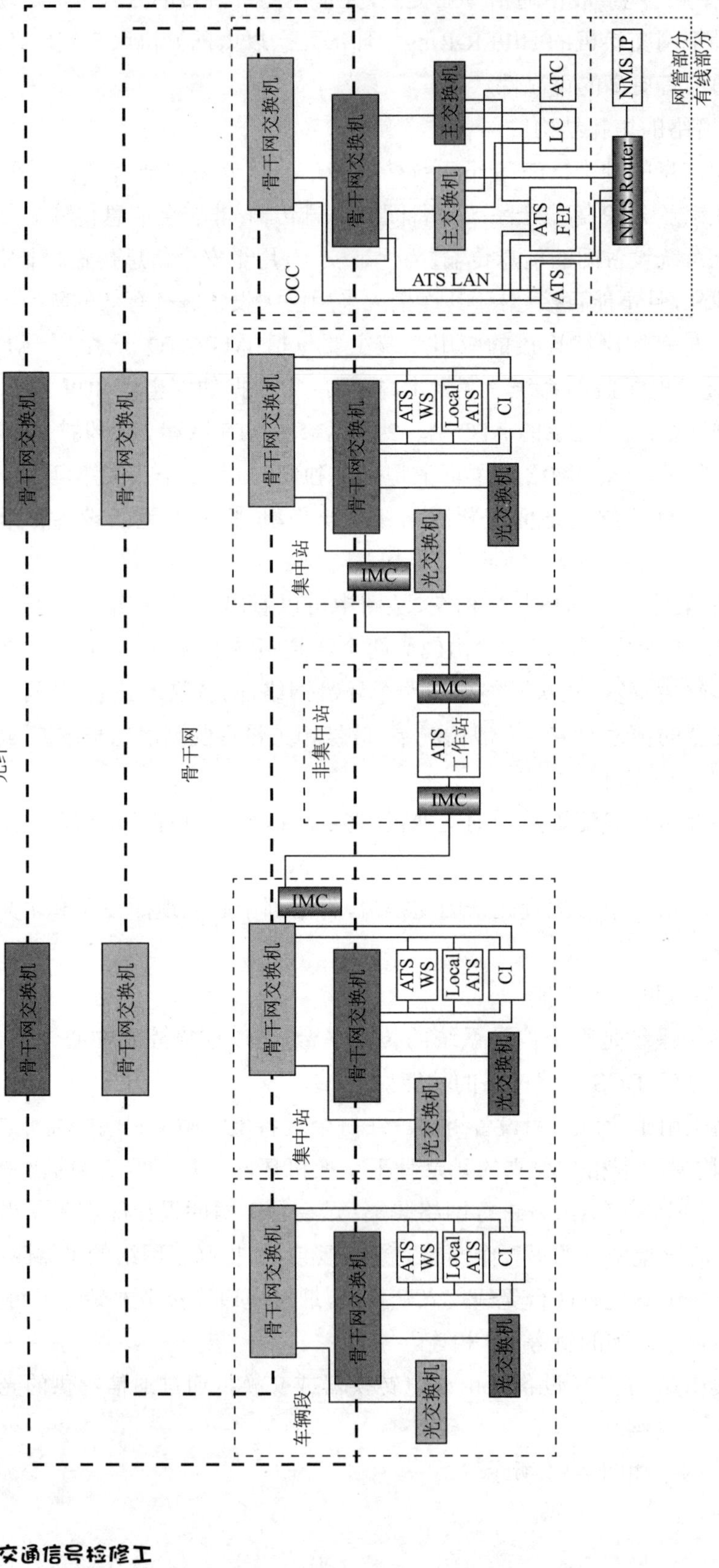

图 2-83　骨干网的拓扑结构图

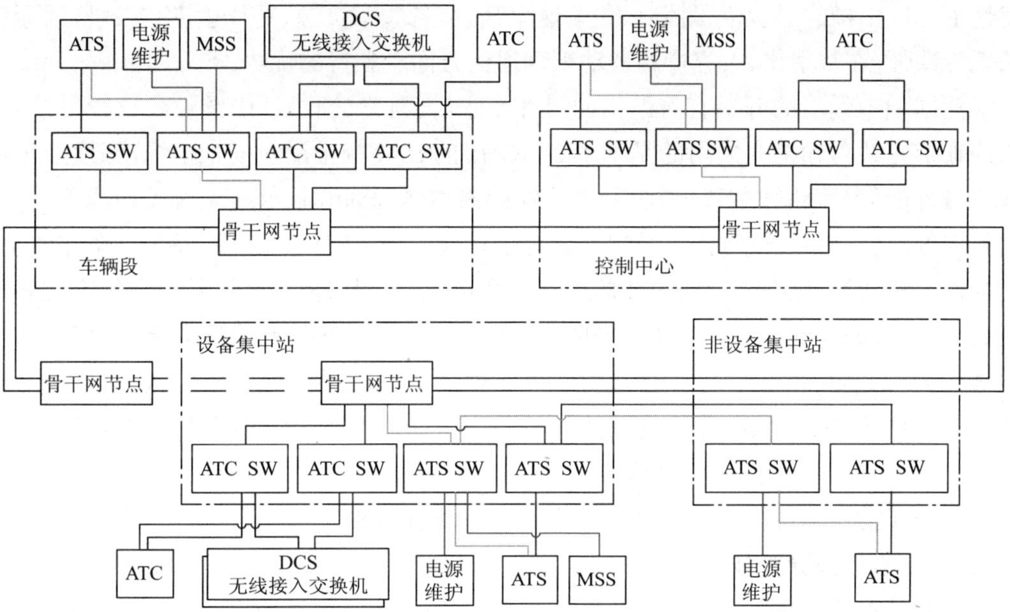

图 2-84　DCS 结构网络图

2. 车—地无线网络系统

车—地无线网络采用车地双向通信，基于 ISM 的 2.4GHz 开放频段，利用专有的工业级无线设备组件和标准化、模块化、通用化和商用化的有线硬件设备，构成一个高可用性的车—地无线网络。车—地无线网络覆盖线路所有区域，包括：正线、折返线、停车线、联络线、车辆段内试车线、车辆段内停车库线等。

地铁 CBTC 系统要求不依靠轨道电路向列控车载设备传递信息，利用通信技术实现“车地通信”并实时地传递“列车定位”信息。通过车载设备、轨旁通信设备实现列车与车站或控制中心之间的信息交换，完成速度控制。系统通过建立车地之间连续、双向、高速的通信，使列车命令和状态可以在车辆和地面之间进行实时可靠的交换，并确定列车的准确位置及列车间的相对距离，保证列车的安全间隔。所以 CBTC 对无线传输的系统容量、稳定性、抗干扰能力以及高速移动下的切换等都有较高的要求，目前 CBTC 系统常用 WLAN、漏泄同轴电缆、裂缝波导管等技术建立无线数据传输服务，具体每种技术方案简介如下：

（1）基于漏泄同轴电缆技术

泄漏同轴电缆 LCX（ Leaky Coaxial Cable）是在同轴电缆外导体上开有一定形状和间距的槽，使电磁场的能量集中在同轴电缆的内外导线之间，部分能量可以从同轴电缆中的槽孔泄漏到空间中，并和附近的移动电台天线耦合构成无线通道。同轴电缆外导体上开的槽可以有许多形状，各种形状在传输损耗和耦合损耗方面各不相同。使用泄漏同轴电缆的通信方式是比较简明的，两条 LCX 交叉环线分别负责上行及下行的车辆通信，车上天线和 LCX 之间的距离很近，LCX 还连接着基地台，通过泄漏同轴，各种安全调度信息和语音信息可以在地面和车辆之间双向传递。由于电磁波在同轴电缆交叉环线内传播，场分布稳定，辐射性能可以由槽的形状位置控制、传输速率高、节省频率资源、受环境影响很小，因而对地形的适应性强，在数字化、大容量的移动车辆通信方面有独特的优势。

泄漏同轴电缆上的开槽有着严格的尺寸要求，而且它的收发、中继设备比较复杂，用它来组成通信无线传输媒介采用的是基于 2. 4GHz 的 ISM 频带漏泄同轴电缆，漏缆的传输特性和衰减性能较好，传输距离较远，最大传输距离达到 600m，且沿线无线场强覆盖均匀，呈现良好的方向性分布，抗干扰能力较强，适合于狭长的地下隧道内使用，减少列车在各个 AP 之间的漫游和切换，提高了无线传输的连续性和可靠性。另外，漏泄同轴电缆的安装要求不是很高，可以根据现场条件安装隧道侧墙（ 仅适用于全地下线路），或隧道顶部（仅适用于全地下线路，且三轨供电）。漏泄信道，初期投入很高，这是它的不足之处。同轴电缆对于地面和高架线路安装比较困难，且美观效果较差。因漏泄同轴电缆的安装位置较高，不会影响一般轨旁维护工作，其自身安装调试完成后维护工作量很小。并且漏缆分布系统对解决 GSM-R 系统在隧道等弱场强区段的覆盖是一种非常重要的手段。

（2）基于裂缝波导管技术

裂缝波导管采用的是一种长方形铝合金材料，在其表面每隔一段距离（约 6cm）刻有一条宽 2mm 长 3cm 的裂缝，能够让无线电波从此裂缝中漏泄出来，因其波导管物理特性和衰减性能很好，传输距离较远，理论最大传输距离可达到 1600m，且沿线无线场强覆盖均匀，呈现良好的方向性分布，抗干扰能力较强。其具有漏泄同轴电缆的优点，适合于狭长的地下隧道内使用，且传输距离要优于漏泄同轴电缆，减少列车在各个 AP 之间的漫游和切换，大大提高了无线传输的连续性和可靠性。目前采用裂缝波导管进行无线传输的信号系统供货商只有法国阿尔斯通公司，其已经在 2002 年开通的新加坡东北线中得到成功应用。

裂缝波导管的安装要求较高，安装位置受到现场制约，其与列车车载天线的安装位置要求对应，故其安装精度要求也比较高，裂缝波导管可以根据现场条件安装在隧道底部钢轨旁（适用于地下、地面、高架或混合线路均可），或隧道侧墙（仅适用于全地下线路），或隧道顶部（仅适用于全地下线路，且三轨供电）。另外，对于波导管内部和表面的维护量较大，要防止沙尘侵入和污物覆盖等。

（3）基于无线电台的 WLAN 技术

采用无线电台实现 WLAN 技术，体积较小，安装比较灵活，受其他因素影响小，使用开放的 IEEE802.11 标准，广泛采用 2.4G 的 ISM 频段。可根据现场条件和无线场强覆盖需要进行设计和安装，且安装和维护容易，但无线电台在隧道内传输受弯道和坡道影响较大，同时隧道内的反射比较严重，需要考虑多径干扰等问题。无线电台的传输距离小，为了保证在一个无线接入点（ AP， Access Point ）故障时，通信不中断，提供通信的可靠性，以及考虑到高速下的无缝切换，往往需要在同一个地点设置双网覆盖，这要求进一步缩短 AP 布置间距。大量的高密度的 AP 点的部署，导致了列车在各个 AP 之间的漫游和切换特别频繁，大大降低了无线传输的连续性和可靠性。同时相应的电缆使用量很大。

以上 3 种技术在地铁系统中均有运用。

下面介绍WLAN技术中DCS地面子系统和DCS车载子系统无线系统的构成、功能及原理：

①地面无线系统功能

DCS地面AP及天线功能为：

a. 通过无线天线发送/接收自由波信号，与车载Client关联，发送/接收数据。

b. 实现有线信号（电信号）和无线信号（射频信号）相互转换。

c. 接收并发送地面设备信息至列车，接收并转发车载设备信息至地面。

d. 对无线信息和用户进行加密和认证。

信号系统车—地无线网络的无线接入点（AP）冗余配置，一个AP箱内配置2个AP模块，分别经两个不同的冗余交换机接入2个不同的ATC网，如图2-85所示。在正线和车辆段，轨旁天线在一个点配置两组连接不同的定向天线。

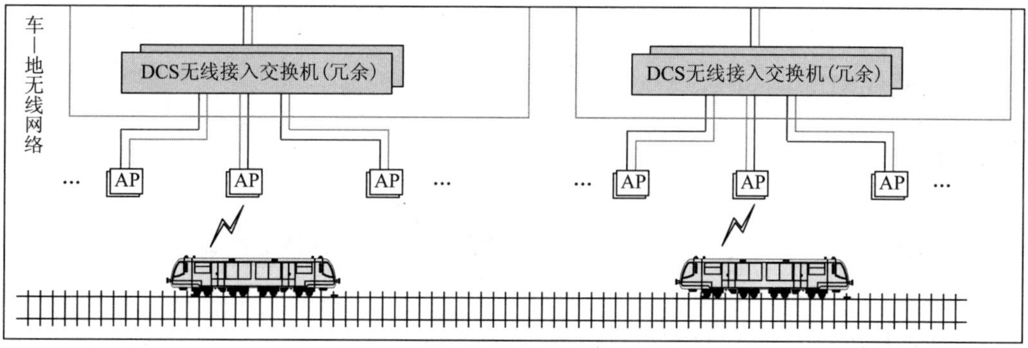

图2-85 DCS无线交换机与AP的示意图

AP是配置于轨旁的无线传输设备，用于与车载无线设备之间进行无线通信。AP箱内主要有两个无线调制解调器、两个电源转换器、两个光电转换器。红色、蓝色无线调制解调器分别连接到各自的功分器上，功分器连接到定向天线上用于传输射频（RF）信号，如图2-86所示。

AP箱在隧道内一般安装在墙壁上。

如果在其他区域（开阔地或高架），将根据实际情况再确定安装位置和方式。

②车载无线系统功能

DCS车载子系统的车载无线单元和车载天线负责发送和接收数据。无线单元通过车载天线接收数据，并通过以太网连接把数据传递给车载ATP/ATO设备；车载ATP/ATO设备通过以太网口将发送数据传递给无线单元，无线单元将数据通过车载天线发送给地面目标设备。其功能如下：

a. 通过车顶的定向天线发送/接收自由波信号，与地面AP关联，发送/接收数据。

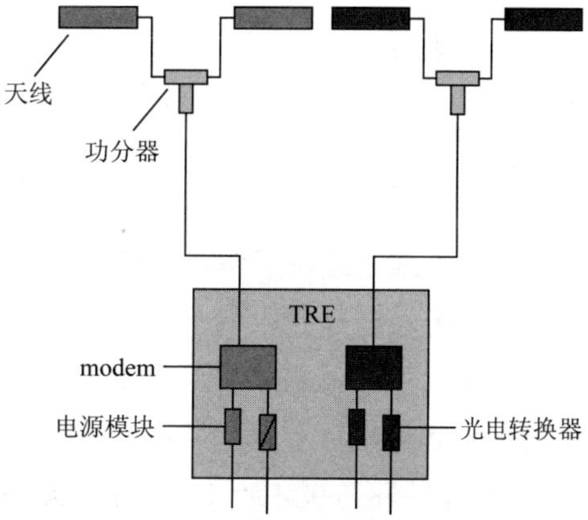

图2-86 AP与天线连接示意图

b. 接收地面源地址的数据，将数据转发给车载设备。

c. 车载无线单元及天线冗余配置，在车头、车尾分安装一别套信号车载无线单元及车载天线，通过车顶的车载定向天线发送 / 接收无线自由波信号，车头与车尾的无线单元分别与两个 ATC 网上的 AP 相关联，同时利用两个 ATC 网发送 / 接收数据。

图 2-87 显示了 DCS 无线系统如何能在列车沿轨道运行过程中为车载和轨旁系统提供连续的通信连接。

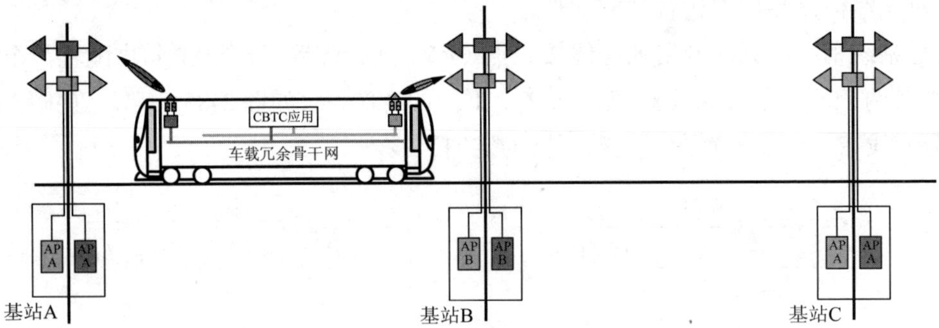

图 2-87　位于一个无线单元内的列车

列车在隧道内运行，位于无线单元 A 和 B 之间。列车的红色无线调制解调器与红色接入点 B 相关联，其蓝色无线调制解调器与蓝色接入点 A 相关联。红色和蓝色车载无线调制解调器与其各自对应的接入点进行数据包的传输通信。

图 2-88 中，列车进入无线单元 B 和无线单元 C 的重叠覆 + 盖区域。在该重叠覆盖区域内，红色车载无线调制解调器收到由红色接入点 C 和红色接入点 B 循环生成的识别信息。

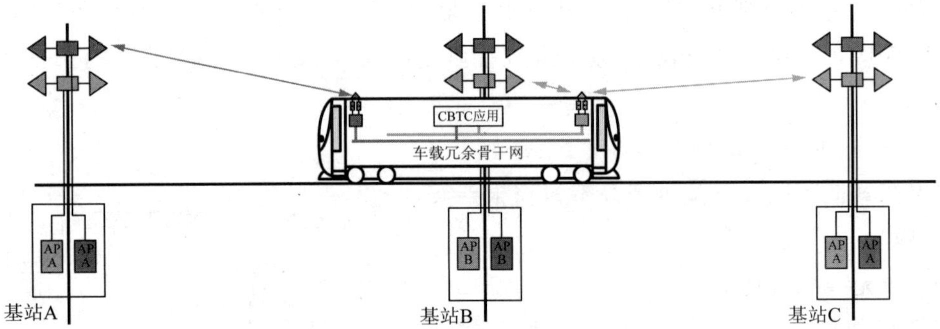

图 2-88　列车进入无线单元 B 和无线单元 C 交叉区域

红色车载无线调制解调器将测量并对比收到的功率，如果从红色接入点 C 接收的功率高于从红色接入点 B 接收的功率，调制解调器将执行从红色接入点 B 到红色接入点 C 的交接。

当从红色接入点 C 接收到的信号高于从红色接入点 B 接收到的信号时，红色车载无线调制解调器将执行下列任务：停止与接入点 B（红色）的通信；停止与接入点 B（红色）的关联；执行授权并与接入点 C（红色）关联；继续与接入点 C 进行通信。

在完成上述 4 项任务后，红色车载无线调制解调器位于无线单元 C 内，如图 2-89 所示。

位于尾部驾驶室内的蓝色无线调制解调器仍然与蓝色接入点 A 相关联。

当尾部驾驶室即将进入重叠覆盖区域时，蓝色车载无线调制解调器将执行蓝色接入点 A 和蓝色接入点 B 之间的交接。

红色车载无线调制解调器和蓝色调制解调器的交接不可能出现同时进行。这就意味着，当一个车载无线调制解调器在进行交接时，另一个继续正常通信。

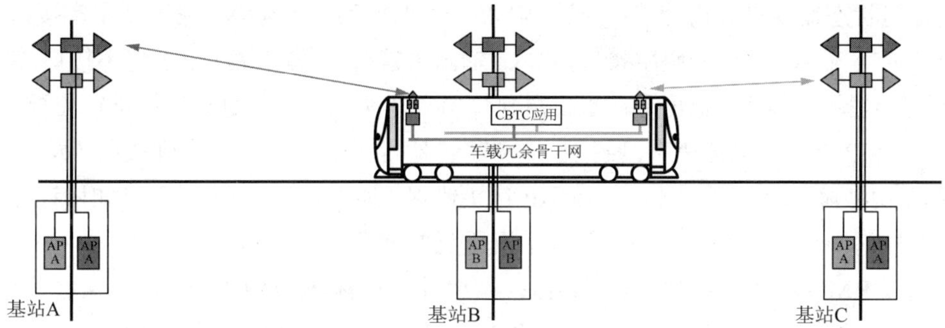

图 2-89　进入无线单元 C 的列车

③网管系统

DCS 的网络管理系统（NMS）用于监督、配置和维护所有网络设备。NMS 服务是通过在网络管理工作站上运行一个工业标准管理系统来实现的。为了实现冗余，或者从控制中心以外的其他地方进行访问，DCS 可以连接两个或以上的 NMS 服务器 / 客户端。NMS 利用 SNMP 协议与 DCS 网络上的所有管理节点进行通信，并且维护数据库和网络拓扑图，并始终显示节点和链接状况。

网管服务器和工作站经常设置在控制中心和维修中心，用于整个 DCS 通信网络的管理及维护。该工作站将使用基于 SNMP 的监控软件，对软件中定义的所有设备以预先设定的时间间隔轮询。采集到的数据将保存在监控工作站上，并根据需要显示。在控制中心网管室设置冗余的 NMS 服务器（DCS 网管工作站），采集、处理并存储来自所有 NMS 工作站的网络设备状态信息，并向信号集中监测子系统提供被监控设备的状态信息。

AP 及交换机等所有网络设备支持简单网络管理协议（SNMP，Simple Network Management Protocol）。NMS 工作站周期地向沿线的 AP、交换机发送 SNMP 查询 UDP 报文，查询设备的工作状态。被查询设备收到该报文后，返回应答报文，实现对沿线设备工作状态的实时监控。一般情况下，可把一个辅助的监视器（如有必要）连接到网络的任何位置，最好是用一台便携计算机（笔记本电脑），以方便维护操作使用。

网管系统的功能可概括为以下 5 点。

a. 故障管理：故障管理功能用于实时监控设备故障和运行状态，统计历史记录信息并提供故障定位措施。一般情况下它包括以下功能：

a）支持故障分级，用户可以根据需要定义故障级别。

b）支持屏蔽重复故障和间歇故障，以便减少错误故障报告。

c）支持根据要求发布“查询模板”，这样用户可以设定条件查询故障并存储结果。

d）支持告警拓扑定位以便得到产生告警的网元位置。

e）可提供性能趋势报告的日报、周报和月报。

b. 网络性能监督：它实时监督网络和设备的性能变化，以便有效管理设备并提供网络优化的数据支持。它包括以下功能：

a）端口状态监视与分析功能：主要对输入 / 输出通信接口，输入 / 输出利用率接口，输入 / 输出误包接口，输入 / 输出误码率接口，输入 / 输出丢包接口，输入 / 输出丢包率接口，输入 / 输出单点信息包接口，输入 / 输出非单点信息包接口和非协议输入信息包接口进行监视与分析。

b）统计 IP 接收 / 发送速率，监控接收 / 发送是否丢 IP 包，是否正确接收 / 发送请求 IP 包，检测路由故障 / 段故障 IP 包。检测 IP 包头错误 / 地址错误包和 IP 不可知协议包。

c）监控门限设置功能和在超过门限情况下通知管理员。

d）通过 RMON（RFC1757 RMON）监控网络性能指标（例如丢信息包数、接收信息包数、超过 64bytes 的包数以及超过 1518bytes 的包数）支持用户定义性能监控指标。

c. 拓扑结构显示：IP 网管提供整个网络上所有监控设备的拓扑结构管理。

a）执行拓扑结构自动查找和动态更新。

b）检测网络设备状态变化（例如，端口状态变化或者与 NMS 通信中断）并改变拓扑节点颜色。

c）使用户可以根据其关注的设备创建拓扑结构视图（物理视图）。

d）提供一个主视图，以便在一个大型网络里显示和定位必需的拓扑结构。

e）在一个拓扑结构中搜索节点并尽快在浏览器和拓扑结构视图中定位网络设备。

f）可以在拓扑结构图上拖拽、放大、缩小和选择几个节点。

d. 完善的系统保密性：

a）提供灵活的策略以便对不同用户提供不同权限，这样方便值班员根据实际管理责任分配权限。

b）提供用于数据库备份的简单和方便的工具，简化管理员任务。

c）提供详细用户和任务操作记录。

e. 防病毒软件。

由于操作系统以及应用系统本身存在很多安全漏洞，必须能够有效地检测到基于这些漏洞的病毒、木马、蠕虫和其他各种应用层攻击，同时能够组合已有的网络设备和安全设备，针对这些攻击行为提供有效的防范能力。

DCS 系统在网管设备上安装了赛门铁克防病毒软件，避免各种病毒对于 DCS 网络上其他设备的影响。

（二）虚拟网络简介

虚拟局域网（Virtual Local Area Network，简称 VLAN），是将局域网从逻辑上划分为一个个的网段，从而实现虚拟工作组的一种交换技术。

使用集线器或交换机所构成的一个物理局域网，整个网络属于同一个广播域。网桥、集线器和交换机设备都会转发广播帧，因此任何一个广播帧或多播帧（Multicast Frame）都将被广播到整个局域网中的每一台主机。在网络通信中，广播信息是普遍存在的，这些广播帧将占用大量的网络带宽，导致网络速度和通讯效率的下降，并额外增加了网络主机为处理广播信息所产生的负荷。

目前，蠕虫病毒相当泛滥，如果不对局域网进行有效的广播域隔离，一旦病毒发起泛洪广播攻击，将会很快占用完网络的带宽，导致网络的阻塞和瘫痪。

我们知道路由器具有路由转发、防火墙和隔离广播的作用，而且路由器不会转发广播帧，因此，要实现对网络的分段和广播域的隔离，可以使用路由器上的以太网接口为单位来划分网段，从而实现对广播域的分割和隔离。但路由器所能划分出的网段，取决于路由器上以太网接口的数目，通常情况下，路由器所带的以太网接口数量很少，一般为 1 ～ 4 个，远远不能满足对网络分段的需要，而交换机则配备有较多的以太网端口，为了实现利用交换机端口来对网络进行分段隔离，从而诞生了 VLAN 交换技术。

一个 VLAN 就是一个网段，通过在交换机上划分 VLAN，可将一个大的局域网划分成若干个网段，每个网段内所有主机间的通讯和广播仅限于该 VLAN 内，广播帧不会被转发到其他网段，即一个 VLAN 就是一个广播域， VLAN 间是不能进行直接通信的，从而就实现了对广播域的分割和隔离。

若要实现 VLAN 间的通信，就必须为 VLAN 设置路由，这可使用路由器或三层交换机来实现。二层交换机可以划分 VLAN，若没有路由器，则无法实现 VLAN 间的通信，由于三层交换机具备路由功能，在实际应用中，通常在三层交换机中来划分 VLAN，以支持 VLAN 间的相互通信。

1. VLAN 的作用

通过上文的分析，我们知道通过在局域网中划分 VLAN，可起到以下方面的作用：

（1）控制网络的广播，增加广播域的数量，减小广播域的大小。

（2）便于对网络进行管理和控制。VLAN 是对端口的逻辑分组，不受任何物理连接的限制，同一 VLAN 中的用户，可以连接在不同的交换机上，并且可以位于不同的物理位置，增加了网络连接、组网和管理的灵活性。

（3）增加网络的安全性。由于默认情况下， VLAN 间是相互隔离的，不能直接通信，对于保密性要求较高的部门，比如财务处，可将其划分在一个 VLAN 中，这样，其他 VLAN 中的用户，将不能访问该 VLAN 中的主机，从而起到了隔离作用，并提高了 VLAN 中用户的安全性。

2. 静态 VLAN 和动态 VLAN

VLAN 间的通信，可通过应用 VLAN 的访问控制列表，来实现 VLAN 间的安全通信。VLAN 创建后，接下来就可指定端口所属的 VLAN，默认情况下，交换机的所有端口均属于

VLAN1，VLAN1 是交换机默认创建和管理的 VLAN。

(1)静态 VLAN

静态 VLAN 就是明确指定各端口所属 VLAN 的设定方法，通常也称为基于端口的 VLAN，其特点是将交换机按端口进行分组，每一组定义为一个 VLAN，属于同一个 VLAN 的端口，可来自一台交换机，也可来自多台交换机，即可以跨越多台交换机设置 VLAN。基于端口的 VLAN 划分如图 2-90 所示。

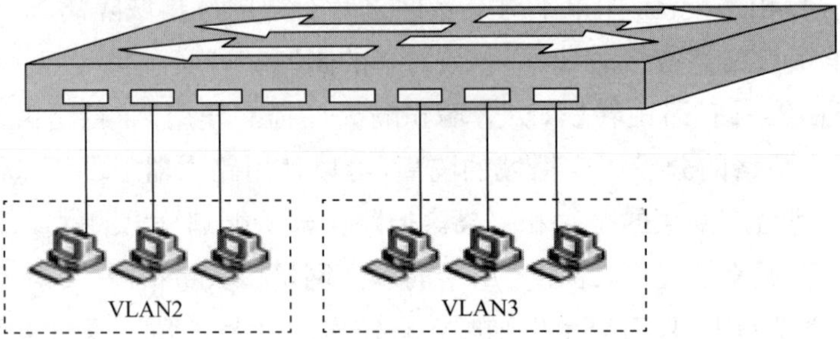

图 2-90 基于端口的 VLAN 划分

静态指定各端口所属的 VLAN，需要一个端口一个端口地进行设置，当要设定的端口数目较多时，工作量会比较大，通常适合于网络拓扑结构不是经常变化的情况。静态 VLAN 是目前最常用的一种 VLAN 端口划分方式。

(2)动态 VLAN

动态 VLAN 是根据每个端口所连的计算机，动态设置端口所属 VLAN 的设定方法。动态 VLAN 通常可分为基于 MAC 地址的 VLAN、基于子网的 VLAN 和基于用户的 VLAN。

基于 MAC 地址的 VLAN，就是根据端口所连计算机的网卡 MAC 地址，来决定该端口所属的 VLAN。在这种方式下，端口所属的 VLAN，不是事先固定的，而是由所连计算机的 MAC 地址来决定的。比如，若 MAC 地址为“00-0C-6E-E1-1B-36”的计算机被设置为属于 VLAN2，则该台计算机无论接到交换机的哪个端口，其所连端口就会被自动划归为 VLAN2。

基于子网的 VLAN，是根据端口所连计算机的 IP 地址，来决定端口所属的 VLAN。

基于用户的 VLAN，是根据端口所连计算机的当前登录用户，来决定该端口所属的 VLAN。

(3)VLAN 的汇聚链接与封装协议

在实际应用中，通常需要跨越多台交换机的多个端口划分 VLAN，比如，同一条线路的计算机联锁设备一般在同一个 VLAN 中，但分布在不同的车站，此时的 VLAN，就将跨越多台交换机，如图 2-91 所示。

VLAN 内的主机彼此间应可以自由通信，当 VLAN 成员分布在多台交换机的端口上时，如何才能实现彼此间的通信呢？

解决的办法就是在交换机上各拿出一个端口，用于将两台交换机级联起来，专门用于提供该 VLAN 内的主机跨交换机相互通信。有多少个 VLAN，就对应地需要占用多少个端口，用来提供 VLAN 内主机的跨交换机相互通信，如图 2-92 所示。

这种方法虽然解决了 VLAN 内主机间的跨交换机通信，但每增加一个 VLAN，就需要在交换机间添加一条互联链路，并且还要额外占用交换机端口，这对保贵的交换机端口而言，是一种严重的浪费，而且扩展性和管理效率都很差。

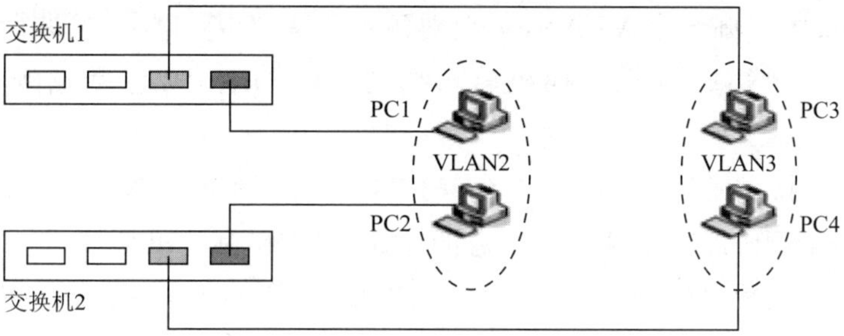

图 2-91　跨越多台交换机的 VLAN

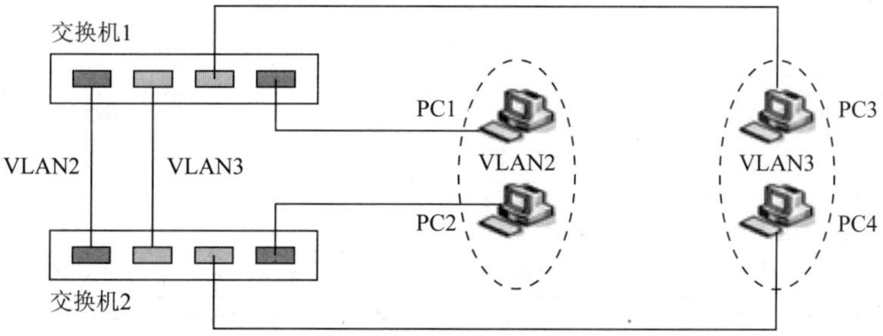

图 2-92　VLAN 内的主机在交换机间的通信

为了避免这种低效率的连接方式和对交换机端口的大量占用，人们想办法让交换机间的互联链路汇集到一条链路上，让该链路允许各个 VLAN 的通信流经过，这样就可解决对交换机端口的额外占用，这条用于实现各 VLAN 在交换机间通信的链路，称为交换机的汇聚链路或主干链路（Trunk Link），如图 2-93 所示。

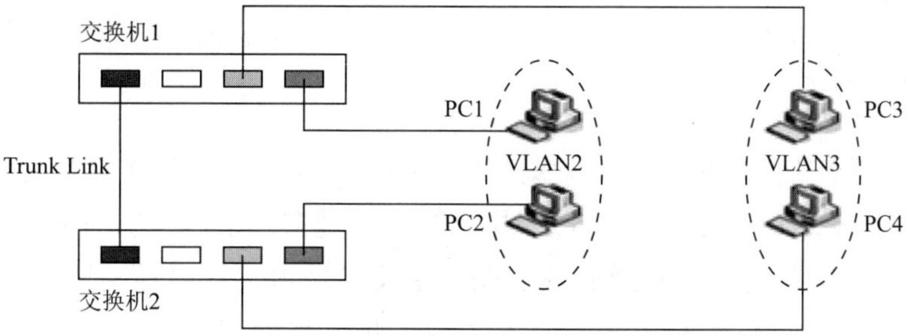

图 2-93　利用汇聚链路实现各 VLAN 内主机跨交换机的通信

用于提供汇聚链路的端口，称为汇聚端口。由于汇聚链路承载了所有 VLAN 的通信流量，因此要求只有通信速度在 100Mbps 或以上的端口，才能作为汇聚端口使用。

在引入 VLAN 后，交换机的端口按用途就分为了访问连接端口（Access Link）和汇聚连接（Trunk Link）端口两种。访问连接端口通常用于连接客户 PC 机，以提供网络接入服务。该种端口只属于某一个 VLAN，并且仅向该 VLAN 发送或接收数据帧。端口所属的 VLAN 通常也称作本征 VLAN（Native Vlan）。汇聚连接端口属于所有 VLAN 共有，承载所有 VLAN 在交换机间的通信流量。由于汇聚链路承载了所有 VLAN 的通信流量，为了标识各数据帧属于哪一个 VLAN，需要对流经汇聚链接的数据帧进行打标（Tag）封装，以附加上 VLAN 信息，这样交换机就可通过 VLAN 标识，将数据帧转发到对应的 VLAN 中。

目前交换机支持的打标封装协议有 IEEE802.1Q 和 ISL。其中 IEEE802.1Q 是经过 IEEE 认证的对数据帧附加 VLAN 识别信息的协议，属于国际标准协议，适用于各个厂商生产的交换机，该协议通常也简称为 dot1q。 IEEE802.1Q 所附加的 VLAN 识别信息，位于数据帧中“发送源 MAC 地址”和“类别域（Type Field）”之间，所添加的内容为 2 个字节的 TPID 和 2 个字节的 TCI，共计 4 个字节，其对数据帧的封装过程如图 2-94 所示。

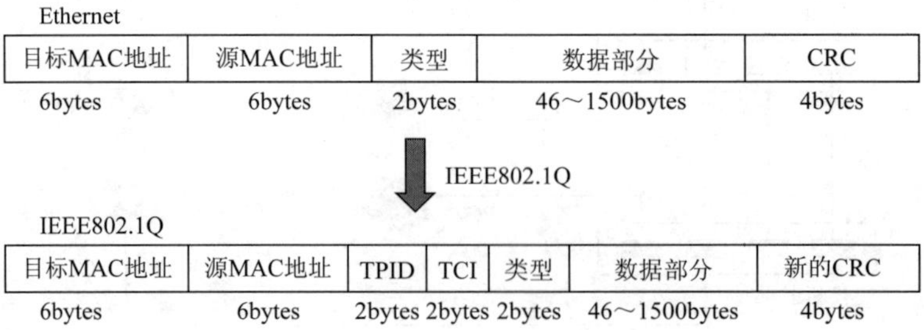

图 2-94　IEEE802.1Q 协议对数据帧的打标封装

ISL 协议在信号系统中不常用，我们只需要知道它与 IEEE802.1Q 协议互不兼容， ISL 是 Cisco 独有的协议，只能用于 Cisco 网络设备之间的互联即可。

不同的 VLAN 区段设置后，我们就需要实现不同 VLAN 区段的主机通信功能了，但二层交换机和路由器的组合通信效率较低，配置和使用也不方便，因此我们经常采用三层交换机来设置 VLAN。

（三）三层交换机

三层交换是相对于传统的交换概念提出的。传统的交换技术是在 OSI 网络参考模型中的第二层（即数据链路层）进行操作，而三层交换技术是在网络模型中的第三层实现了数据包的高速转发。简单地说，三层交换技术就是二层交换技术 + 三层转发技术，三层交换机就是“二层交换机 + 基于硬件的路由器”。三层交换机的工作原理如图 2-95 所示。

两台处于不同子网的主机通信，必须要通过路由器进行路由。在图 2-95 中，主机 A 向主机 B 发送的第 1 个数据包必须要经过三层交换机中的路由处理器进行路由才能到达主机 B，但是当以后的数据包再发向主机 B 时，就不必再经过路由处理器处理了，因为三层交换机有“记忆”路由的功能。

三层交换机的路由记忆功能是由路由缓存来实现的。当一个数据包发往三层交换机时，三层交换机首先在它的缓存列表里进行检查，看看路由缓存里有没有记录，如果有记录就直接调取缓存的记录进行路由，而不再经过路由处理器进行处理，这样的数据包的路由速度就大大提高了。如果三层交换机在路由缓存中没有发现记录，再将数据包发往路由处理器进行处理，处理之后再转发数据包。

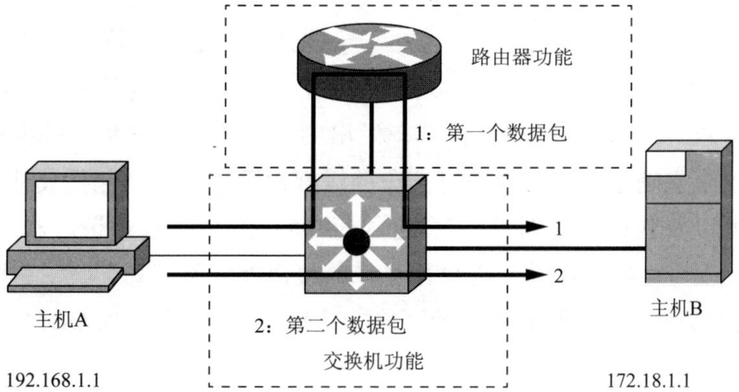

图 2-95　三层交换机工作原理图

三层交换机实质上是将二层交换机与路由器结合起来的网络设备，它既可以完成数据交换功能，又可以完成数据路由功能。其工作流程如图 2-96 所示。

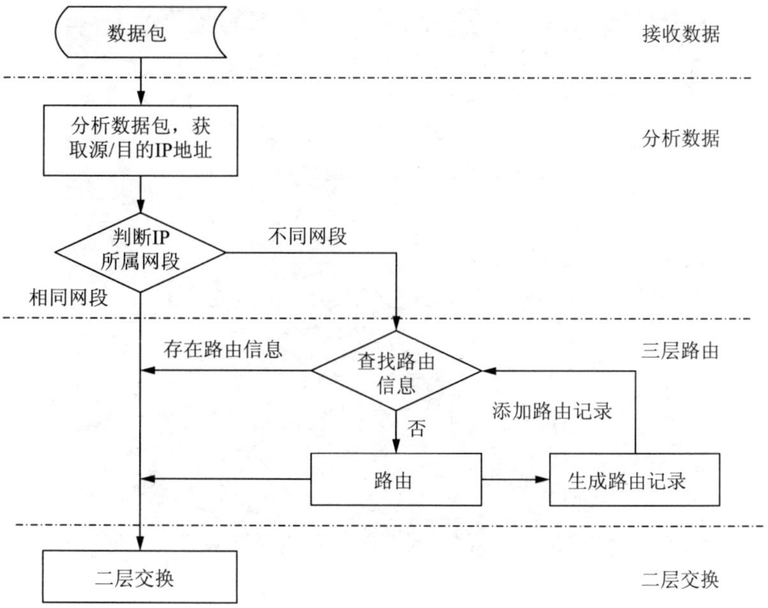

图 2-96　三层交换机工作流程图

三层交换机较普通交换机具有很多的优点，在轨道交通信号专业 DCS 子系统中应用最为广泛，控制中心的主交换机及骨干网交换机一般都采用三层交换机进行通信传输工作。

第九节　区域控制器

一、区域控制器介绍

区域控制器（Zone Controller，简称 ZC），是 CBTC 系统中的轨旁 ATP 设备。区域控制器是 CBTC 系统中的重要组成部分，用来为运行在其管辖区域内的列车提供移动授权并对列车进行管理。ZC 接收由其控制区内列车发出的位置信号。**它负责根据所有已知障碍物的位置和运行权限来确定其区域内所有列车的运行权限。障碍物包括其他列车、封闭区段、失去状态的道岔以及任何外部因素。ZC 也回应相邻 ZC 的授权申请。ZC 的功能是保证线路上所有列车的安全运行：ZC 通过与外部系统的接口得到所有列车（包括非 CBTC 列车）的位置信息，以及轨旁道岔、信号机和计轴区段的状态信息，并为每列 CBTC 列车计算其移动授权（MAL）。**

二、常用区域控制器

以安萨尔多信号系统为例，对 ZC 进行详细说明。图 2-97 为安萨尔多信号系统 ZC 机柜。

图 2-97　ZC 机柜图

在安萨尔多信号系统配置中，ZC 与联锁接口，联锁与转辙机、信号机、站台屏蔽门和计轴设备接口。联锁控制包括安全逻辑以控制转辙机和信号机，它还根据来自 ATS 的进路申请，完成联锁功能。ZC 通过 DCS 子系统与联锁、CC 子系统、其他的 ZC 和 ATS 子系统接口。

系统配置结构图如图 2-98 所示。ZC 使用三取二的硬件平台，在单系故障的情况下，会自动切换至二取二模式运行。ZC 为安全设备，符合“安全—故障”原则，ZC 的安全完整性等级为 SIL4。

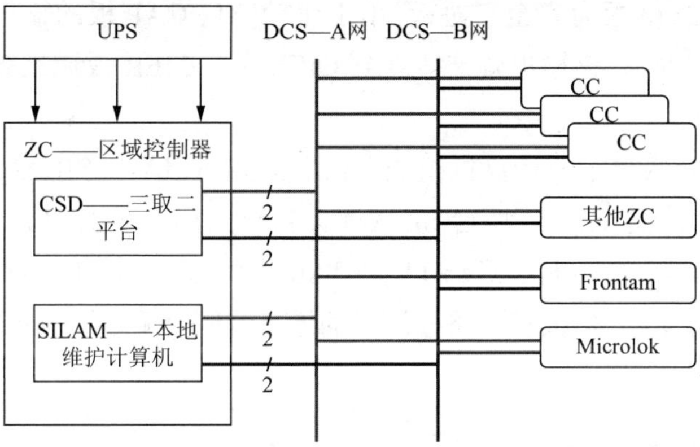

图 2-98　ZC 结构图

ZC 设备由 CSD 和 SILAM 单元组成，CSD 为三取二 ATP 处理平台，如图 2-98 所示，负责执行 ZC 相关的核心功能。CSD 由 3 个叫做“PCSG1/2/3”的模块组成，3 个 PCSG 独立运行，单系的故障不影响 ZC 的正常运行。另外该平台为每个 A/B 网提供 2 路以太网通信，用于轨旁 CBTCATP 应用并与 CC、其他 ZC、FRONTAM、MLK 通信；SILAM 为本地维护计算机，负责收集与 ZC 相关的维护数据并把它传送给 FRONTAM。SILAM 由 2 个叫做“SilamA/B”的计算机和辅助的键盘显示器和鼠标组成。

CSD 为 ZC 的三取二安全计算平台，由 3 个系统组成，分别为 PCSG1、PCSG2、PCSG3。每个 PCSG 都单独供电（24Vdc）。如果单个 PCSG 发生故障，CSD 会将其切除，并自动切换，以二取二的方式进行工作，不会影响 ZC 的功能，如图 2-99 所示。

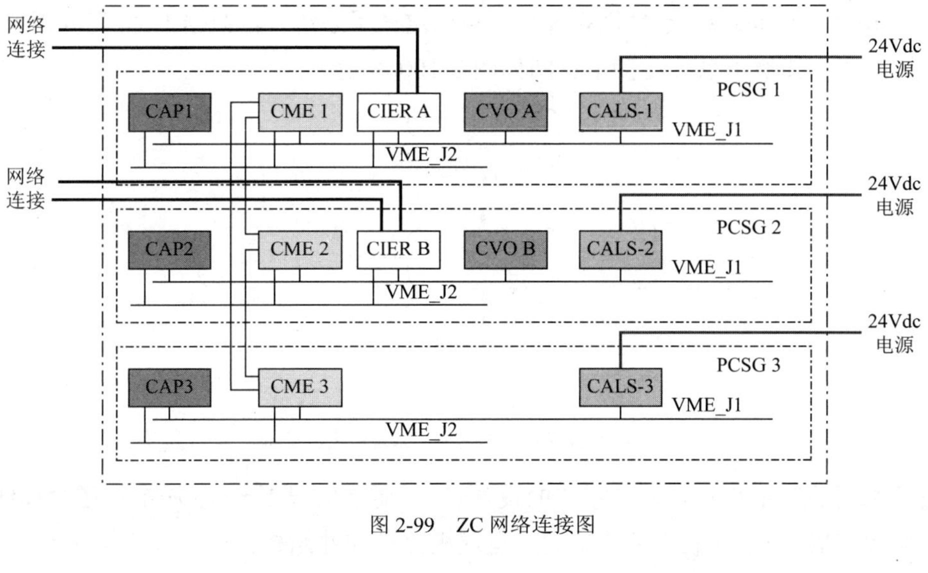

图 2-99　ZC 网络连接图

单个 PCSG 由以下模块构成：CAP——ATP 应用处理板；CME——内存交换板；CIER——通信板；CVO——安全表决板；CALS——电源转换板；CAP 插头和 CVO 插头。

相同的 ATP 应用在三块 CAP 板上处理。三块 CME 板用于 CAP、CIER 和 CVO 板之间传输数据。两块 CVO 板为安全表决板，用于比较三块 CAP 板的输出。如果三块板输出中至少有两块是相同的，则该输出就被传送到 CIER 板。CIER 板通过以太网连接与外部设备之间交换数据。

SILAM 的硬件由两台工业计算机组成，分别为 SILAMA 和 SILAMB，出于可用性的考虑，SILAM 计算机为冗余设计。两台 SILAM 计算机共用一个 KVM。 SILAM 收集、处理所有与维护有关的信息，并将其发送给 FRONTAM。每台 SILAM 计算机连接至 DCS 系统的 A 网和 B 网，用于与 CIER 板和线路控制器的通信，通信协议为 UDP/IP。

第十节　线路控制器

一、线路控制器介绍

（一）线路控制器简介

在基于通信的列车控制系统 CBTC（Communication Based Train Control System）中，线路控制器处于轨旁子系统中，通过数据通信系统 DCS（Data Communication System）与区域控制器 ZC（Zone Controller）、列车自动监控系统 ATS（Automatic Train Supervision）、车载控制器 CC（Carborne Controller）连接，线路控制器通过与这些子系统传输数据报文，完成相关功能。

线路控制器与其他子系统连接示意图如图 2-100 所示。

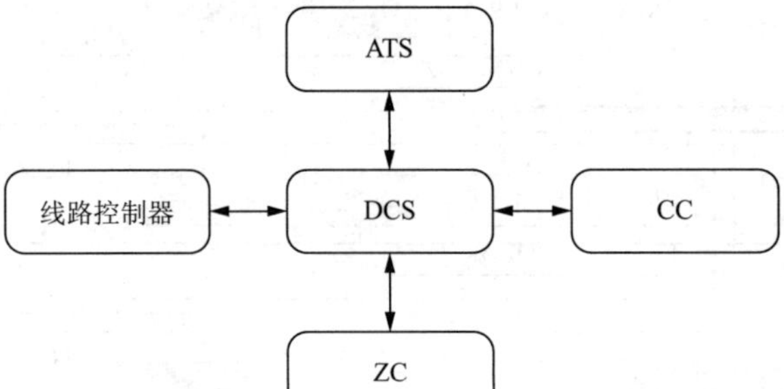

图 2-100　线路控制器与其他子系统连接示意图

线路控制器的设备相对其他子系统的设备较少，通常情况下，一条城市轨道交通线路只设一套线路控制器，采用三取二硬件结构或者双机热备硬件结构。

(二)线路控制器的功能及实现过程

线路控制器的主要功能是管理临时限速信息、管理线路数据及软件版本等,但是由于信号系统设备商的设计理念和实现方式不同,线路控制器也衍生出一些其他功能,如作为信息转接设备,转发 ATS 与 ZC 之间数据通信信息;作为线路数据库,存储线路数据信息;作为系统时钟,同步与其他信号子系统(如 ZC、CC)的时间。本书中简单介绍线路控制器的主要功能,这些功能是信号设备的常用功能。

1. 管理线路数据及软件版本

该功能的目的是管理 CC 子系统中 ATP/ATO 正在使用的线路数据和软件版本。

在 CBTC 中, CC 在获得定位信息后,便周期性地向线路控制器发出版本确认请求,线路控制器收到请求后会发送线路数据版本号信息给 CC。CC 获得线路控制器的版本号后,与自身存储的版本号进行比较,以确认使用的版本是否被线路控制器认可。如版本号不一致,则 CC 无法正常识别信标等信息,导致列车不能进行正常的运行(CBTC 模式与后备模式不可用)。

同理, ZC 也会向线路控制器发送版本确认请求,并通过比较线路控制器发送的版本号信息, ZC 可以确保其软件和数据版本正确,实现 ZC 的正常功能,如在初始化阶段, ZC 应用版本未从线路控制器获得或者无效, ZC 将被设为一种无授权的状态,发送位置报告的车辆无明确运行方向或者位置无效。

2. 管理临时限速信息

该功能的目的是处理全线路的临时限速并将临时限速信息传达至列车。ATS 子系统可根据线路情况以及运行情况设置临时限速信息,临时限速信息被设置后,经过 DCS 系统发送至线路控制器。线路控制器收到临时限速信息后,直接或经过 ZC 发送至 CC,使列车完成临时限速。临时限速信息一般包括临时限速起点、临时限速终点、临时限速值(此速度一般比轨道区段的永久限速值低)等信息。

3. 其他功能

(1)同步时钟信息

一些信号设备商在设计线路控制器时,将线路控制器自身的计数值作为“主控时钟”。线路控制器会周期性地向各个子系统(ZC, CC)发送当前计数值, CC 和 ZC 收到计数值后必须同步且以此计数值作为主控时间,此功能可以保持 ZC、CC 以及线路控制器的时间同步一致,易于实现信号系统内部的时钟同步。

(2)转接信息

一些信号设备商在实现 CBTC 系统的数据传输时,将线路控制器作为信息转接系统。线路控制器提供 ATS 与 ZC 通信的接口,ATS 与 ZC 之间的通信需要线路控制器转发信息实现。

ATS 发送给 ZC 的信息将发送至线路控制器,线路控制器接收到此信息后转发至 ZC,同理 ZC 发送给 ATS 的信息也将由线路控制器转发实现。

(3)存储线路数据信息

一些信号设备商在设计线路控制器时，在线路控制器中增加了线路数据信息，如轨道区段的始点坐标、终点坐标、信号设备所属的联锁区和区域控制器等信息，并将这些信息存储于线路控制器中，如 CC、ZC 与线路控制器对比版本号不一致时，将从线路控制器中下载新版本的线路数据信息，并以新版本的线路数据信息为准。

本书中简单举例说明一下线路数据的内部信息。轨道区段的线路数据信息图如图 2-101 所示。

```
/**********************轨道区段*******************************/
static Track em_track[] =
{
        // 轨道区段名称   所属联锁区域    所属区域控制器       固有限速信息（km/h）  { 区段始点坐标，区段终点坐标 }
        {      T0104   ,      CI1     ,      ZC1     ,     70          ,       {   32900  ,  54850    }     }
        {      T0502   ,      CI2     ,      ZC2     ,     50          ,       {   87700  ,  98850    }     }
}|
```

图 2-101　线路数据信息图

图 2-100 中以轨道区段为例，定义了一个静态数据，其中第一列为轨道区段名称，第二列为所属联锁区域，第三列为所属区域控制器，第四列为轨道区段的固有限速信息，第五列为区段的始点与终点坐标。所有的线路设备信息都会被定义，并以数据的形式存储在线路控制器中，这些数据形成“电子地图”，用于信号系统的查询和使用。由于线路数据信息比较复杂，此处只是简单介绍，不再做详细说明。

二、常用线路控制器

(一)控制器功能单元 FRONTAM

安萨尔多信号系统中，执行线路控制器功能的单元为 FRONTAM，主要实现的功能有：存储和管理轨道数据库；提供 ATS 与 ZC 通信的接口；收集 CBTC 系统的运行信息，并提供与维护支持子系统的接口；数据记录存档功能。

FRONTAM 除了存储和管理轨道数据库和提供 ATS 与 ZC 通信的接口外，还负责采集、处理和传输 ATS 系统需要的所有的 CBTC 轨旁和车载的信息，并将这些信息传输至 ATS；FRONTAM 可以通过维护支持子系统的接口，将自身运行信息发送至维护支持子系统，便于维护支持子系统对其状态进行监控和报警；FRONTAM 能够记录数据信息，并存档以便于日常查询故障和检修。FRONTAM 的配置为双机热备，在单个服务器出现故障的情况下，不会影响其功能。

FRONTAM 设备由以下单元组成：

(1)2 台应用服务器。2 台应用服务器互为冗余，在单个服务器故障时自动进行主备切换。其功能主要是存储和管理轨道数据库，为 ATS 和 ZC 之间的通信提供接口。

(2)1 台存档服务器。存档服务器为单服务器配置，其故障不影响 CBTC 系统的运行，且故障恢复后，在故障期间未存档的信息会自动重新存档。

（3）KVM：提供上述三台服务器的人机接口。

FRONTAM 设备实物如图 2-102 所示。

（二）控制器单元 LC

卡斯柯信号系统中，执行线路控制器单元（Line Controller，简称 LC）的主要功能如下：

（1）管理临时限速信息。

（2）确保 LC 与 ZC 间的时间同步性。

（3）管理 CC 的数据及软件版本。

LC 子系统采用与 ZC 相同的三取二平台。LC 可以存储 30 条临时限速数据。LC 子系统通过 DCS 网络与 ATS、CC、ZC、维护支持子系统 MSS 连接。

LC 设备构造如图 2-103 所示。

图 2-102　FRONTAM 机柜图

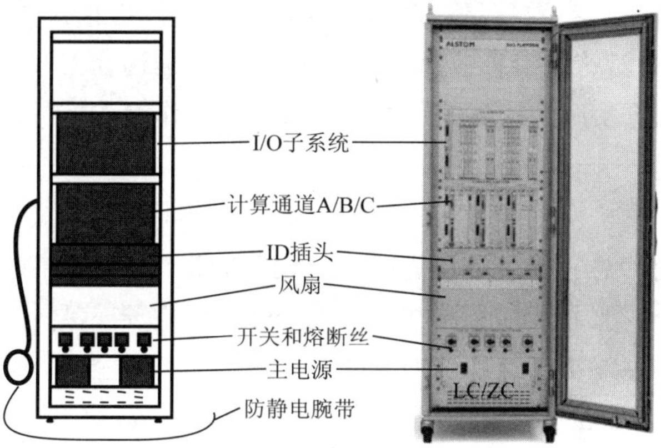

图 2-103　LC 设备构造图

第十一节　维护支持设备

一、维护支持系统介绍

城市轨道交通信号系统是城市轨道交通的主要技术设备，担负着指挥列车运行、保证行车安全、提高运输效率的重要任务。由列车自动监控系统（ATS）、列车自动防护系统（ATP）、列车自动驾驶系统（ATO）、正线计算机联锁系统、数据通信系统（DCS）、车辆段 / 停车场联锁系统、电源屏系统组成，包括计轴、轨道电路、信号机、转辙机等设备。为保障系统的安全运行，必须对其进行良好的日常维护。

城市轨道交通信号维护支持系统（Maintenance Support System，简称 MSS）是整个信号系统的设备状态监测与维护工具，利用计算机、网络和通信技术，完成对信号系统所有设备的状态集中监视和报警，实时监测信号设备的使用情况，定位故障地点，分析故障原因，统计故障时间，管理维修作业，以实现预防故障发生，提高系统维护管理水平的效果。同时，通过专业化、智能化、流程化的综合维护平台，进一步提高信号设备的维护管理效率和质量，确保城市轨道交通信号系统安全、可靠、高效运行。

（一）原理概述

信号维护支持系统采集信号设备的工作参数及工作状态信息，通过对这些信息的实时在线监视，监测信号设备的工作状态。信号设备监测信息的采集主要由车站机完成。

车站机通过采集机采集：转辙机、信号机、外电网、电缆绝缘、电源屏输出对地漏流等信号设备工作参数信息，按钮、继电器状态和报警信息等开关量信息。站机采集到这些信息后，首先对这些信息进行数据处理，将信息进行分类、调整，然后在本地数据库实时存储。车站机根据实时监测到的各类信号设备的工作参数信息，生成信号维护人员易于理解的曲线、报表等。

车站机对信号设备的工作参数和工作状态信息进行实时监测，当有参数超标时给出超限报警信息。接收来自智能信号设备的报警信息，并对来自不同信号设备的报警信息进行管理、分类、分级，并给维护人员发出提示和警告信息。

车站终端为信号维护人员的日常维护工作空间，车站终端将监测到的信息以站场图、曲线、报表等易于理解的形式展现给信号维护人员。信号维护人员在终端上完成对信号设备工作状态的调看、对报警信息的确认等操作。信号维护人员可以在终端上启动电缆绝缘的测试。

车站机将生成报表、报警信息通过数据通信网络上传至服务器，由服务器通过这些报表信息对全线的信号设备的状态进行监测，对报警信息进行归类统计等操作。终端可以通过服务器对车站机上的实时数据进行调取，服务器负责数据的存储和转发。服务器对全线 MSS 设备进行时间的校核。

（二）监测信息的采集原理

1. 道岔

（1）直流转辙机电流

通过对转辙机动作电流的实时监测，能直接测量出电动转辙机的启动电流、工作电流、故障电流和动作时间，并以此描绘出转辙机动作电流曲线。通过对电流曲线的分析即可分析判断转辙机的电气特性、时间特性和机械特性。

对直流转辙机电流的采样是由直流转辙机电流采集机、电流模块完成。每个直流转辙机采集信息包括：一路模拟量，即道岔动作电流；3 路开关量，即 1 个 1DQJ、1 个定表示、1 个反表示。每块直流转辙机电流采集机可以采集 5 路模拟量、15 路开关量，对应 5 个直流转辙机。

使用电流模块完成转辙机动作电流的隔离采样，将转辙机动作电路回线穿入电流模块采样孔，隔离采集道岔动作电流。模块输出接入采集机模拟量输入端子。开关量采集的是继电器空接点，接入采集机的开关量输入端子。采集机以 1DQJ 继电器状态为判断条件，在道岔动作期间连续对道岔动作电流采样，每 40ms 记录一个点的 A/D（模拟 / 数字转换）值，在道岔动作结束后即将道岔动作期间全部的 A/D 值作为一个数据包（即一条完整的道岔电流曲线数据）送往站机处理。直流转辙机电流采样原理图如图 2-104 所示。

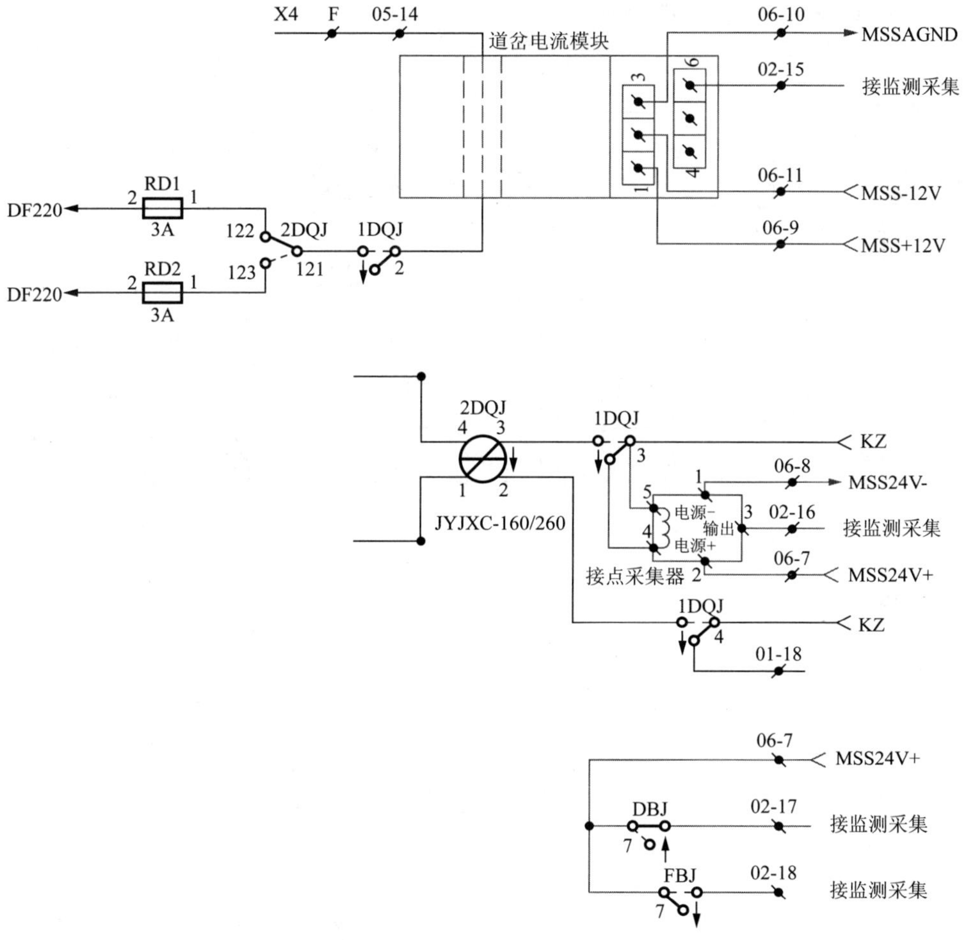

图 2-104　直流转辙机电流采样原理图

（2）三相交流转辙机电流 / 功率

三相交流转辙机电流 / 功率使用道岔采集机和转辙机电流 / 功率模块进行采集，用于完成对三相交流转辙机动作电流、功率曲线的采集。每个三相交流转辙机采集信息包括：4 路模拟量，即 3 路转辙机电流和一路转辙机功率；3 路开关量，即 1 个 1DQJ、1 个定表示、1 个反表示。每块交流转辙机电流 / 功率采集机可以采集 16 路模拟量、12 路开关量，可以实现对 4 个三相交流电动转辙机或液压电动转辙机的动作电流和功率的采样。

使用转辙机电流 / 功率模块完成三相交流转辙机动作电流功率采样，把交流转辙机三相电压按顺序接入模块 UA、UB、UC 采样端子，把通往转辙机的三相电按顺序穿过模块的 Ia、Ib、Ic 的电流采样孔，模块的 4 路输出 Iia、Iib、Iic、Ip 接入采集机的模拟输入端子。开关量采集的是继电器空接点，接入采集机的开关量输入端子。采集机以 1DQJ 继电器状态为判断条件，在道岔动作期间连续对道岔动作电流、功率采样，每 40ms 记录每路模拟量 1 个点的 A/D 值，在道岔动作结束后即将道岔动作期间每路模拟量的全部 A/D 值各作为 1 个数据包（即 3 条道岔电流曲线数据、1 条功率曲线的数据）送往站机处理。三相交流转辙机电流功率采样原理图如图 2-105 所示。

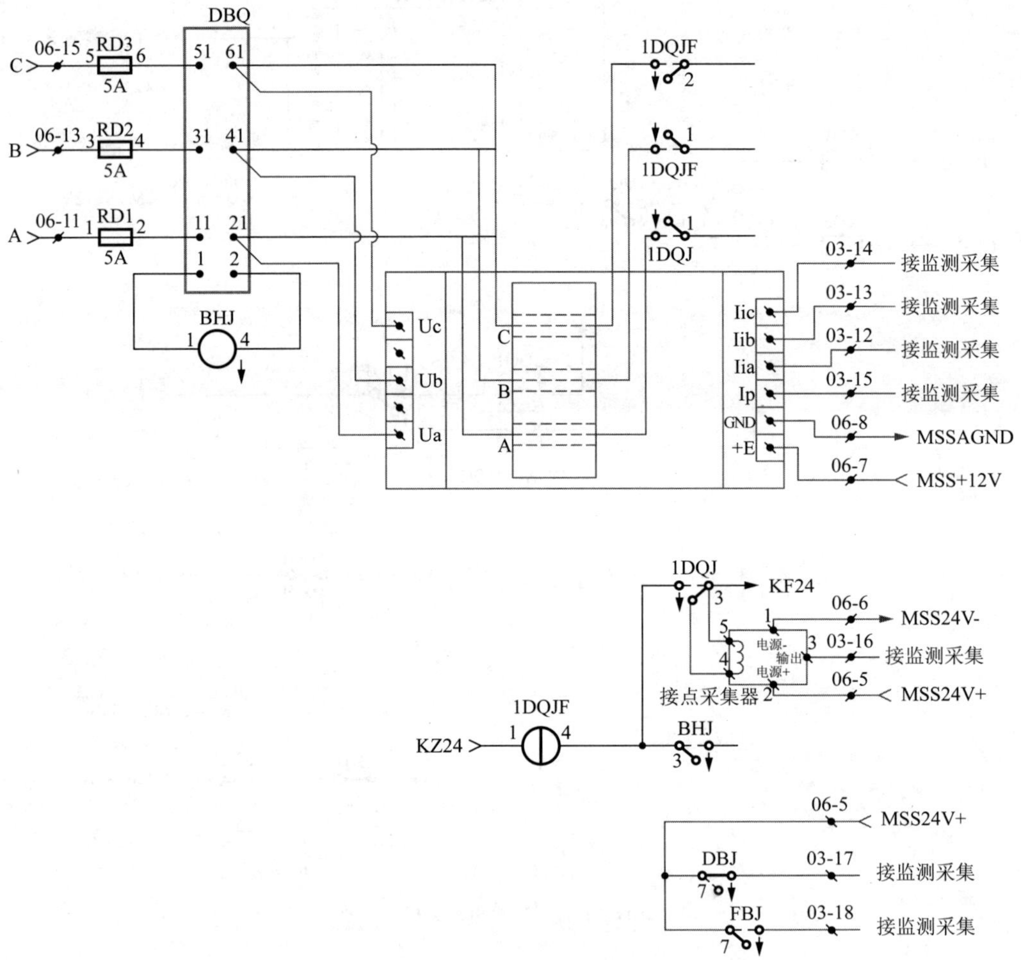

图 2-105　三相交流转辙机电流功率采样原理图

（3）道岔表示电压

对道岔表示电压的监测，采用表示电压采集器，采集器为标准继电器安装模式，每个表示电压采集器可采集 4 路电压，对应 2 个转辙机；每层表示电压监测组合可安装 10 个表示电压采集器，采集 40 路电压，对应 20 个转辙机。

2. 信号机

通过对信号机灯丝继电器（DJ、2DJ）工作交流电流的监测，可以判断信号点灯电路和灯丝继电器的工作状况。采用信号机灯丝电流采集模块和模拟量采集机对信号机灯丝继电器工作交流电流进行监测。DJ、2DJ 的电源线分别穿入电流模块的 A、B 两个采样孔，模块输出接信号机点灯电流采集机，信号机点灯电流采集机对信号进行处理后通过 CAN 网络送入上位机。

每块信号机点灯电流采集机可以采集 16 路模拟量，可以监测 8 个进出站信号机，或者 16 个调车信号机。信号机灯丝电流采样原理图如图 2-106 所示。

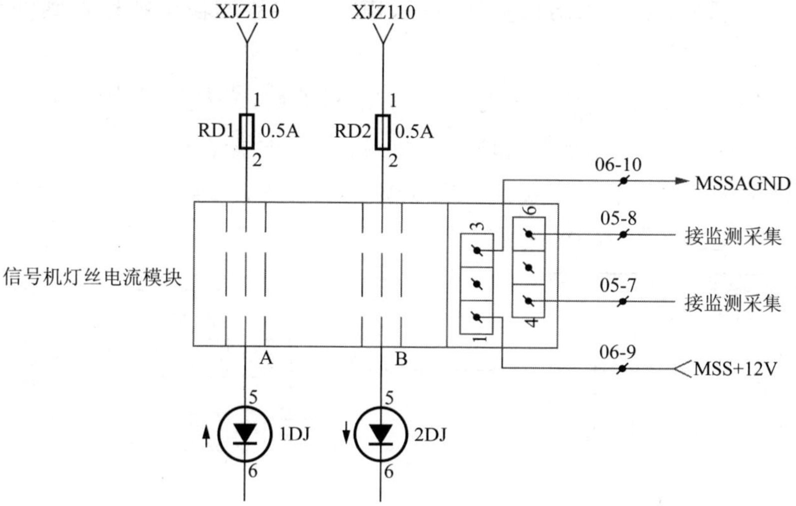

图 2-106　信号机灯丝电流采样原理图

3. 轨道电路

车辆段 / 停车场采用单轨条 50Hz 微电子相敏轨道电路，微电子相敏轨道电路监测点是微电子相敏接收器轨道电压输入端（即端子 73、83）、局部电压输入端。通过实时监测微电子相敏接收器轨道电压输入端电压值的变化，反映轨道电路调整状态和分路状态的工作情况，50Hz 微电子相敏轨道电路原理图如图 2-107 所示。

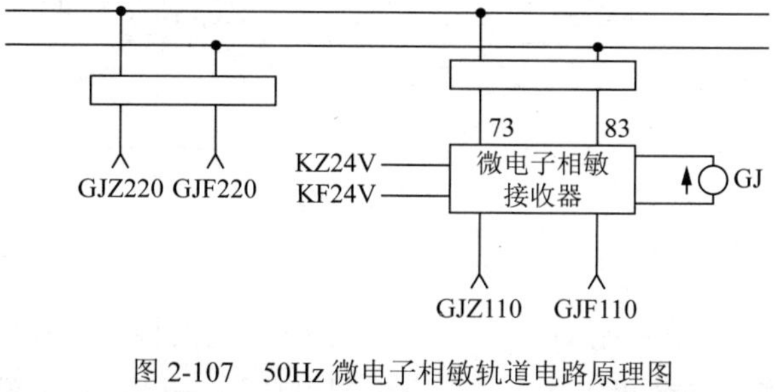

图 2-107　50Hz 微电子相敏轨道电路原理图

为了不影响轨道电路的正常工作，从微电子相敏接收器轨道电压输入端将轨道电压引入轨道采集机，经过衰耗电阻接入互感器模块，互感器模块的输出经过运算放大、整流滤波、电压抬升电路，转换成适合 A/D 电路处理的电压，送到 CPU 进行 A/D 转换。由 CPU 计算轨道电压，以及轨道电压相对于局部电压的相位角，通过 CAN 网络送给上位机。

每块轨道电压采集机，可以采集 7 路轨道电压、1 路局部电压。

4. 外电网

外电网采集设备由外电网监测单元、电流互感器模块组成。外电网电压采集为直接采集，在配电箱闸刀上方引出电压监测线 4 根，即 A 相、B 相、C 相和 N 相（220V 外电网引出 2 根，即 L 相和 N 相，这里以 380V 外电网为例），接入到外电网监测单元，在监测单元内经过保险、衰耗电阻、电压转换电路后送入处理单元。外电网电流采集是通过在配电箱闸刀下方穿 3 个电流互感器，采集输出线上的电流，电流互感器的输出线接入到外电网监测单元，经转换电路后送入处理单元。处理单元计算并分析出外电网的相电压、线电压、电流的有效值、功率、功率因数、相位角和频率等参数，并通过 CAN 总线送到上位机显示、存储。如果电网波动超限，系统会自动记录报警值，送上位机显示并保存。

每个外电网监测单元可以采集 2 路 AC380V 外电网或者 2 路 AC220V 外电网。

外电网监测原理图如图 2-108 所示。

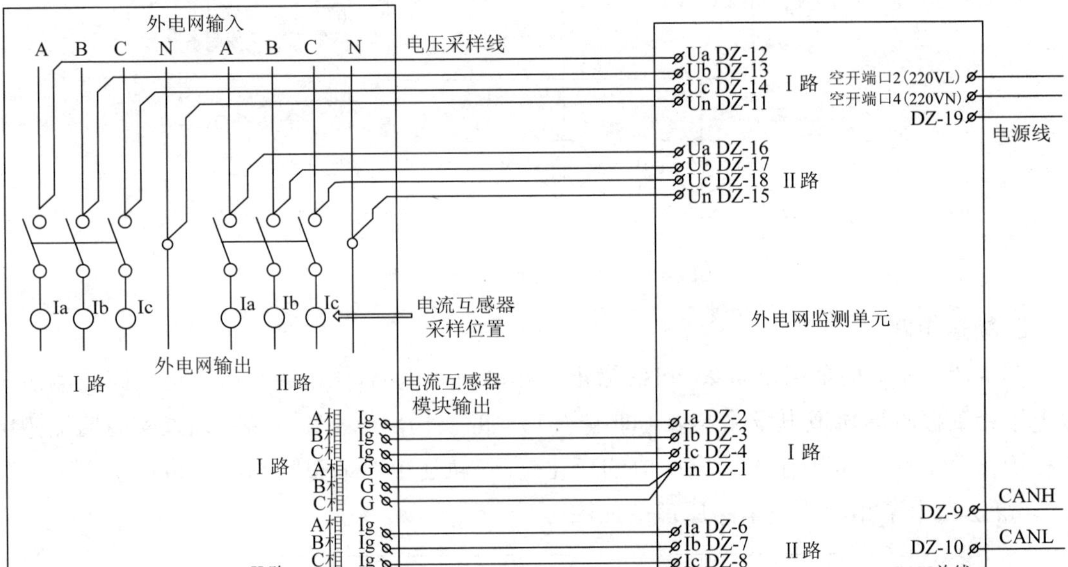

图 2-108 外电网监测原理图

5. 环境温湿度

环境温湿度监测功能，是专指对信号设备工作小环境的监测，包括信号机房、重要信号设备机柜（如电源屏机柜、ATC 机柜等）的环境温湿度监测，电缆沟、关键信号线束温度监测。信号维护支持系统的环境温湿度监测关注信号设备工作的小环境，用于分析设备工作环境质量，以此作为信号设备工作状态的一个关键因素。

通过工业标准传感器采集温湿度信息，以 4 ～ 20mA 电流信号传输至模拟量采集机，模拟量采集机把电流信号转为电压信号，经 A/D 转换后，每秒定时上报至车站设备站机。

6. 电缆绝缘漏流测试

电缆绝缘漏流测试，使用绝缘漏流采集机、绝缘测试选路继电器组合、绝缘漏流综合组合，对选中的电缆进行绝缘测试或漏流测试。电缆绝缘漏流测试流程框图如图 2-109 所示。

7. 绝缘测试

电缆绝缘测试是由绝缘漏流采集机驱动绝缘漏流继电器组合中的安全型继电器，由继电器接点组成多级选路网络和互切电路，将所测电缆芯线通过选路网络逐条接入电缆绝缘漏流监测电路，相当于把电缆芯线全程对地绝缘电阻 R_x 接入测试回路；根据命令选择 500V、250V 或 100V 直流高压，选择相应的取样电阻，从取样电阻上获得取样电压，再将取样电压量化转换成适合 A/D 电路处理的直流电压，送入 CPU 进行 A/D 模数转换和数据处理。电缆绝缘测试原理图如图 2-110 所示。

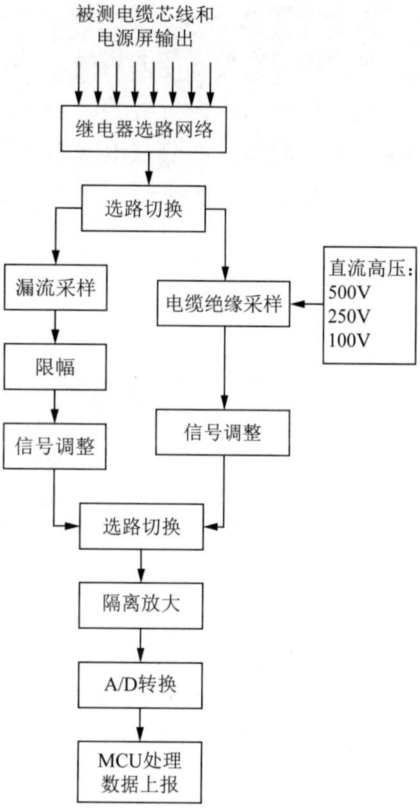

图 2-109　电缆绝缘测试流程框图

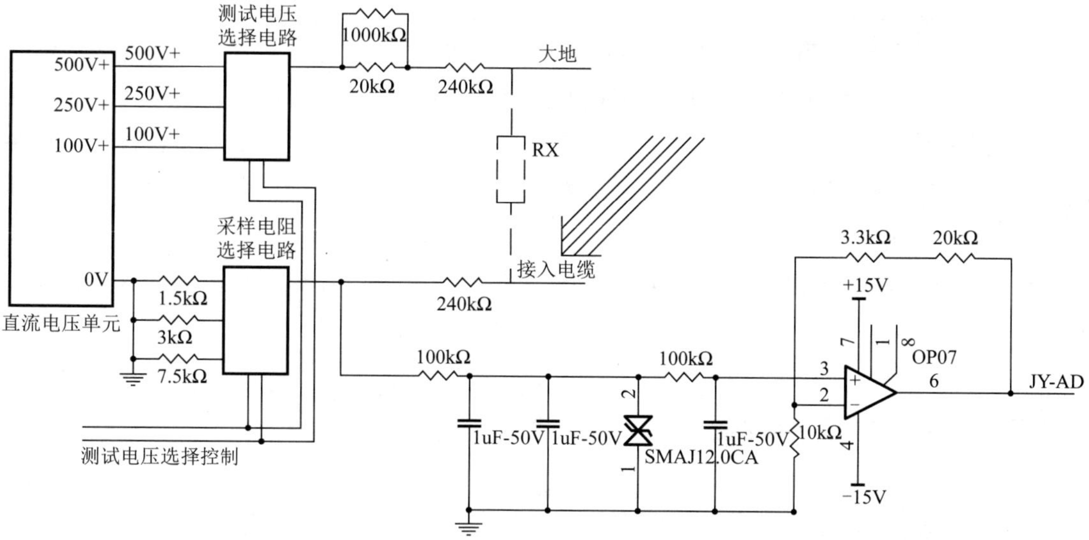

图 2-110　电缆绝缘测试原理图

直流高压加至电缆芯线上，需要充电时间较长，需 7 ～ 8s，每测一根电缆约需 10s。

8. 漏流测试

通过电源对地漏流的测量，可以了解各电源线是否破损和接地，及时发现线路故障。因漏流测试要求将电源屏各输出端人为接地，所以对它的采集需要非常慎重，一般要求串入保护电阻进行测量。在测试电路中串入了较大的保护电阻（例如 1kΩ）和保护熔断器。漏流测试原理图如图 2-111 所示。

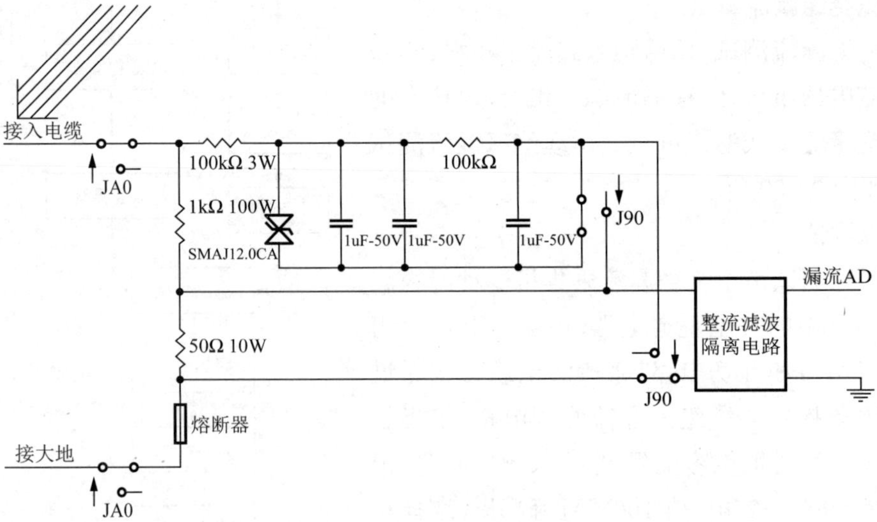

图 2-111　漏流测试原理图

通过测试继电器组合把被测的电源回路经电缆芯线接至绝缘漏流综合板上的采样测试电路。电源屏输出电源有交、直流之分，为了提高测试精度，加装两个继电器，对于不同的电源切换到不同的电路：

（1）测交流电源漏流时 JA0 吸合、J90 释放，在 50Ω 电阻上电压取样。

（2）测直流电源漏流时 JA0 吸合、J90 吸合，在 1kΩ 电阻上电压取样。

（3）整流滤波隔离电路将取样电压信号量化转换成适合 AD 电路处理的直流电压，送至 CPU 进行 A/D 转换和数据处理。

9. 其他智能设备

和其他 ATS、智能电源屏、灯丝报警设备、CI 等设备的接口，按照既定的协议进行数据的采集。

二、常用维护支持设备

（一）辉煌 MSS 系统

1. 系统总体结构

辉煌维护支持系统包括：维护中心服务器设备、车站采集设备、非设备集中站采集设备、终端。

信号维护支持系统采用通信系统提供的通信网络构建信号维护支持系统网络。在维修中心、控制中心、车辆段、停车场、各联锁集中站设置交换机。非设备集中站设置采集分机，采集分机通过 100M 网口接入通信系统提供的通信网络，将所采集信息上传给其归属设备集中站的车站设备。维修中心预留与上层信号维护支持系统接口。信号维护支持系统网络结构示意图如图 2-112 所示。

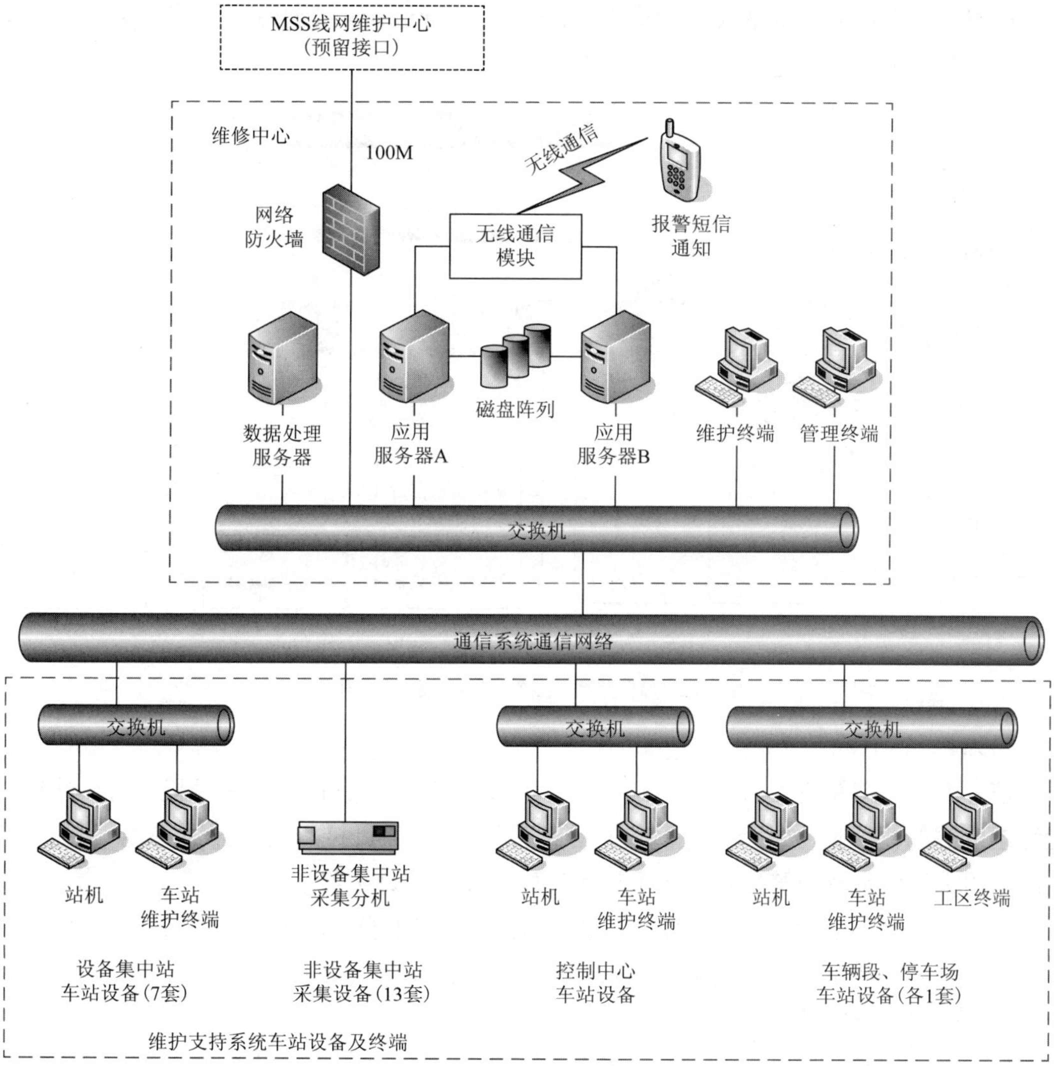

图 2-112　信号维护支持系统网络结构示意图

2. 其他设备

(1)维修中心

维护中心由两台应用服务器、磁盘阵列、数据处理服务器、维护终端、管理终端、交换机等组成，维护中心设备连接见图 2-112。

（2）控制中心

控制中心的信号维护支持系统车站设备，主要完成与 ATS 的数据接口、与联锁的数据接口、与 DCS 中心服务器的数据接口、与数据存储单元 FRONTAM 的数据接口、与 ZC 和 CC 的数据接口。ZC 和 CC 的数据接口的信息通过 FRONTAM 接口获得。FRONTAM（含 ZC、CC）信息、联锁 CI 信息、ATS 信息经网络防火墙，通过 ATS 控制中心接口服务器获得。控制中心车站设备还采集电源屏、外电网以及环境温湿度信息。控制中心设一台维护终端。

控制中心设备采用单路 AC220V 供电，配备一台 2000VA 的 UPS。

控制中心车站设备连接示意图如图 2-113 所示。

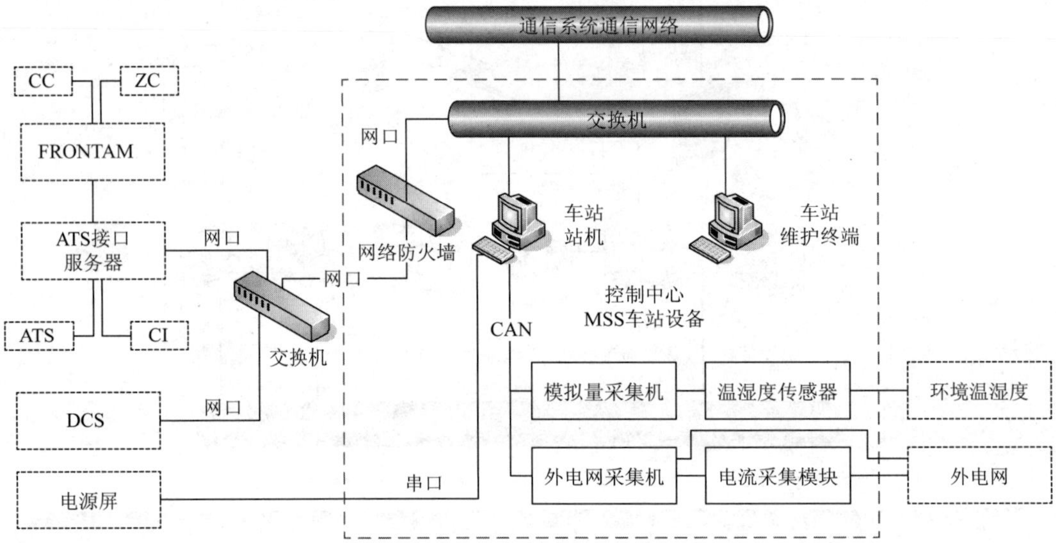

图 2-113　控制中心车站设备连接示意图

（3）设备集中站

信号维护支持系统设备集中站车站设备通过采集机采集外电网、信号机、道岔、线缆、环境温湿度等的模拟量，按钮、继电器状态等开关量信息，通过接口采集计轴 ACS、智能灯丝、电源屏的工作状态及报警信息。每个设备集中站设 1 台维护终端。

设备集中站车站设备采用单路 AC220V 供电，配备 1 台 2000VA 的 UPS。

信号维护支持系统设备集中站车站设备连接示意图如图 2-114 所示。

（4）车辆段 / 停车场

信号维护支持系统车辆段 / 停车场车站设备结构与设备集中站基本一致，主要区别有两点：一是车辆段 / 停车场联锁为国产微机联锁，维护支持系统车辆段 / 停车场车站设备与联锁的接口为串口，不需要经通信接口机，联锁串口可以和车站机串口直接连接；二是车辆段 / 停车场轨道电路为相敏轨道电路，维护支持系统车辆段 / 停车场车站设备增加轨道采集机用于轨道电路采集。车辆段 / 停车场设 1 台维护终端，同时车辆段 / 停车场信号工区设一台工区终端，通过车辆段 / 停车场交换机接入信号维护支持系统网络。

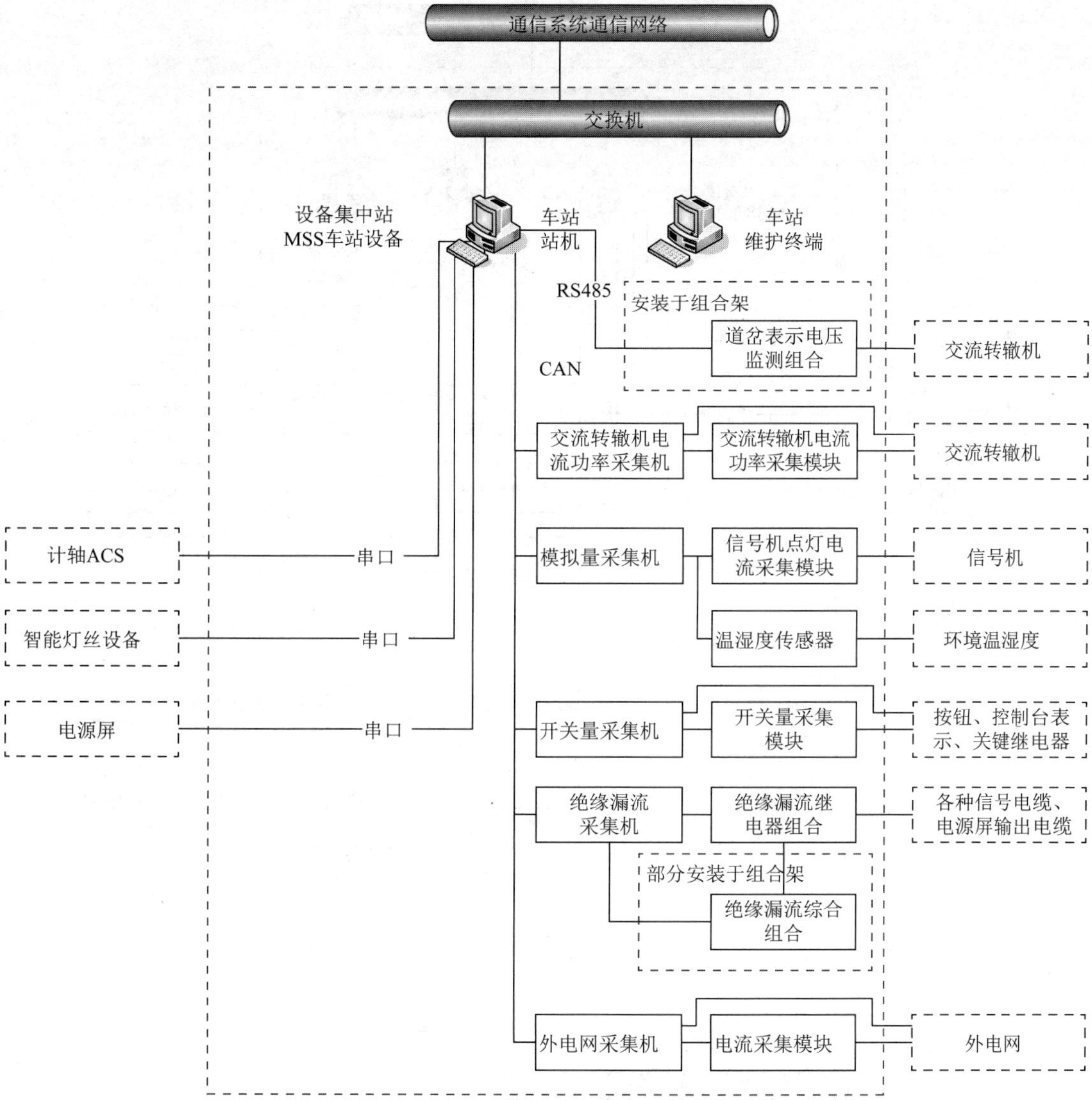

图 2-114 集中站设备连接示意图

车辆段 / 停车场车站设备采用单路 AC220V 供电，配备一台 2000VA 的 UPS。

信号维护支持系统车辆段 / 停车场车站设备连接示意图如图 2-115 所示。

（5）非设备集中站

信号维护支持系统非设备集中站采集设备由非集中站采集分机、外电网采集机组成，外电网采集机采集外电网信息，通过接口传送到非集中站采集分机，非集中站采集分机通过串口采集信号电源屏信息，通过接口获得外电网信息，信息转换后通过网口连接到通信网络传送到归属设备集中站。非设备集中站采集设备不设单独的采集机柜，采用小型化机箱，不设显示器没有人机界面。信号维护支持系统非设备集中站设备连接示意图如图 2-116 所示。

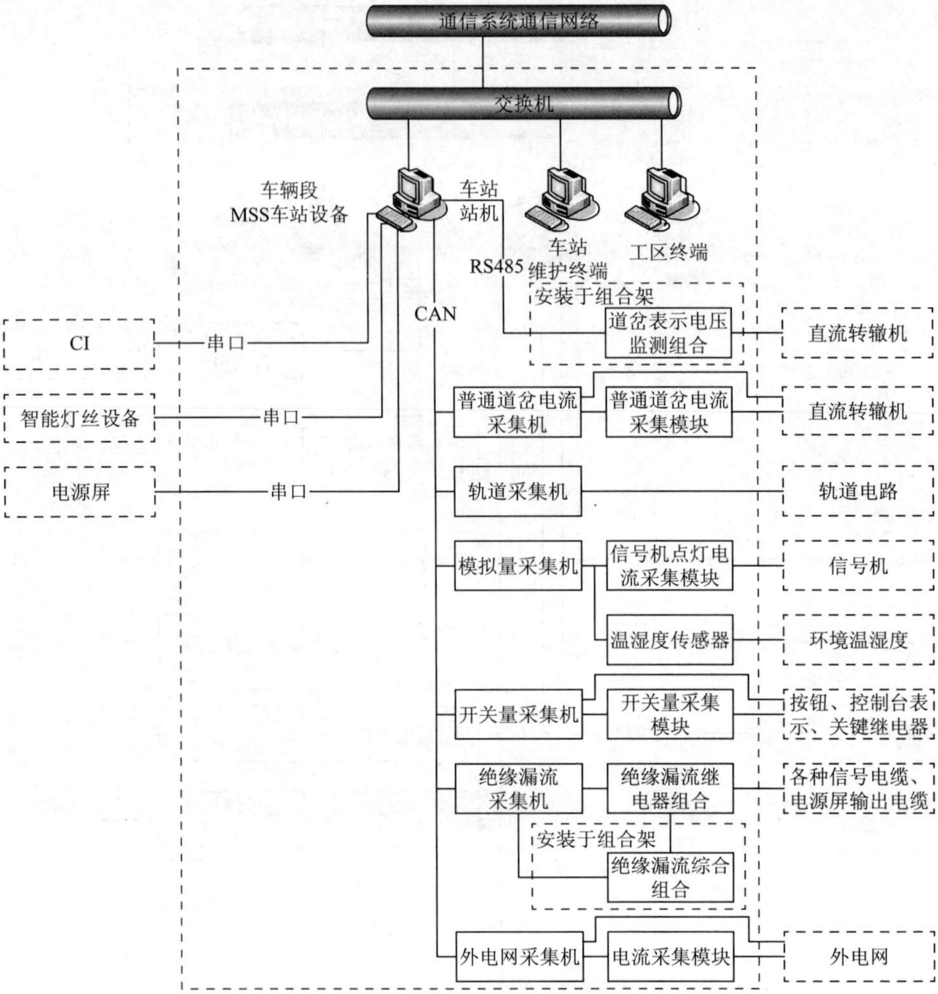

图 2-115　车辆段 / 停车场车站设备连接示意图

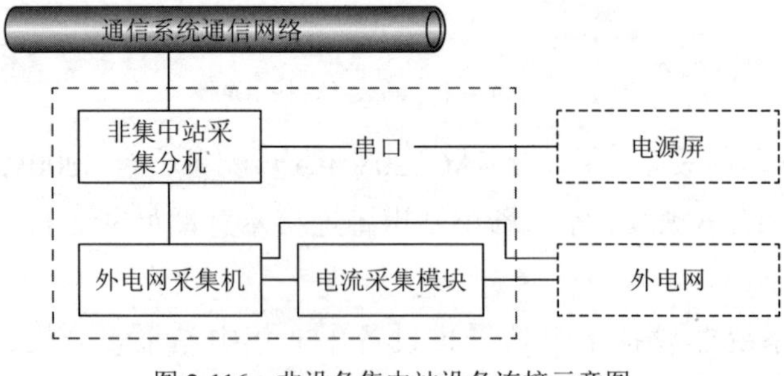

图 2-116　非设备集中站设备连接示意图

(6)终端

终端设备是信号设备维护人员进行信号设备日常维护和管理的工作界面,通过终端监测信号设备运行情况。

信号维护支持系统的终端主要分为两大类:管理终端和维护终端。管理终端用于信号维护支持系统本身的管理和维护，维护终端用于信号设备的管理和维护。维护终端根据轨道公司的信号设备维护的组织结构，设置不同的权限和功能，从而可以形成多种类型的维护终端，以适应不同维护职责和维护专业，可设置为主任终端、维护调度终端、专业维护终端、工区终端、车站维护终端等。

管理终端安装在维护中心设备机房内部，信号维护支持系统需要一台管理终端。专业维护终端安装于各个信号设备维护职能部门的办公室内，工区终端安装在工区的办公室内。

（二）卡斯柯 MSS 系统

信号 MSS 子系统总体结构如图 2-117 所示。

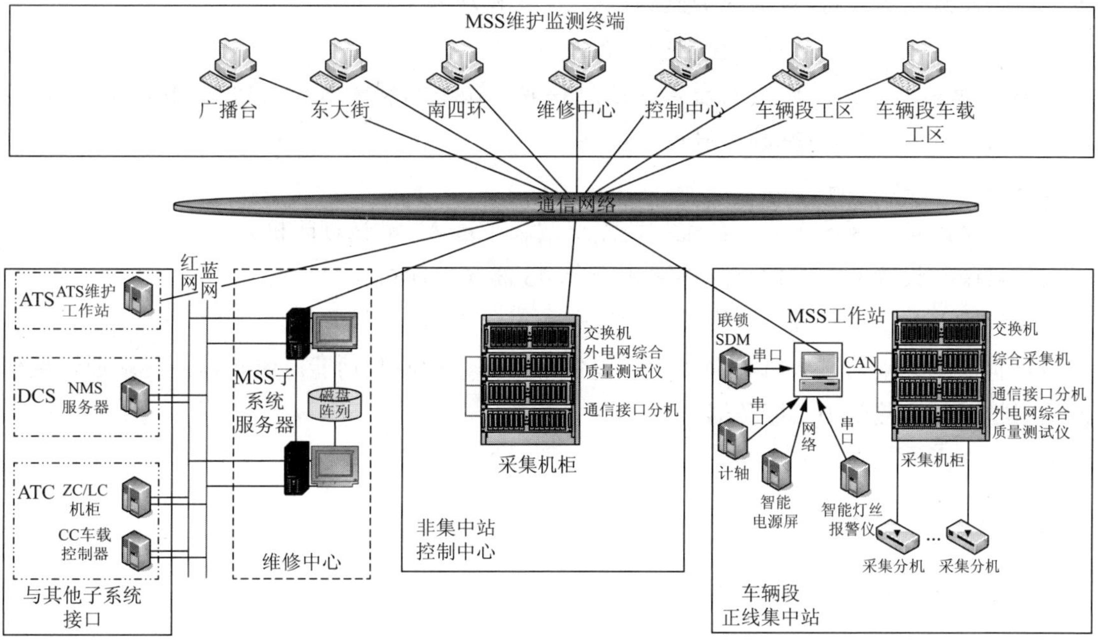

图 2-117 信号 MSS 子系统总体结构示意图

按总体布局的要求，MSS 子系统中心级的设备将设置在维修中心内，包括服务器 1 套、磁盘阵列 1 套、维护工作站 1 台、管理终端及交换机 1 台、网络 A3 激光打印机。主要功能：负责从中心层进行子系统的信息获取，中心层接入子系统包括 ATS、DCS、ATC；负责工作站层和工作站层信息的转发和交互；负责系统内所有关键数据存储。

（1）服务器

服务器采用双机冗余的模式。

维护监测服务器集中存储 ATS、ATC、CBI 及 DCS、电源设备、温湿度监测、智能灯丝报警仪、基础信号设备（道岔、轨道电路、信号机等）的状态和报警，并为维护监测终端提供历史数据源。

服务器存储系统主要的历史数据，同时主、从维护系统服务器进行同步冗余，其中一台服务器发生故障时，不影响系统整体正常运行。

维护监测系统使用的数据库管理系统是 Oracle。

（2）磁盘阵列

两台服务器共用一套磁盘阵列。所有 MSS 的数据都储存在该磁盘阵列中。MSS 支持服务器冗余，当服务器 1 出现故障时，服务器 2 能够在 3min 内，取回磁盘阵列中的相关数据，接替服务器 1 的工作。

（3）MSS 工作站

维护监测子系统的车站级由正线车站、车辆段和控制中心组成。其中：

在设备集中站、车辆段和控制中心各设置一套 MSS 工作站（含工控机和液晶彩色显示器）、维护监测采集设备（包括维护监测机柜、采集模块和采集机）。

在非设备集中站各设置一套维护监测采集设备。

MSS 负责从工作站层接入设备的信息获取。在车站层接入设备包括：联锁子系统；电源设备；计轴；智能灯丝；基础信号设备状态。

（4）维护监测终端

在各个维护工区各设置一台维护监测终端和一台 A3 激光打印机。

维修中心设置两台维护监测终端和一台 A3 激光打印机。

车辆段车载工区设置一台维护监测终端和一台 A3 激光打印机。

维护监测终端通过人机界面为用户提供丰富的维护监测功能。维护监测终端通过通信网络（维护网）连接到中心服务器。

第二篇 实 务 篇

第三章　信号设备维护

岗位应知应会

1. 了解城市轨道交通信号系统各设备的维护方法。
2. 了解城市轨道交通信号系统各设备的维护标准。

重难点

重点：城市轨道交通信号系统各设备的维护方法。
难点：城市轨道交通信号系统各设备的维护标准。

第一节　电源设备维护

一、电源屏维护

（一）电源设备日常维护

（1）温湿度检测标准：机房温度范围为 -5 ～ 50℃；相对湿度为小于 95%。

（2）粉尘检测标准：无明显积尘。检测方法：对粉尘易于堆积的地方作目测检查，如墙角、机柜顶部等。

（3）照明检测标准：机房照明可以满足机箱内维护操作。检测方法：对电源设备背离光源的部分作目测检查。

（4）通风检测标准：机房必须有良好通风。检测方法：定期开启门窗通风，减少机房腐蚀性、易燃易爆性气体累积。

（5）消防器材检测标准：消防设备布置符合设计规定；消防器材在有效期内而且年检标志齐全。检测方法：符合性、有效性检查。

（6）密闭性检测标准：门窗关闭后，刮风时没有明显的进风啸叫；机房没有屋顶渗漏、窗户与管线进水等。

（二）接地与防雷维护

（1）接地电阻检测标准：接地电阻小于 10Ω 且两次测量没有明显差别。

（2）接地连接检测标准：地网引出点焊接良好，无锈蚀；接地排上接地线连接牢固可靠。

（3）防雷部件检测标准：防雷接地连接良好，C 级防雷部件无变色、变形、开裂等，防雷空开工作正常，处于闭合状态。D 级防雷器和输出防雷板所有指示灯亮。

（三）电源设备维护

（1）电压电流显示检测标准：监控单元显示的各电源模块输出电压、电流与用仪器所测电压、电流偏差在技术指标范围之内。

①检测工具：万用表、钳形表。

②检测方法：从监控单元读取各电压、电流值，根据以上标准作出判断。

（2）电网波动范围检测标准：交流 380VAC±20%，即 304 ～ 456V；交流 220VAC±20%，即 176 ～ 264V。

①检测工具：万用表或查阅日常记录。

②检测方法：测量点为受电端子，记录电网电压的最大值和最小值。

（3）参数设定检测标准：根据上次设定参数的记录（参数表）作符合性检查。处理方法：对不符合既定要求的参数重新设定。

（4）通信功能检测标准：系统各单元与监控单元通信正常；历史告警记录中没有某一单元多次通信中断告警记录。

（5）告警功能检测标准：发生故障必须告警，告警指示灯和蜂鸣器正常。检测方法：对现场可试验项抽样检查，可试验项包括：交流停电、防雷器损坏（带告警灯或告警接点的防雷器）、输出空开断等。

（6）内部连接检测标准：电缆布线应固定良好，保持布线整齐；无电缆被金属件挤压变形；连接电缆无局部过热或老化现象；各种开关、熔断器、插接件、接线端子等部位应接触良好，无电蚀。

二、不间断供电设备维护

UPS 内部的元器件除了冷却风扇在转动，其他都是静止的。日常维护内容非常少，由于 UPS 的正常运行受环境影响较大，因此在日常维护中需注意保证满足 UPS 运行的环境要求。建议用户对以下检查内容进行记录，可使机器保持最佳的性能并预防将小问题转变成大故障。

（1）检查控制面板：确认所有 LED 指示正常，液晶屏显示的所有参数正常，面板上没有报警。

（2）检查机柜内各风扇输出处无明显的高温。

（3）检查有无异常噪声。

（4）确认通风栅格无阻塞。

（5）检查所有风机是否运行正常，确认有风从机内吹出。风扇在连续运转下的预期工作时间一般为 20000 ～ 40000h，在高温环境下使用风扇寿命会缩短。

（6）测量并记录电池充电电压。

（7）测量并记录电池充电电流。

（8）测量并记录 UPS 三相输出电压。

（9）测量并记录 UPS 输出各相电流，如果测量值与以前明显不同，记录下新增负载的大小、种类和位置。

（10）输入 / 输出电缆绝缘外套和连接端检查，建议作定期检查，这时需要将 UPS 完全断电。

（11）防雷检查：防雷指示灯需要开启前门才能观察，因此建议按照周检方式进行。但是在多雷和潮湿季节需要按日检进行，特别是在设备附近发生雷击后都要观察，以便实时发现问题和及时维护。

三、稳压器维护

风扇的检修稳压器长期工作时，灰尘会在风扇上积累，必须定期对风扇进行清洗、除尘或更换。本稳压器可从机柜顶部对风扇进行维护，拆卸风扇时只需将风扇拆出，拔下风扇的电源线即可。清洗或更换风扇时，注意不要用手触摸内部其他器件。重新安装风扇，接上风扇的电源线即可。

日常维护中如果发现稳压器不能正常稳压，需要检查保险丝是否烧断。如果烧断，需要及时更换。若稳压器在重载条件下，且电网电压波动过于频繁，可能会造成补偿回路保险丝（RD）熔断保护。发生这种情况后，需要先断开输入断路器，更换补偿回路保险丝，再重新合上输入断路器恢复上电，稳压器才能恢复到自动稳压状态。

四、电池维护

UPS 电源采用密封式免维护铅酸电池，电池的使用寿命取决于环境温度和充放电次数，高温下使用或深度放电会缩短电池的使用寿命。

1. 蓄电池保养

（1）定期检查蓄电池的状态。保持蓄电池室或电池柜、支架的清洁，定期清洗连接条和连接螺钉处的氧化物，并涂以凡士林和黄油，紧固松动的螺钉，保持蓄电池连接良好，防止大电流放电时产生打火和过大的压降。

（2）每 2 ～ 3 个月检查一次蓄电池绝缘。每周检查蓄电池的总电压，观察“标示电池”尽量保持环境温度在 15 ～ 25℃。

（3）准备停用的电池，在停用前应先充电，并每隔 1 个月充电一次。

（4）若发现电池供电时间大大缩短或 UPS 的液晶显示 “电池需要更换”，确认是否需更换电池。更换电池前请确认更换的电池与原电池的参数与规格相同。

（5）采用了自动电池管理系统后许多维护工作都是自动进行的。例如，定期对蓄电池进行充电、放出容量的20%左右的核对性放电试验、温度补偿、均浮充转换控制、电池寿命预测、电池欠压预报警、各种故障信息报警提示等。因此需注意确认相关的电池管理功能是否正常，电池管理参数是否正确。

2. 手动电池自检

允许手动电池自检条件为：

（1）电池接触器闭合。

（2）电池处于浮充状态。

（3）整流、逆变通信正常。

（4）电池状态正常。

（5）整流器工作正常。

（6）市电电压正常。

（7）逆变器正供电。

（8）负载功率大于指定的电池曲线设定的电池自检功率。

（9）UPS不处于联合供电状态。

以上条件都满足时方可进行电池自检。如果在自检过程中，出现上述允许条件任意一条不满足，系统将退出自检，转入均充状态。按停止手动自检，可以中止自检过程，电池转均充。电池自检结束转均充。

3. 自动电池自检

当UPS运行状况满足手动自检允许条件，且与上次自检的间隔时间满足“电池放电间隔时间设置”时，进行自动自检。如果与上次自检的间隔时间满足“电池放电间隔时间设置”但不满足手动自检条件，系统等待，直到满足条件后进行自动自检。如果系统自检过程中出现自检条件不满足，系统退出自检并转均充充电。退出条件同手动自检。

第二节　联锁设备维护

一、联锁维护技术规范

（1）联锁系统为可靠冗余结构，单个设备故障能自动切换，不影响正常使用。

（2）必须工作可靠，并符合故障—安全原则。

（3）当进路上的有关道岔开通位置不正确，道岔的尖轨与基本轨不密贴，敌对进路未解锁不符时，防护该进路的信号机不能开放。

（4）信号机开放后，与该进路相关的道岔应被锁闭，其敌对信号机不得开放。

(5)正常进路的解锁,应符合三点检查或一次性解锁原则。

(6)能正确进行基本的联锁功能判断、处理和监督。

(7)当发生严重故障时,非经人工恢复不得自动恢复,并给出声光报警。

(8)计算机联锁系统具有自诊断功能及提供信号监测诊断系统必要的信息。

(9)完成与各接口功能必要的逻辑判断以对其接口对象进行正确控制和监督。

(10)在降级模式下提供信号机状态、列车进路的设置情况、保护区段的建立、轨道区段临时限速以及区间列车运行方向等条件。

(11)车站联锁设备与 ATS 系统结合,实现车站和中央的两级控制。

二、维护方法及内容

(1)检查设备运行状态。

(2)检查设备外表。

(3)清洁外表卫生。

(4)检查设备运行状态。

(5)检查设备外表。

(6)清洁外表卫生。

(7)机柜内端子紧固。

(8)机柜内各板卡和机笼清洁。

(9)冗余切换测试。

(10)电气参数测量。

(11)功能测试。

第三节　列车位置检测设备维护

一、轨道电路维护

(一)维护技术规范

(1)当轨道电路在规定范围内发送电压值最低、钢轨阻抗值最大、道砟电阻值最小、轨道电路为极限长度和空闲条件下,受电端的接收设备应可靠工作。

(2)当轨道电路在规定范围内发送电压值最高、钢轨阻抗值最小、道砟电阻值最大、用标准分路电阻线在轨道电路的任意处可靠分路（不含死区段），受电端的接收设备应可靠地停止工作。

（3）当轨道电路调整状态或分路状态在各自最不利条件时，轨道电路设备应能长期工作而不过载。

（4）轨道电路的各种绝缘装置，均须保持绝缘良好，邻接轨道电路间钢轨绝缘失效时，轨道电路应不受邻接轨道电路电流影响而误动或有符合设计要求的防护措施。

（二）维护方法及内容

（1）连接线检查。

（2）跳线检查。

（3）接续线检查。

（4）设备箱盒内、外部检查。

（5）测试调整电阻。

（6）绝缘检查。

（7）电气特性测试。

（8）更换不良配件。

（9）除锈、涂油。

（10）清洁，防尘，防水。

二、计轴设备维护

（一）维护技术规范

（1）计轴设备应有可靠电源供电。

（2）计轴设备的设计应符合故障—安全原则，当发生任何故障，要持续显示占用状态；故障排除后未经人工操作，不得自动复位。

（3）计轴室外箱盒、磁头应不受湿度或水的影响。

（4）当车轮直径大于355mm，列车速度为0～240km/h时，计轴设备应可靠计轴。

（二）维护方法及内容

（1）观察运算单元各板面指示灯是否正常。

（2）检查散热风扇。

（3）室内设备卫生清扫。

（4）机柜检查。

（5）导线、引接线、接地线检查。

（6）电气参数测量。

（7）使用诊断软件对设备进行检测。

（8）检查安装装置的牢固情况，观察安装支架及基础是否完好无损。

（9）磁头安装检查。

（10）检查磁头和电子盒的腐蚀和潮湿状况。

（11）各部接线端子及地线检查。

（12）清洁设备区域。

（13）室外磁头电气参数测试。

（14）设备除锈、油漆。

（15）磁头对钢轨绝缘测试。

第四节　转辙机维护

一、安装装置的维护

（一）维护技术规范

（1）道岔转换设备的安装应与道岔成方正。道岔长角钢应垂直于直股基本轨，其前后偏差各不大于20mm，短角钢应垂直于长基础角钢。

（2）各种类型的道岔杆件与直股基本轨垂直不磨卡；各部机械无老伤裂纹，螺栓良好，不失效。

（3）密贴调整杆、表示杆、第一连接杆应与基本轨（直股或直股延长线）相垂直。各杆的两端与基本轨垂直线的偏差不大于20mm。

（4）各种连接杆及连接杆的螺扣调整部分，内外需有不少于10mm的余量，密贴调整杆的螺帽应有防松措施。

（5）穿越轨底的动作拉杆、表示拉杆，距轨底的净距离应大于10mm。

（6）附有绝缘的密贴调整杆、尖端杆、角形铁、角钢等，绝缘装设完整、性能完好。

（7）尖轨与基本轨应达到静态宏观密贴，尖轨与基本轨间在外锁闭处不应有密贴力，并保证各牵引点2mm锁闭，4mm不锁闭。在尖轨第一、二牵引点间任意一点上，尖轨与基本轨之间插入10mm厚、20mm宽的铁板，不得接通转辙机内的表示接点。

（8）双机牵引9号岔开口量第一牵引点动程160mm±3mm内，第二牵引点动程70mm±3mm内。

(二)维护方法及内容

(1)安装装置检查。

(2)各类杆件检查。

(3)道岔尖轨与基本轨检查。

(4)清洁外表卫生、除锈、涂油。

(5)安装方正检查。

(6)分解、检查安装装置绝缘。

(7)设备的除锈、油漆处理。

二、常见转辙机维护

(一)ZD6 转辙机维护

1. 维护技术规范

(1)监督道岔状态,随时反映出道岔位置定位、反位和四开的三种位置和状态。

(2)道岔转换不到底不应锁闭,一旦锁闭,应能防止外力对道岔的解锁。

(3)道岔转换设备的安装应与道岔成方正。道岔长角钢应垂直于直股基本轨,短角钢应垂直于基础角钢;各类转辙机与基本轨相平行,机体纵侧面两端与基本轨或中分垂直距离的偏差小于 10mm。

(4)各种类型的道岔杆件与直股基本轨垂直偏差:普通道岔的密贴调整杆、表示杆、尖端杆小于 20 mm。

(5)密贴调整杆、各种动作拉杆及表示连接杆的螺纹牙形均应符合标准,且具有足够的强度。

(6)能可靠地转换道岔。在尖轨与基本轨密贴后,将道岔锁闭在规定位置,并给出道岔位置的表示。

(7)正常转换道岔时,防挤岔装置应保证不起效。当道岔被挤时,该道岔的表示电路必须断开,室内有相应的挤岔报警。

(8)安全接点应接触良好,在插入手摇把时,安全接点应可靠断开,非经人工恢复不得接通电路。

(9)齿轮装置的各齿轮啮合良好,传动不磨卡,无过大噪声或异响。

(10)机密封性能良好,能有效防水、防尘。手摇把孔和钥匙孔处不漏水,不进尘土,机内无积水、无粉尘或杂物。各种零部件无锈蚀。

(11)机内配线的接线片和接线端子的螺母无松脱、虚接或滑扣现象。配线的绝缘层无损伤。

(12)表示杆拉杆的销孔旷动量应小于 0.5mm,其他叉形连接头销孔磨损旷量不大于 1mm。

(13)各接点组、速动开关接触、断开良好。

(14)安装装置等非经常调整的螺钉要做松动标记,经常调整的螺钉应加防松装置。

（15）在动作拉杆中心处的尖轨与基本轨直股间插入 4mm 厚、20mm 宽的试验锤，转辙机不锁闭且不得接通机内表示接点，插入 2mm 厚、20mm 宽的试验锤，转辙机必须锁闭且接通机内表示接点。

（16）检测杆表示缺口调整应为表示杆缺口间隙为 1.5mm±0.5mm。左右位缺口均须按此规定调整。

（17）开程在 150mm±2mm 内，左右偏差小于 2mm 。

2. 维护方法及内容

（1）外观、机外紧固检查。

（2）各部件检查。

（3）道岔转动测试。

（4）清扫注油。

（5）道岔安装绝缘检查测试。

（6）电动机检查、测试。

（7）电缆盒检修。

（8）挤切削主销更换，副销检查。

（9）设备的除锈、油漆处理。

（二）ZDJ9 转辙机

1. ZDJ9 转辙机维护技术规范

（1）能监督道岔状态，随时反映出道岔位置定位、反位和四开的三种位置和状态。

（2）道岔转换不到底不应锁闭，一旦锁闭，应能防止外力对道岔的解锁。

（3）能可靠地转换道岔。在尖轨与基本轨密贴后，将道岔锁闭在规定位置，并给出道岔位置的表示。

（4）正常转换道岔时，防挤岔装置应保证不起效。当道岔被挤时，该道岔的表示电路必须断开，室内有相应的挤岔报警。

（5）遮断器接点接触良好，接触深度不小于 4mm，非经人工恢复不得接通电路，且断开距离不小于 2mm，开闭正常，胶木座无裂纹，配线无损伤，线头不松动，开口销齐全。

（6）电机减速器转动灵活，无异常噪声；滚珠丝杠安装良好，无旷动；推板套与丝杠配合良好，与机座的侧活动面、底活动面间隙合适；油润良好。

（7）自动开闭器绝缘座安装牢固、完整、无裂纹；动接点不松动，静接点须长短一致，相互对称，接点片不弯曲，不扭斜，动静接点接触良好，磨耗不超过原厚度的 1/2；动接点在静接点片内的接触深度不小于 4mm，用手扳动接点，其摆动量不大于 3.5mm，动接点与静接点座间隙不小于 3mm；滚轮在动作板上应滚动灵活。当滚轮在动作板上滚动时，启动片尖端离开速动片上平面的间隙应为 0.3 ～ 0.8mm；当转辙机转换到位后，启动片尖端离开速动片时，应快速切断动作接点；当锁闭杆从终端位往回移动，锁闭杆斜面与检查柱斜面接触后，锁闭杆再移动 12mm 时，表示接点组应可靠断开开关的常闭接点；拉簧作用良好，在动作杆和表示杆正常出入条件下，动接点能在静接点组迅速转接，并带动锁闭柱顺利上升和下降。

(8)表示杆缺口，A 机表示杆缺口的间隙为 2mm±0.5mm，B 机的表示杆缺口的间隙为 4mm±0.5mm。

(9)转辙机密封性能良好，能有效防水、防尘。手摇把孔和钥匙孔处不漏水，不进尘土，机内无积水、无粉尘或杂物。各种零部件无锈蚀。

(10)摩擦转换力 A 机为 3.8kN±0.4kN，B 机为 6.8kN±0.7kN，正反向摩擦转换力（摩擦电流）之差不大于额定值的 15%。

2. 维护方法及内容

(1)动作杆、检测杆、锁闭块检查。

(2)遮断器检查。

(3)传动装置检查、电动机检查。

(4)自动开闭器检查。

(5)防挤脱器检查。

(6)机内配线检查。

(7)机箱整体检查。

(8)参数测试。

(9)2mm、4mm 试验。

(10)清扫注油。

(11)道岔安装绝缘检查测试。

(12)电动机检查、测试。

(13)电缆盒检修。

(14)转换力测试。

(15)配线端子对地绝缘检查。

第五节　信号机维护

一、LED 信号机维护技术规范

(1)信号机机构正直牢固、不晃动、不侵入限界。

(2)信号机构的灯室之间不应窜光，并不应因外光反射而造成错误显示。

(3)机构门应密封良好，且开启灵活。

（4）当信号机其中一个灯位灭灯，应及时提供报警。
（5）机构 LED 损坏数量达到 30% 时，不能影响信号显示的规定距离，并应有及时报警。
（6）Ⅰ次测额定电压为 85 ～ 110ACV；Ⅱ次测端子电流为 105mA±5mA。
（7）灯光颜色在寿命期内符合《铁路灯光信号颜色》（TB/T 2081—2016）的规定。

二、维护方法及内容

（1）结构外观检查。
（2）检修各部位螺栓、螺钉，注油。
（3）透镜清扫、检查。
（4）机构、箱盒内部清扫、检查。
（5）电气测试。
（6）灯丝报警功能测试。
（7）防水、防潮和防尘措施检查。
（8）配线、引入线、接地线检查。
（9）设备除锈、油饰。

第六节　车载设备维护

一、车载信号机笼维护

（一）CC 机柜技术规范

（1）CC 机柜内各板卡灯位显示正常，各板卡工作稳定。
（2）安装稳固、水平，外观无锈蚀。
（3）供电电压稳定且在要求范围。
（4）各模块、电气参数符合要求。

（二）检修方法及内容

（1）检查设备运行状态。
（2）检查设备外表。
（3）清洁外表卫生。
（4）下载车载日志记录。

(5)设备安装装置检查。
(6)静态测试。
(7)地线检查。
(8)风扇检查。
(9)检查标示及设备铭牌。
(10)机柜内各板卡和机笼清洁。
(11)动态功能测试。

二、车载信号显示屏维护

(一)安萨尔多系统及卡斯柯系统显示屏技术规范

(1)列车操作显示器（TOD、DMI）是用于司机和信号系统之间的接口界面，提供司机和车载控制系统之间的人机交互界面，向列车司机提供运行模式、速度（实际和目标）、ATP/ATO 状态、故障、操作等信息。

(2)列车操作显示器（TOD、DMI）采用触摸屏，安装于列车两端，（TOD、DMI）软件通过高可靠性的双通道传输协议与车载设备进行通信。

(3)（TOD、DMI）通常作为控制和导向系统的人机交互界面，（TOD、DMI）显示处理中的数据并接收来自驾驶员的输入，数据可以通过触摸屏进行输入。

(二)检修方法及内容

(1)检查设备运行状态。
(2)检查设备外表。
(3)清洁外表卫生。
(4)读取显示屏上的列车状态信息。
(5)声音报警功能测试。
(6)静态测试。
(7)显示屏内部卫生清洁(部件)。
(8)检查插接件是否牢固，接口是否良好。

三、车载信号天线维护

(一)安萨尔多系统信号天线技术规范

(1)TIA 中心到车钩的距离为 2369mm±5mm。

(2)TIA 安装在车辆纵向轴的中心处，边到边的误差范围为 ±5mm。

(3)TIA 的安装高度距离轨面为 300mm ±10mm。

(4)TIA 的同轴电缆直接连接到查询器主机。

(5)使用十字水平仪检查 TIA 的纵向和水平方向的水平程度。

(6)在 TIA 接收信号范围内没有金属物质。

(二)卡斯柯系统信号天线技术规范

(1)信标天线中心到车端的距离为 3594mm。

(2)天线中心与转向架中心的侧向偏离不大于 60mm。

(3)信标天线的安装高度距离轨面为 185 ～ 206.5mm。

(4)信标天线周围 50mm 内没有锋利金属和其他障碍物。

(5)使用十字水平仪检查信标天线的纵向和水平方向的水平程度。

(6)信标天线连接器插座正确固定在车底，并能与跳线插头正确连接。

(三)检修方法及内容

(1)检查设备运行状态。

(2)检查设备外表。

(3)清洁外表卫生。

(4)设备安装装置及电缆连接状态检查。

(5)设备除锈、油漆。

(6)天线工作状态测试。

四、车载信号速度传感器维护

(一)安萨尔多系统信号速度传感器技术规范

(1)列车车头方向拖车车厢非动力轴左一轴和右四轴。

(2)速度传感器电缆弯曲半径大于等于 165mm。

(3)速度传感器的保护线管必须具有有效的屏蔽，保护其不受低频电磁场干扰。

(4)速度传感器周围 165mm 内没有锋利金属或其他障碍物。

(5)速度传感器接头插座正确地固定到车底，并与速度传感器正确连接。

(二)卡斯柯系统信号速度传感器(编码里程计)技术规范

(1)速度传感器(编码里程计)安装列车车头方向左三轴。

(2)速度传感器(编码里程计)电缆弯曲半径大于等于 150mm。

(3)速度传感器（编码里程计）的保护线管必须具有有效的屏蔽，保护其不受低频电磁场干扰。

(4)速度传感器(编码里程计)周围150mm内没有锋利金属和其他障碍物。

(5)速度传感器(编码里程计)接头插座正确地固定到车底，并与速度传感器(编码里程计)正确连接。

(三)检修方法及内容

(1)检查设备运行状态。

(2)检查设备外表。

(3)清洁外表卫生。

(4)设备安装装置及电缆连接状态检查。

(5)设备除锈、油漆。

(6)速度传感器工作状态测试。

第七节　列车自动监控设备维护

一、列车自动监控设备技术规范

(1)ATS子系统设备应保证行车调度能随时监督、控制全线车站的接、发车进路，并可根据需要，局部或全部下放或收回对车站的控制权。

(2)ATS子系统设备应能实时地向行车调度和其他行车人员提供全线车站、道岔、信号机、电源设备的状态、列车运行情况的表示信息。

(3)中央调度员工作站、大屏工作站上所显示的图形符号应与车站ATS/LCW工作站上所表示的含义相符。

(4)ATS子系统中央与车站连接中断时，系统应自动激活车站直向进路的自动进路。

(5)ATS子系统故障时，不导致车站联锁设备错误动作；当设备集中站ATS子系统设备故障时，不得影响其他子系统的工作的可靠性。

(6)ATS关键设备（如：主机服务器、通信服务器、接口服务器、数据库服务器等）需主备机热备，主机故障时，应实现无干扰自动切换。

(7)设备集中站ATS子系统设备必须连续稳定工作，及时反映被监测设备的故障及运用状态。当信号设备故障时，应及时发出报警。

(8)设备集中站ATS子系统设备监测信息的传输应具有实时性和可靠性。

(9)计算机的使用和维护，必须严格遵守随机技术资料的要求。

(10)在同一监测网络中，各监测设备应有统一的时钟。

二、维护方法及内容

(1)设备指示灯状态。
(2)进程运行情况。
(3)网络连接状态。
(4)报警信息确认。
(5)设备表面清洁。
(6)设备重启。
(7)紧固主机外设插接件。
(8)键盘、鼠标功能。
(9)散热风扇。
(10)电源及线缆。
(11)硬盘和运行参数。
(12)紧固内部各部件。
(13)设备部件及内部清洁。
(14)系统备份。
(15)服务器倒切及功能测试。

第八节　数据传输设备维护

一、交换机维护

(一)交换机日常维护总则

(1)交换机应安排受过专业培训的人员进行日常维护。

(2)交换机对设备机房的运行环境的温湿度及洁净度要求较高，应注意保持机房整洁，防尘防潮，防止虫鼠进入。

(3)维护人员应参照《DCS 设备的检修规程》中的内容对设备进行例行检查和定期测试，并记录检查结果。

(4)用于系统管理、设备维护和业务操作的用户名和密码应该严格管理，定期更改，并只向特定的相关人员发放。

(5)严禁在设备维护终端、网管主机上安装与业务无关的软件，严禁在设备维护终端、网管主机上运行与业务无关的应用。维护终端主机应该定期查杀计算机病毒。

(6)遇有不明原因告警或故障，需迅速上报相关工程师。

(7)调整线缆必须慎重，并在调整前做好标记，以防误操作。

(8)对设备硬件进行相关操作时，应注意戴好防静电手腕。

(9)对设备进行复位操作、配置参数改动前，应做好配置信息备份工作。

(10)应定期确认所有设备都运行在统一指定的软件版本，在对设备版本进行升级前，应全面备份设备配置信息，并记录当前版本号。

(11)各型号设备整齐放置在室内工作台和机柜上，并按照规范要求连接地线和电源，保证连接稳定可靠、不易被非维护人员触碰。

(12)交换机周围应尽量减少其他强、弱电干扰源。

(13)应定期巡视，保证网络线缆连接正常，以免影响网络稳定性。

(二)交换机的日常维护要求

1. 温度维护

交换机对温度要求较高，若温度过高，则将加速交换机绝缘材料的老化，使设备的可靠性大大降低，严重影响其寿命。因此为保证设备正常工作，维护人员需参考各类型交换机的说明书对温度的要求把机房维持到一定的温度并定期查看。若温度过高，采取一定的降温措施。

注意事项：当设备从低温环境进入高温环境时，如果设备上出现冷凝水，那么请在设备上电前，务必采取一定的措施(如烘干、晾干等)，以防设备内部器件发生短路被烧坏。

2. 湿度维护

若机房内长期湿度过高，易造成绝缘材料绝缘不良甚至漏电，有时也易发生材料机械性能变化、金属部件锈蚀等现象。若机房内相对湿度过低，绝缘垫片会干缩而引起紧固螺钉松动，同时在干燥的气候环境下，易产生静电，危害设备上的电路。为保证设备正常工作，维护人员需参考各类型交换机的说明书把机房维持到一定的湿度并定期查看。若湿度过高，采取一定的祛湿措施。

3. 洁净度维护

灰尘对交换机的运行安全是一大危害。室内灰尘落在机体上，可以造成静电吸附，使金属接插件或金属接点接触不良。尤其是在室内相对湿度偏低的情况下，更易造成静电吸附，不但会影响设备寿命，而且容易造成通信故障。因此，进出机房时，建议戴鞋套，并注意机房卫生的清洁，定期除尘。

4. 接地维护

良好的接地系统是交换机稳定可靠运行的基础，是交换机防雷击、抗干扰、防静电的重要保障。设备安装前必须为交换机提供良好的接地系统，维护人员每次巡检时应当检查电源线、接地线是否牢固，并检查电源线、接地线布线是否合理，尽量做到不易被人接触。

5. 供电维护

系统需结合交换机交 / 直流电源模块的供电要求安装合适的电源线及配套插座，维护人员需定期查看电源线连接是否可靠，UPS 供电设备是否正常，有无告警。

6. 设备散热管理

温度过高对单板运行稳定性影响较大，温度每升高 10℃，器件失效率将增加很多。因此应做好设备的散热管理，定期查看风扇运行情况，发现故障及时更换；若交换机有防尘网，长期不清洗会导致设备温度异常升高，应定期清洗防尘网。防尘网在机箱背面，松开螺钉后用清水冲洗干净，晾干后重新插入机箱；拔掉防尘网对设备运行没有影响。如果机柜内通风不好导致设备温度升高，夏天可以打开机柜门以改善通风情况。

7. 设备运行状态查看

维护人员巡检时，应认真查看各指示灯状态，结合指示灯状态和自身感受判断设备运转情况，指示灯通常为绿色常亮或均匀闪烁，具体指示灯含义请参考各型号交换机说明书，如有异常情况，可以进一步进行排查并登录到设备收集诊断信息。

8. 检查产品版本

可以通过相关操作命令（例如 H3C 交换机使用 display version）查看当前版本，如果版本低于各型号交换机的最新统一版本，建议升级到最新统一版本。

9. 设备的 CPU 和内存占用情况查看

可以通过相关操作命令（例如 H3C 交换机使用 display cpu 和 display memory 命令）查看交换机当前的 CPU 和内存占用情况，如果发现异常应立即申请网络维护操作时间对设备进行处理。

10. 定期查看故障信息

维护人员可通过系统日志、网管系统或 MSS 系统（结合具体设备是否利用 MSS 系统监测，部分厂家 DCS 设备与 MSS 系统相连）及时查看告警信息，发现报警，及时按照相应措施进行处置。

（三）交换机维护指导册

因交换机的生产厂家、型号不同，交换机的维修项目及维护方式也不尽相同，尤其是一些操作命令，差别较大；因此交换机维护时应认真结合厂家提供的《维护指导书》合理制订交换机的检修周期，既避免交换机一些功能的频繁检修对设备使用造成的影响，又能及时发现设备安全隐患，保证设备的安全稳定运行。

（四）网络维护常见工具

在日常的系统维护中，维护人员可以使用 ping 命令和 tracert 命令来检查当前网络的连接情况。在日常的系统调试中，维护人员可以使用debug命令来打开调试信息开关，通过调试信息来诊断系统故障。

1. ping 功能

通过使用ping命令，维护人员可以检查指定地址的设备是否可达，测试网络连接是否出现故障。

ping功能是基于ICMP协议来实现的：源端向目的端发送ICMP回显请求（ECHO-REQUEST）报文；源端根据是否收到目的端的ICMP回显应答（ECHO-REPLY）报文来判断目的端是否可达，根据发送报文个数、接收到响应报文个数来判断链路的质量，根据ping报文的往返时间来判断源端与目的端之间的“距离”。ping配置如表3-1所示。

ping 配 置　　表3-1

操　　作	命　　令	说　　明
检查IP网络中的指定地址是否可达	ping [ip] [-a*source-ip* | -c*count* | -f | -h*ttl* | -i*interface-type interface-number* | -m*interval* | -n | -p*pad* | -q | -r | -s*packet-size* | -t*timeout* | -tos*tos* | -v | -vpn-instance *vpn-instance-name*] * *host*	两者必选其一； ping命令用于IPv4网络环境，ping IPv6命令用于IPv6网络环境； 两条命令均可在任意视图下执行
	ping ipv6 [-a*source-ipv6* | -c*count* | -m*interval* | -s*packet-size* | -t*timeout*] * *host* [-i*interface-type interface-number*]	

ping功能典型的检测次序及对应的可能故障：

（1）ping本机IP：如果测试不成功，则表示本地配置或安装存在问题，应当对网络设备和通信介质进行测试、检查并排除。

（2）ping局域网内其他IP：如果测试成功，表明本地网络中的网卡和载体运行正确。但如果收到0个回送应答，那么表示子网掩码不正确或网卡配置错误或电缆系统有问题。

（3）ping网关IP：这个命令如果应答正确，表示局域网中的网关路由器正在运行并能够做出应答。

ping远程IP：如果收到正确应答，表示成功地使用了缺省网关（ Default Gateway，是计算机网络中一个如何将数据包转发到其他网络中的节点）。对于拨号上网用户则表示能够成功地访问Internet。

（4）ping local host：local host是系统的网络保留名，它是127.0.0.1的别名，每台计算机都应该能够将该名字转换成该地址。如果没有做到这一点，则表示主机文件（Windows/host）中存在问题。

（5）ping网站域名（信号系统中不用）：对此域名执行ping命令，计算机必须先将域名转换成IP地址，通常是通过DNS服务器。如果这里出现故障，则表示本机DNS服务器的IP地址配置不正确，或DNS服务器有故障。

2. tracert 功能

通过使用tracert命令，维护人员可以查看IP报文从源端传送到目的端所经过的三层设备，从而检查网络连接是否可用。当网络出现故障时，维护人员可以使用该命令分析出现故障的网络节点。

这个命令同 ping 命令类似，但它所看到的信息要比 ping 命令详细得多，它能反馈显示送出的到某一站点的请求数据包所走的全部路由，以及通过该路由的 IP 地址，通过该 IP 的时间是多少。

tracert 命令还可以用来查看网络在连接站点时经过的步骤或采取哪种路线，如果是网络出现故障，就可以通过这条命令来查看是在哪儿出现问题的。

tracert 功能配置如表 3-2 所示。

tracert 功能配置表　　表 3-2

操　　作	命　　令	说　　明
进入系统视图	system-view	
查看源端到目的端的路由	tracert [-a*source-ip* | -f*first-ttl* | -m*max-ttl* | -p*port* | -q*packet-number* | -vpn-instance*vpn-instance-name* | -w*timeout*] * *host*	二者必选其一； tracert 命令用于 IPv4 网络环境，tracert IPv6 命令用于 IPv6 网络环境； 两条命令均可在任意视图下执行
	tracert ipv6 [-f*first-ttl* | -m*max-ttl* | -p*port* | -q*packet-number* | -w*timeout*] * *host*	

二、网管设备维护

DCS 的网络管理系统（NMS）用于监督、配置和维护所有网络设备。包括网管服务器和工作站，一般设置在控制中心和维修中心，网管系统的维护除经常的清洁、清扫、线缆维护、查看设备指示灯、硬件软件等外，应重点做好以下几点工作：

（1）维护人员应参照《DCS 设备的检修规程》中的内容对设备进行例行检查和定期测试，并记录检查结果。

（2）用于系统管理、设备维护和业务操作的用户名和密码应该严格管理，定期更改，并只向特定的相关人员发放。

（3）严禁在设备维护终端、网管主机上安装与业务无关的软件，严禁在设备维护终端、网管主机上运行与业务无关的应用。维护终端主机应该定期查杀计算机病毒，并定期升级杀毒软件。

（4）应定期确认所有设备都运行在统一指定的软件版本，在对设备版本进行升级前，应全面备份设备配置信息，并记录当前版本号。

（5）合理利用网络管理终端对全线网络设备的故障信息和运行状态实时监控，发现异常应立即按照《DCS 故障处理流程》进行处理。

（6）合理利用网络管理终端实时监督网络和设备的性能变化，以便有效管理设备，并提供网络优化的数据支持。

（7）维护人员定期查看网络管理终端上的拓扑结构显示，检测网络设备状态变化（例如，端口状态变化或者与NMS通信中断),根据拓扑节点颜色变化及时发现网络异常。

(8)及时进行故障告警信息确认,并清理过期的故障信息,发现故障时应做好记录、更新故障台账,并定期统计分析。

(9)结合历史报表定期分析故障趋势,采取有效的安全防范措施。例如:某些板卡一进入夏季,工作性能不良,维护人员应加强机房设备巡视次数,发现温度过高,及时打开柜门。

三、无线设备维护

基于WLAN的轨旁无线传输设备由轨旁AP及天线和车载天线组成,因为轨旁无线具备安全可靠的冗余网络,故障率很低,且设备安装高度较高,维修不方便,设备维护时一般采用半年检、年检、故障修等形式。主要工作如下:

(1)设备维护时,必须做好人身安全防护措施,1级维护作业需要在超低压(48V)或低压(230V)设备上进行。维护人员应小心触电,同时在进行维护作业时需要切断配电。

(2)维护人员不应凝视光纤和光纤激光(防止以太网媒介转换器对眼部造成损伤)。

(3)定期通过网管系统查看AP箱的通信情况,发现异常及时处理。

(4)定期清扫箱盒内灰尘,确保箱盒内及表面洁净,干燥剂没过期。天线线缆接口洁净。

(5)定期查看天线、AP箱的安装情况,确保其固定良好、无松动且箱盒密封完好。

(6)箱盒内尾纤插头紧固,连接头无损坏及松脱,线缆无老化。各地线螺钉固定,无生锈,防雷端子完好。

(7)设备电气特性合格,输入、输出的电压在标准范围内。

(8)天线安装成水平方向。

(9)车载天线一般有车载专业人员进行维护,应定期清灰,检查设备安装情况,确保牢固、无松动。

第九节　区域控制器维护

一、区域控制器设备维护

(一)维护技术规范

(1)区域控制器为三取二冗余结构,单个设备故障能自动切换,不影响正常使用。

(2)必须工作可靠,并符合“故障－安全”原则。

（3）负责根据所有已知障碍物的位置和运行权限来确定其区域内所有列车的运行权限。

（4）完成与各接口功能必要的逻辑判断以及对其接口对象进行正确控制和监督。

（二）维护方法及内容

（1）检查设备运行状态。

（2）检查设备外表。

（3）清洁外表卫生。

（4）机柜内端子紧固。

（5）机柜内各板卡和机笼清洁。

（6）功能测试。

第十节　线路控制器维护

线路控制器的维护总则如下：

（1）线路控制器设备重启或关机时，必须严格按照各设备厂商提供的设备启动和关机规程，尽量在非运营时间段进行。

（2）线路控制器的风扇是易老化部件，建议每四年更换一次，具体更换周期由各设备管理单位自定，更换时维护人员应严格遵守现场的安全规范进行操作，更换前对设备进行关机，并在非运营时段进行（特殊情况除外）。更换后必须确认风扇运行状态是否良好。

第十一节　维护支持设备维护

一、维护支持设备技术规范

（1）MSS 设备的工作环境与微机联锁设备相同。

（2）MSS 设备和车站联锁设备间必须具有良好的电气隔离，当 MSS 设备工作或故障时，不得影响联锁设备的正常工作。

（3）MSS 设备必须连续稳定的工作，及时反映被监测设备的故障和运行状态。当信号设备的电气性能偏离预定的界限时，应能发出预警；当捕捉到信号故障预兆和信号故障时，应能及时发出报警，且实现故障诊断。

（4）监测对象的选定应遵循以下原则：

①受外界影响易发生故障的设备。

②发生故障后影响范围大的设备。

③有利于分析、判断故障和实现状态维修。

④有利于对使用及维修人员的主要操作实施实时监督。

⑤用于 MSS 相同的计算机操作软件必须有使用许可证。

⑥ MSS 设备应采用不间断供电电源（UPS）。

二、维护方法及内容

（1）设备表面清洁。

（2）设备重启。

（3）紧固主机外设插接件。

（4）键盘、鼠标功能。

（5）散热风扇。

（6）电源及线缆。

（7）硬盘和运行参数。

（8）紧固内部各部件。

（9）设备部件及内部清洁。

（10）系统备份。

（11）服务器倒切及功能测试。

第四章　信号设备故障处理

岗位应知应会

1. 了解城市轨道交通信号系统各设备的常见故障现象。
2. 了解城市轨道交通信号系统各设备的处理方法。

重难点

重点：城市轨道交通信号系统各设备的故障处理方法。

难点：城市轨道交通信号系统各设备故障判断。

第一节　电源设备常见故障及处理方法

一、电源屏输出断路故障

（1）故障现象：某一路输出电源中断。

（2）故障原因：线缆回路中断，对应稳压模块故障，负载短路引起模块保护，监测误告警。

（3）处理方法：

①检查线缆连接情况、空开闭合情况，如存在线缆脱落、空开跳闸等异常情况，请根据实际进行恢复。

②检查对应稳压模块工作状态，如模块故障，请及时更换模块。

③检查对应稳压模块工作状态，如模块保护，请及时检查负载是否存在短路或过流情况，引起模块输出过载，自保切断输出，如存在负载异常，请及时查找原因，恢复供电。

④如测量某一路输出电压正常，但是仍然有“×× 输出中断告警”，可以判定是系统监测故障，不影响使用，进一步查找检测故障原因，并作相应处理。

二、UPS 故障时维修旁路处理

（1）故障现象：UPS 监控单元有故障告警信息。

（2）故障原因：UPS 相关电气参数不达标。

（3）处理方法：

①按面板上的"逆变停机"按钮，断开 Q1，闭合内部维修旁路开关 Q3BP。

②依次断开旁路开关 Q2、输出开关 Q5，断开电池开关 QF1。

③过 8min，待 UPS 内部直流母线电容放电完毕后对 UPS 进行故障查找或进行故障件更换。

④与市电逆变转维修旁路转换操作步骤相反，即按 Q2 ↑— Q5 ↑（等到旁路指示灯亮红和负载灯亮绿稳定后）— Q3BP ↓— Q1 ↑— QF1 ↑进行，操作完成后确保 UPS 工作于市电逆变状态，面板指示灯亮灯正常。

三、稳压器保险丝断丝

（1）故障现象：补偿回路保险丝熔断保护。

（2）故障原因：负载电流瞬时过高，电网电压波动过于频繁等。

（3）故障处理：

①断开输入断路器。

②更换补偿回路保险管。

③重新闭合输入断路器。

第二节　联锁设备常见故障及处理方法

联锁系统常见故障有联锁机启动不正常、采集信息不一致、跨联锁区进路不能办理。

一、联锁启动不正常

（一）故障现象

联锁机启动不正常，表现为联锁设备上电后不能正常工作，人机界面不能正常显示站场信息。

（二）故障原因

联锁机启动不正常，可通过维护支持诊断机查看报警信息，分析故障原因，可能原因有电源不正常、CPU 板、电源板等故障。

（三）处理方法

（1）检查联锁机供电电源，测量电压是否正常。
（2）下载日志查看报警信息，判断故障原因。
（3）更换电源板。
（4）更换 CPU 板（通常要重新刷写联锁软件）。

二、采集信息不一致

（一）故障现象

主用与备用联锁采集到的信息不一致，导致人机界面显示错误或不能正常显示。

（二）故障原因

采集模块故障、采集线路故障。

（三）处理方法

（1）查看实际信息情况，将联锁机进行倒切测试，看主备机之间采集信息是否一致，如不一致，更换采集不正确机笼相应灯位的采集模块。
（2）检查采集模块对应的采集线路。

三、跨联锁区进路不能办理

（一）故障现象

某一联锁区无法排列到相邻联锁区的进路。

（二）故障原因

两个联锁区见通信中断，相邻联锁区设置了相应的封锁。

（三）处理方法

（1）检查两个联锁区件通信网络是否正常。
（2）重启联锁机，联锁重新进行上电解锁。
（3）检查相邻联锁区是否设置限速、封锁等信息。

第三节　列车位置检测设备常见故障及处理方法

一、轨道电路常见故障及处理方法

轨道电路常见故障主要为红光带和分路不良。

(一)红光带

(1)故障现象:某一个或者多个轨道区段红光带。

(2)故障原因:

①单个区段红光带:断路器故障、相敏接收器故障、送受电端变压器故障、接续线或回流线等各种连接线回流不畅、接触网挂错地线、踏板连接、其他导电物体封连钢轨等。

②多个区段红光带:联锁驱动板卡故障、方向盒受损、电缆断裂等。

(3)处理方法:

①询问现场人员,并观察故障现象。

②排除外界因素导致红光带的可能。

③在分线盘处判断故障点在室内还是室外,从而进一步查找。

④故障点修复后,测量故障设备相关电气参数,保证在正常范围之内,方可交付使用。

(二)分路不良

(1)故障现象:列车某一个区段时,轨道继电器依然保持吸起,联锁显示区段空闲。

(2)故障原因:列车过轻、轮对电阻过大、钢轨生锈、分路残压过高等。

(3)处理方法:

①打磨钢轨,除去轨面生锈部分。

②测量故障设备相关电气参数,保证在正常范围之内。

③列车在分路不良区段运行试验。

二、计轴常见故障及处理方法

计轴设备常见故障为某几个区段或者整个联锁区红光带。

(一)一个或者几个区段红光带

(1)故障现象:一个或者几个区段红光带。

(2)故障原因:磁头受扰、室内板卡故障、室外板卡故障、室外频率漂移、室内保险损坏。

(3)处理方法:
①排查红光带区段对应磁头是否有受扰情况。
②检查室内保险是否完好。
③检查室内板卡是否工作正常,可查看灯位显示,利用诊断软件分析。
④检查室外板卡是否工作正常,测试相关电气特性参数。

(二)某个联锁区所有区段红光带

(1)故障现象:整个联锁区所有区段红光带。
(2)故障原因:电源断电、CPU 板故障、电源板故障。
(3)处理方法:
①查看计轴机柜各板卡显示及报警信息。
②检查计轴机柜供电电源是否正常。
③重启计轴主机,查看报警信息。
④更换相应的电源板或 CPU 板后重启计轴主机。

第四节　转辙机常见故障及处理方法

ZD6 转辙机常见故障为道岔无表示、道岔操作不动等

1. 道岔无表示

(1)故障现象:道岔无表示,在信号楼无法判断室外位置。
(2)故障原因:机械参数或电气参数不达标、尖轨基本轨内加异物等。
(3)处理方法:
①询问现场人员,并观察故障现象。
②测量分线盘道岔表示电压,电压正常为室外故障,无电压则为室内故障。
③利用电路图逐步查找故障点,并结合实际情况进行处理。
④将各机械参数、电气参数调整到正常值,试验良好后交付使用。

2. 道岔操作不动

(1)故障现象:室内发送操动道岔命令,但是室外道岔无动作。
(2)故障原因:X2 断路、联锁驱动板故障等。
(3)处理方法:
①询问值班员,并观察故障现象。
②试验道岔并观察控制台电流表,无显示确认为启动故障。
③测量分线盘道岔起动电流,电流正常为室外故障,无电压则为室内故障。

④用电路图逐步查找故障点，并结合实际情况进行处理。

⑤各机械参数、电气参数调整到正常值，试验良好后交付使用。

第五节　信号机灯丝断丝报警故障及处理方法

一、整个发光盘不能点亮

(1)故障现象：发光盘不能点亮。

(2)故障原因：变压器输入或输出电压不正常等。

(3)处理方法：

①在点灯变压器一次侧、二次侧测量点灯电压是否正常。

②点灯变压器一次侧有电压，二次侧无，需要更换点灯变压器。

③点灯变压器一次侧电压、二次侧电压正常，需要更换发光盘。

二、发光盘部分 LED 发光管不亮

(1)故障现象：灯丝报警仪报警信号机某灯位断丝报警。

(2)故障原因：发光盘部分 LED 发光管不亮数量已达到 30%，低于灯丝报警下门限电流。

(3)处理方法：

①检查发光盘 LED 发光管损坏数量是否已超过 30%，超过直接更换发光盘。

②测试该灯位工作电流是否已低于下门限电流，LED 发光管未超过 30% 的损坏数目，对灯丝报警仪下门限电流调整。

③发光盘正常，检查发光盘是否有松动。

第六节　车载设备常见故障及处理方法

一、列车完整性丢失故障处理

(1)故障现象：一旦列车的完整性信号丢失，列车触发 EB 停车。

（2）故障原因：ATP 车载计算机单元连续监督当前列车的完整性，该信息来自列车的安全输入（来自车辆提供商），检测不到列车完整性输入。

（3）处理方法：

①检查确认车辆屏是否存在列车信息不完整的情况，若车辆屏存在列车信息不完整性情况，则通知车辆处理。

②若车辆屏不存在列车信息不完整性情况，则进行重启，若故障仍存在，待列车回库后下载数据分析，是否 CC 对输入封锁，此故障一般为车辆故障。

二、列车在运行中产生 EB 紧急制动故障处理

（1）故障现象：列车运行中触发 EB 紧急制动停车。

（2）故障原因：

①超速。移动授权丢失。

②列车完整性丢失。

③列车停止后往前移动。

④后溜超过距离限制。

⑤与 ZC 的通信丢失。

⑥ CC 致命错误。

⑦当列车过于接近或在站台内时，站台屏蔽门关闭指示丢失。

⑧列车接近锁闭道岔时道岔失表示。

⑨运行中的列车靠近另一列车过近。

（3）处理方法：列车回库下载 CC 数据分析具体原因，进一步处理。

三、车门不能自动打开故障处理

（1）故障现象：列车进站停稳后车门不能自动打开。

（2）故障原因：

①列车未在停车窗范围内。

②列车未处于零速状态。

（3）处理方法：

①列车回库下载 CC 数据分析具体原因，进一步处理。

②检查确认列车是否在停车窗范围内。

③检查确认列车是否处于零速状态。

④检查确认列车是否已切除牵引，已实施常用制动。

⑤列车显示停在停车窗内，没有门使能，检查门使能输出设备。

⑥列车显示停在停车窗内，有门使能，检查开关是否打到自动开门，检查目的地号是否不对，如果以上都正确，且故障连续出现，测量相关的端子在列车停稳后有否正常的输出，若没有，更换 ATO 的输出模块；若有，属车辆问题。

四、速度传感器故障处理

（1）故障现象：列车运行中触发 EB 紧急制动停车。

（2）故障原因：

①速度传感器累计信息计算错误。

②速度传感器硬件故障。

（3）处理方法：列车回库下载 CC 数据分析具体原因，进一步处理。使用测试软件检查速度传感器计状态，若速度传感器显示故障，则使用测试软件清除速度传感器故障信息。若使用测试软件无法清除速度传感器故障信息，则将故障的速度传感器更换。更换速度传感器后，再次使用测试软件检查速度传感器状态。

五、CC 死机故障处理

（1）故障现象：列车运行中触发 EB 紧急制动停车。

（2）故障原因：

① CC 信息计算错误。

②板卡硬件故障。

（3）处理方法：

①检查 CC 灯位显示，若板卡出现红灯，下载 CC 日志，并将 CC 重启。

②重启 CC 后，若仍然显示红灯，则查看 CC 日志，并分析 CC 日志判断故障点，做进一步处理。

六、列车定位丢失，信标读取故障处理

（1）故障现象：列车运行中触发 EB 紧急制动停车。

（2）故障原因：

①信标天线及连接电缆接头松动。

②标天线输出功率不在正常范围值内。

③信标天线表面积尘较多。

（3）处理方法：

①检查信标天线及连接电缆接头是否紧固，若出现松动，将接头重新使用扳手紧固。检

查信标天线表面是否清洁，若积尘较多，使用抹布清洁。

②检查信标天线输出功率是否在正常范围值内，并且保持稳定，若不在正常范围值，则将信标天线输出功率调整至正常范围值内。若信标天线输出功率波动较大，且不稳定，则将信标天线更换。

③调整信标天线输出功率或更换信标天线后，使用静态信标在信标天线下方前后移动，测试信标读取是否正常。

第七节　列车自动监控设备常见故障及处理方法

一、操作系统故障

(一)Linux“OS”(操作系统)诊断工具

以下 Red Hat Linux（红帽 Linux 操作系统)的工具也适用于系统的监控和调试。

1. vmstat- 报告虚拟内存的统计表

程序 vmstat 报告了关于进程运行、内存分配情况，CPU 分配，区间“IO（输入 / 输出）活动的信息。

第一个产生的报告给出的是最近一次启动以来的平均值。另外的报告给出的是在一个取样周期内的信息。两个报告中的进程和内存都是即时的。

2. ps- 报告进程状态

该 ps 程序给出当前进程的快照。如果一个进程状态需要重复更新，请使用 top 程序。

3. top- 显示顶端 CPU 进程

top 程序实时查看正在运行的处理器行为，它显示出在系统中大多数 CPU 密集型进程的清单，并为操作进程提供交互式界面。它通过 CPU 使用、内存使用和运行时间排序进程，输入 q 退出查看。

4. df- 报告文件系统磁盘空间的使用情况

程序 df 显示出在文件系统中磁盘可用空间的量，包含有各种文件名变量。如果没有给出文件名，就显示出所有当前挂载文件的系统的可用空间。磁盘空间默认显示为 1k 的数据块，选用不同的变量，以不同的单位数量显示，不加变量的种情况下，使用 512 字节的块。

5. du- 估计文件的大小

程序 du 汇总了当前目录下每个文件使用量。

6. netstat- 列出网络连接、路由表、接口统计、伪装连接和广播成员

程序 netstat 列出网络子系统的相关信息。列出信息的类型由命令行变量控制。

（二）"Windows"（Windows 操作系统）诊断工具

下列"Microsoft Windows"（微软窗口操作系统）的应用程序也能用于系统监控和调试。

（1）任务管理器——提供关于在计算机上运行的程序和进程的信息。

该任务管理器应用程序常常用于监控计算机执行的关键指示。它显示大部分通常使用的工作指标，提供了计算机运行进程的状态视图，也能通过任务管理用于结束程序。

（2）性能监控器——提供系统资源利用的信息。

性能监控器应用程序由以下部分组成：

①系统监控器应用程序。

②该应用程序提供收集和察看关于内存、磁盘、处理器、网络和其他活动的实时数据，由曲线图、柱状图和报表方式显示的能力。

③执行日志和警报应用程序。

（3）网络监控器——提供活跃链接的信息。

网络监控器应用程序事实上是状态应用程序。

状态应用程序，在控制面板的网络与拨号连接文件夹的文件菜单中可使用，提供如下信息：

①连接的持续时间。

②最初的连接速度。

③发送和接收的字节数。

④访问诊断工具也可用于某种类型的连接。

（4）我的计算机——报告磁盘空间的使用。

二、服务器故障排除

（一）服务器冗余特征

ATS 子系统服务器都为冗余设置，各服务器依靠一个运行休眠备份进程的后备进程，进行故障检测和恢复。主用服务器运行，后备服务器为运行过程的一个备份，是该后备服务器运行每一个进程的休眠副本。如果主用服务器进程失败，相应的后备服务器休眠备份进程激活去替代它的功能。故障的进程在重启后，作为休眠备份。

因为故障切换是单个进程进行的，特定情况下可能主要通道和休眠状态的进程在相同的服务器上运行。为此，两个服务器都应该始终保持在线状态。

（二）服务器故障排除的特征

（1）每个服务器的主要部件都设有相应的状态指示灯（图 4-1），在服务器前端和后端面板都有，在出现故障或其他问题的情况下，方便故障识别和报警提示。

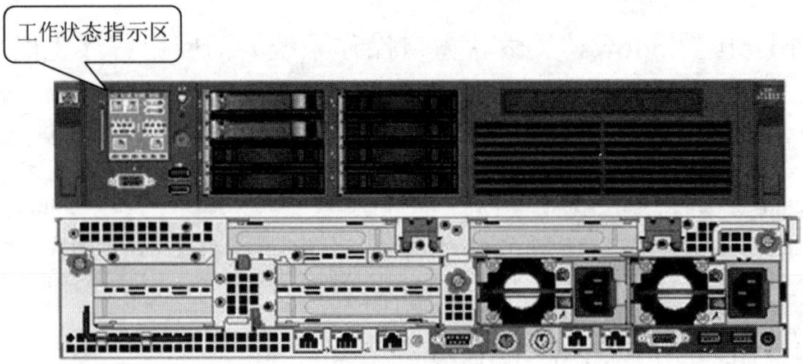

图 4-1　服务器状态灯示意图

（2）如果故障发生，不能及时排除，就该问题联系制造商请求技术支持。制造商的技术支持人员会电话问一些有限的故障诊断问题，以找出问题的根源。

（3）如果有服务序列号、操作的系统版本和正在使用的设备型号，制造商的技术支持人员能提供更快的帮助。制造商的技术支持可以访问他们的服务器，查看系统历史记录和有关该系统的广泛知识。

（4）提供给技术员的故障信息以及可采用的解决出现问题的步骤，都被显示于“LCD”（液晶显示屏）面板上。如果制造商的技术支持不能通过电话解决，有必要的话，可通过服务电话派遣适当的零件或专业的技术员现场服务。

（三）应用程序特定软件故障排除

如果所有的硬件都显示工作正常，故障设备的网络配置也是正确的，但仍有运行的问题，这可能与应用程序软件有关系，该软件现在处于故障。

请参考维护手册的应用程序软件故障排除部分。

（四）收集服务器故障信息

在解决服务器问题之前，应收集以下信息：

（1）发生故障之前发生了什么情况？在执行哪些步骤后出现了问题？

（2）服务器发生故障前做过哪些改动？

（3）最近是否添加或删除了硬件或软件？如果是，是否记得在服务器设置实用程序中根据需要更改了相应设置？

（4）服务器出现问题症状有多长时间？

（5）如果问题随机出现，会持续多长时间？出现的频率如何？

（6）查看服务器 LED 指示灯及其状态。

(7)记录系统显示的所有错误消息。

(五)常见问题的解决方法

(1)重新启动系统或断电重启系统,分析启动过程可能出现的报警。

(2)确保所有电源线已牢固连接。

(3)确保所有外部组件和内部组件上的电缆都已对接妥当。

(4)卸下所有数据电缆和电源电缆,检查是否有损坏。确保所有电缆上的插针都未弯曲,而且接口也未损坏。

(5)确保每个设备均已正确安装。在重新安装组件时应避免使电路板发生弯曲。

(6)如果设备上带有锁定器,应确保锁定器已完全合上并锁定。

(7)观察所有 LED 指示灯,这些 LED 指示灯可能会指明某个组件未连接妥当,例如绿色或绿闪代表正常,黄色代表次要报警,红色代表重要告警。

(8)如果问题仍未解决,则卸下每个设备并重新安装,检查接口和插槽是否有弯曲的插针或有其他损坏。

(9)替换可疑部件,确定部件故障。

(10)重装系统、驱动,解决软件问题。

(六)服务器常见故障及处理

1. 服务器不启动,指示灯不亮故障

(1)故障现象:

①服务器没有启动。

②系统电源 LED 指示灯不亮或呈琥珀色。

③系统运行状况 LED 指示灯呈红色、呈红色闪烁、呈琥珀色或呈琥珀色闪烁。

(2)故障原因:

①电源未正确就位或发生故障。

②电源线松动或发生故障。

③电源模块出问题。

④组件未正确就位或锁死问题。

(3)处理方法:

①检查供电是否正常。

②检查服务器电源线是否有松动或故障。

③如电源模块均故障则更换备件。

④对故障件返修厂家,做好记录。

2. 服务器未完成启动故障

(1)故障现象:服务器在启动自检过程中出现错误,不能完成启动。

（2）可能的原因：

①内部组件未正确就位或发生故障。

②硬盘故障。

③操作系统软件损坏、缺失。

（3）处理方法：

①重启服务器是否能正常启动。

②检查硬盘指示灯是否正常，配置是否为 RAID1+0。

③尝试采用单硬盘是否能正常启动。

④更换故障硬盘，对故障硬盘及时返修，做好记录。

⑤重新安装操作系统、配置及软件。

3. 服务器硬件冗余故障

（1）故障现象：服务器运行中，系统指示灯亮黄灯。

（2）故障原因：

①服务器一路供电电源故障；服务器一个电源模块损坏。

②服务器一个散热风扇损坏。

③其他冗余部件故障。

（3）处理方法：

①检查供电电源是否正常。

②检查电源接线连接是否正常。

③重启服务器。

④重新插拔电源模块。

⑤更换电源模块。

⑥重新插拔面板提示故障部件。

⑦更换故障的冗余部件。

⑧将更换的故障件及时返修，做好记录。

⑨对于无法解决的问题及时请求厂家支持。

4. 服务器运行中减慢或死机故障

（1）故障现象：服务器运行过程中死机，无法执行任何操作。

（2）故障原因：

①进程死循环。

②运行软件故障。

③操作系统软件故障。

④硬盘有损坏的磁道。

⑤温度过高。

⑥内部组件未正确就位或发生故障。

(3)处理步骤：

①重新启动服务器是否恢复正常。

②重新连接内部组件，清洁插件的金手指。

③更换损坏部件。

三、工作站故障排除

1. 工作站冗余特征

ATS 子系统工作站为多台工作站冗余设置，如果一个工作站故障，在另一个工作站的用户可以承担故障工作站用户的责任。在故障工作站的该用户也能移动到空闲的工作站上。

2. 工作站特定故障排除特征

工作站出现故障时，可以关闭该工作站上的 ATS 子系统软件，断开与系统的连接，排除故障的组件，不能及时排除故障，需提供问题信息获得解决策略。在进行任何故障排除过程前，排除 / 或解决许多问题的一个快速方法是重启该工作站，可使问题获得排除。

如果重启该工作站和重新设置软件都无法恢复全部功能，可能必须重新安装该工件站的操作系统和相关软件。请参见重新安装工件站的过程。

计算机系统制造商提供许多故障排除问题的方法。

3. 收集工作站故障信息

在解决工作站问题之前，应收集以下信息：

(1)发生故障之前发生了什么情况？在执行哪些步骤后出现了问题？

(2)工作站发生故障前做过哪些改动？

(3)最近是否添加或删除了硬件或软件？如果是，是否记得在工作站设置实用程序中根据需要更改了相应设置？

(4)工作站出现问题症状有多长时间？

(5)如果问题随机出现，会持续多长时间？出现的频率如何？

(6)查看工作站 LED 指示灯及其状态。

(7)工作站启动时是否发出报警声音，声音有何规律。

(8)计算机可能会发出一连串的嘀嘀声来表示一个问题。

(8)记录系统显示的所有错误消息。

4. 常见问题的解决方法

如果工作站出现问题，履行在维护手册上记录的故障排除部分的检查，并在联系制造商的技术协助以前，运行制造商的诊断工具。运行这些诊断工具可以在没有联系技术支持的情况下，帮助解决问题。

(1)重新启动系统或断电重启系统，分析启动过程可能出现的报警。

(2)确保所有电源线已牢固连接。

（3）确保所有外部组件和内部组件上的电缆都已对接妥当。

（4）卸下所有数据电缆和电源电缆，检查是否有损坏。确保所有电缆上的插针都未弯曲，而且接口也未损坏。

（5）确保每个设备均已正确安装。在重新安装组件时，应避免使电路板发生弯曲。

（6）如果设备上带有锁定器，应确保锁定器已完全合上并锁定。

（7）观察所有 LED 指示灯，这些 LED 指示灯可能会指明某个组件未连接妥当。

如果问题仍未解决，则卸下每个设备并重新安装，检查接口和插槽是否有弯曲的插针或有其他损坏。

（1）替换可疑部件，确定部件故障。

（2）重装系统、驱动，解决软件问题。

（3）如果工作站安装了多个视频源和一个监视器，那么第一个监视器必须连接到选作主 VGA（Video Graphics Array 视频接口）转接的视频源接口上。启动期间，其他监视器接口被禁用，如果该监视器与这些端口中的任何一个连接，则通电自检过程中，监视器将不显示。

5. 工作站的故障类型

工作站故障包括以下类别：

（1）计算机系统

这些问题包括系统硬件、驱动和网络连接的故障。

（2）操作系统软件

这些问题是与操作系统和操作系统配置问题有关。这类的问题可能较复杂。除非有一个清晰的问题指示和一个已被证实的解决方案，去解决这类问题的最好方法是重装工作站。

（3）ATS 应用软件

如果 ATS 客户端应用程序已损坏或无法操作，重启某个软件进程，或重启 ATS 软件，重启工件站或断电重启工作站，如果一切都失败，重装 ATS 软件工具。

（4）网络连接

工作站网络配置和双网的连接不正常。

6. 工作站常见故障及处理

1）显示器电源灯不亮，黑屏故障。

（1）现象：工作站显示器黑屏，电源灯也不亮。

（2）可能的原因：

①显示器未供电。

②显示器故障。

（3）处理步骤：

①检查供电电源是否正常。

②检查电源接线连接是否正常。

③更换显示器。

④对故障件及时返修，并做好记录。

2）显示器电源灯亮，黑屏故障

（1）现象：工作站显示器黑屏，电源灯亮。

（2）可能的原因：

①计算机无显示输出。

②显示器数据线连接故障。

③ KVM 延长器故障。

④显示器故障。

（3）处理步骤：

①检查显示数据线连接是否正常。

②检查电源接线连接是否正常。

③更换显示器。

④检查计算机显示输出是否正常。

⑤如果仍无法解决，及时更换备机。

⑥对故障件进行进一步检测，及时联系厂家进行技术支持。确认故障点后需要及时返修，并做好记录。

3）显示器显示异常故障

（1）现象：工作站显示器异常，黑屏、分辨率小、花屏或有干扰。

（2）可能的原因：

①显示器故障。

②显示器连接线松动。

③ KVM 连线松动。

④ KVM 延长器调整不当或故障。

⑤显卡配置错误或故障。

⑥存在干扰源。

（3）处理步骤：

①检查显示器连接线是否正常。

②检查是否存在干扰源（电源插座上是否有其他系统设备等）。

③调整 KVM 延长器和检查连接线是否正常。

④更换 KVM 延长器。

⑤检查显卡连接线是否正常。

⑥重新启动计算机是否能恢复正常。

⑦重新配置显示。

⑧更换显卡。

4）工作站不启动故障

（1）现象：工作站不启动，电源灯不亮，显示器无显示。

（2）可能的原因：

①计算机未供电。

②计算机电源连接线松动。

③计算机电源模块故障。

④计算机 CPU 故障。

（3）处理步骤：

①检查显示数据线连接是否正常。

②检查电源接线连接是否正常。

③检查电源模块是否正常。

④检查计算机其他部件。

⑤及时更换备机。

⑥对故障件进行进一步检测，及时联系厂家进行技术支持。确认故障点后需要及时返修，并做好记录。

5）工作站启动停止故障

（1）现象：工作站启动不正常，电源灯亮，显示器显示启动过程停止。

（2）可能的原因：

①计算机操作系统损坏。

②计算机主板有故障。

③计算机内存松动或损坏。

④计算机硬盘损坏。

（3）处理步骤：

①根据计算机报警声或显示器提示检查计算机硬件。

②如果连续报警声，重新插拔内存。

③检查硬盘。

④检查计算机其他部件。

⑤如果无法确认故障点，则及时更换备机。

⑥对故障件进行进一步检测，及时联系厂家进行技术支持。确认故障点后需要及时返修，并做好记录。

6）无报警声故障

（1）现象：工作站无声音输出。

（2）可能的原因：

①音箱无电源。

②音箱连接线松动。

③音箱损坏。

④计算机声卡配置问题。

⑤计算机主板声卡损坏。

(3)处理步骤:

①检查音箱电源和连接线连接情况。

②检查音频延长线连接情况。

③检查计算机声卡配置。

④重新启动计算机。

⑤请求厂家技术支持。

7)工作站鼠标键盘故障

(1)现象:

①鼠标不动或乱跳无法操作。

②键盘不能输入或输入混乱。

(2)可能原因:

①接线错误或接线松动。

② KVM 延长器原因(如有),检查 KVM 延长器连接网线。

③键盘鼠标故障。

④工作站故障。

(3)处理步骤:

①检查接线是否正确且不松动。

②检查 KVM 延长器连接网线,重启延长器电源(如有)。

③更换键盘鼠标。

④检查工作站硬件,重新启动。

⑤请求厂家技术支持。

8)网络故障

(1)现象:服务器、工作站网络连接故障。

(2)可能的原因:

①网线或 DCS 问题。

②计算机网络配置问题。

③计算机网卡问题。

④计算机其他部件原因。

(3)处理步骤:

①检查网线连接情况,及 DCS 交换机工作状态。

②检查计算机网络配置。

③重新配置网络。

④重启计算机网络或机器。

⑤请求厂家技术支持。

7. 其他设备故障排除

1）机架显示器无显示

（1）现象：机架显示器无显示。

（2）可能的原因：

①机架显示器供电电源断电。

② KVM 切换器供电电源断电。

③连接线松动。

④机架显示器故障。

⑤ KVM 切换器故障。

⑥服务器显示输出故障。

（3）处理步骤：

①机架显示器、KVM 切换器电源指示灯不亮，检查电源和电源连接线。

②检查机架显示器与 KVM 切换器连接是否正常。

③如果切在某一台服务器时没有显示，检查服务器工作是否正常及与该服务器的连线。

④更换机架显示器或 KVM 切换器。

⑤对更换的故障件及时返修，并做好记录。

2）机架显示器键盘、鼠标故障

（1）现象：机架显示器键盘、鼠标不能操作，或异常跳动，但显示正常。

（2）可能的原因：

①键盘、鼠标连接线松动。

②机架显示器键盘鼠标功能损坏。

③ KVM 切换器键盘、鼠标功能损坏。

④服务器键盘、鼠标连接线松动。

⑤服务器键盘、鼠标功能异常。

（3）处理步骤：

①如果只是切换到某台服务器时键盘、鼠标无反应，检查服务器的键盘、鼠标连接线是否正常，重启服务器检查是否恢复正常，使用 PS-2 键盘、鼠标直接连接服务器是否正常。

②如果切换到所有服务器上时，显示正常，键盘鼠标无反应，检查键盘、鼠标的连接线。

③重新启动机架显示器和 KVM 切换器，检查键盘鼠标是否恢复正常。

④使用 PS-2 键盘鼠标直接连接服务器或切换器键盘、鼠标输出端，检查是否工作正常。

⑤更换故障的机架显示器，或 KVM 切换器。

⑥对故障件及时返修，并做好记录。

3）时钟同步故障

(1)现象:服务器、工作站时钟不同步。
(2)可能的原因:
①时钟源故障。
② RS232/422 协议转换器故障。
③主机服务器与时钟源连接相关线缆松动或损坏。
④主机服务器串口关闭。
⑤计算机时钟配置错误。
(3)处理步骤:
①单台服务器或工作站不同步,检查本机时钟配置。
②大范围不同步,检查时钟源是否正常。
③检查 RS232/422 协议转换器是否正常。
④检查相关线缆连接是否正常。
⑤检查主机服务器时钟配置。
⑥测试主机服务器串口工作情况,确认串口是否正常。
⑦请求厂家技术支持。
4)终端服务器故障
(1)现象:终端服务器不工作或信息通信异常。
(2)可能的原因:
①终端服务器电源故障。
②终端服务器配置错误。
③终端服务器连接线松动。
④终端服务器损坏。
(3)处理步骤:
①检查终端服务器电源是否正常。
②重启终端服务器。
③检查终端服务器配置。
④更换终端服务器重新配置。
⑤对故障件及时返修,并做好记录。
⑥请求厂家技术支持。

第八节 数据传输设备常见故障及处理方法

多次使用 display cpu 命令,查看过去 5min 的平均占有率。如果结果都在 60% 以上,则可视为 CPU 占有率高。遇到此类问题，按照下面的方法处理：

查看交换机的任务占用情况和任务切换情况：

[H3C-hidecmd] display task

[H3C-hidecmd] display task-switch

[H3C-hidecmd] display task-running

如果某个任务占用总的时间较长，而且最近频繁切换到该任务执行，则表明该任务比较繁忙，则此任务可能是导致 CPU 忙的原因之一。

如果发现任务切换是由于报文的攻击引起，需要通过调试开关获取 CPU 收发报文的情况。

<H3C>debugging drv ni packet receive type all------S3100 系列交换机

<H3C>debugging drv packet cpurcv------S3600 系列交换机

[H3C-hidecmd] debugging drv ni packet drvrcv ------S5100 系列交换机

<H3C>debugging drv-module ni packet cpurcv------S5600 系列交换机

[H3C-diagnose]debug rxtx pkt ------S5500 系列交换机

<H3C>debugging drv rxtx packet receive------S3610/S3500-EA 系列交换机

通过上面的调试信息输出，并获取报文分析其报文类型，确认占主要比例的报文类型。然后针对此类报文进行攻击防范。如果无法准确判断，请将上述信息发送给 H3C 工程师。

第九节　区域控制器常见故障及处理方法

一、故障现象

ZC 控制区域的 PSD 报警，CBTC 模式运行列车紧急制动，轨旁常态灭灯的信号机全部点亮红灯。

二、故障原因

ZC 设备死机、ZC 设备断电等。

三、处理方法

（1）如果是在运营期间，需要通知故障区域内所有列车降级为 IATP 模式运行。

(2)排查区域控制器的硬线连接，通过远程监控检查ZC与其他设备的通信状态。

(3)视情况对ZC进行断电重启。

(4)待ZC恢复正常后，故障区域内列车CBTC模式可用时，通知区域内所有列车恢复CBTC模式运行。

第十节 维护支持设备常见故障及处理方法

一、对于监测设备自身的故障，遵循如下处理方法

(1)观察监测界面系统状态图中各种通信状态条指示。

(2)观察故障板卡的各类指示灯是否正常。

(3)如果确认是板卡故障，则可采取板卡重新热插拔、更换同类板卡的方式来查看故障是否排除。

二、对于采集数据异常，则采取如下方式进行判断处理

(1)测量采样机柜采集端子处信号是否一致，如果此处正常，则采集设备故障。

(2)如果采样机柜采集端子处信号非正常，则测量设备采样点处是否一致，如果采样点处正常，则重新校正采样线。如果采样处不正常，则检查信号设备是否故障。

第五章　信号通用维修工具及仪器仪表的使用

岗位应知应会

1. 了解城市轨道交通信号系统常见工具及仪表。
2. 了解城市轨道交通信号系统常见工具及仪表的使用方法。

重难点

重点：工具及仪表的使用方法。

难点：正确使用工具和仪表。

第一节　常用维修工具

一、螺钉旋具

螺钉旋具是设备日常维护检修及故障抢修常用工具，螺钉旋具又称螺钉刀、螺钉批、起子和改锥等，是用来紧固和拆卸各种紧固力较小的螺钉。螺钉旋具是由刀柄和刀体组成，刀口形状有“一”字、“十”字、内六角、六角套筒旋具等，如图 5-1 所示。螺丝刀的规格表示为头型 × 长度（长度不含手柄部分），比如一字 6×100，6 是杆子的头型也是杆子的直径，100 是杆子的长度；十字 PH2×100，PH2 是头型，100 是杆子的长度。质量上乘的螺丝刀的刀头应是用硬度比较高的弹簧钢做的。好的螺丝刀应该做到硬而不脆，硬中有韧。当螺钉头开口变秃打滑时可以用锤敲击螺丝刀，把螺钉的槽剔得深一些，便于将螺钉拧下。

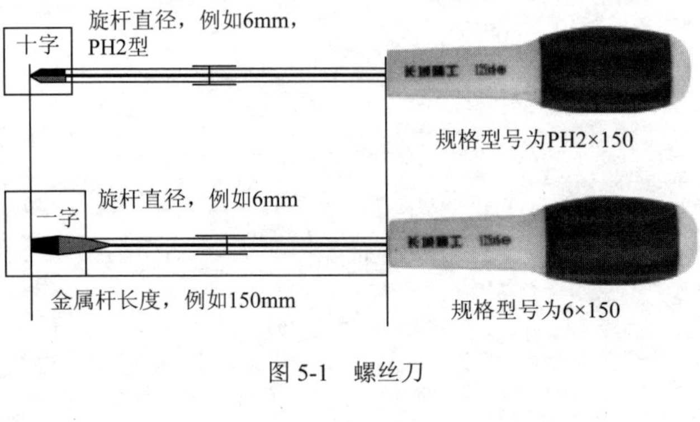

图 5-1　螺丝刀

使用前，首先根据螺钉头部槽的形状和大小，选择合适的旋具，否则会损坏旋具或螺钉槽。使用时大拇指、食指和中指夹住刀柄，手掌顶着刀柄末端将螺丝刀拥有特化形状的端头对准螺钉的顶部凹坑，固定，然后开始旋转手柄。一般情况下，顺时针方向旋转为嵌紧；逆时针方向旋转则为松出。一字螺钉批可以应用于十字螺钉。

螺钉旋具用力时不能对着别人或自己，以防脱落伤人。除了允许敲击的撞批外，一般螺钉旋具不允许用锤子等工具敲击。不允许用螺钉旋具代替凿子或撬棍使用。

二、扳手

扳手是用于旋紧或拧松有角螺丝钉或螺母的工具。常用的扳手有活动扳手、呆扳手、梅花扳手、两用扳手、套管扳手、内六角扳手、棘轮扳手、扭力扳手和专用扳手等，如图 5-2 所示。使用前，根据被紧固的紧固件的特点选用相应的扳手。使用时，用手握扳手柄末端，顺时针方向用力为旋紧；逆时针方向用力为旋松。扳手不得有生锈、毛刺、裂纹或斑点等；扳口应对称，激光刻字要清楚；硬度要达到规定标准，且卡位要准确；活络扳手的涡轮运作要灵活，销轴不能松动。不允许将扳手当作撬棍或锤子使用。

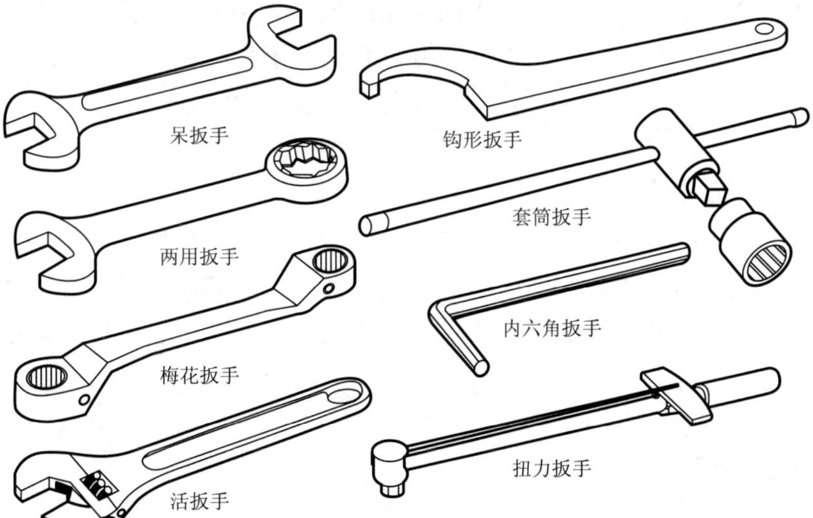

a）各类扳手

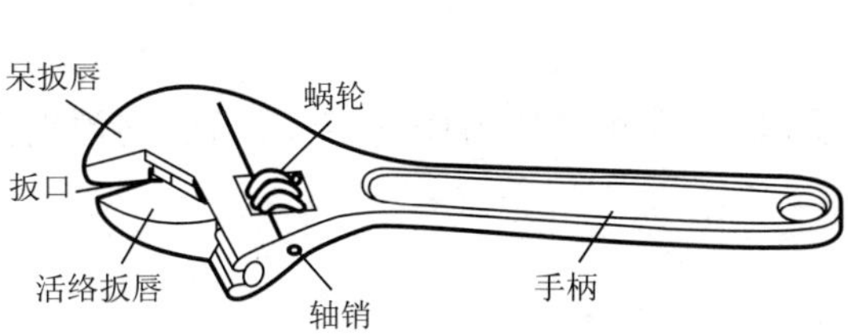

b）扳手构造

图 5-2 扳手

三、钳

按功能和形状钳可以分为克丝钳、尖嘴钳、扁嘴钳、鹰嘴钳、剥线钳、斜口钳、压线钳等。

克丝钳（图 5-3）具有较强的夹和剪切功能，常用来夹持器件、剪切金属线、弯绞金属线、紧固和拧松螺钉等。

尖嘴钳的头部尖细，适合狭小空间操作，可以用来夹持小的器件、剪切细小金属线、修整导线形状、紧固和拧松小螺钉。

扁嘴钳的头部扁平，有带齿和不带齿两种，适合用来夹持和修整器件，不带齿的不会在器件上留下夹压的痕迹。

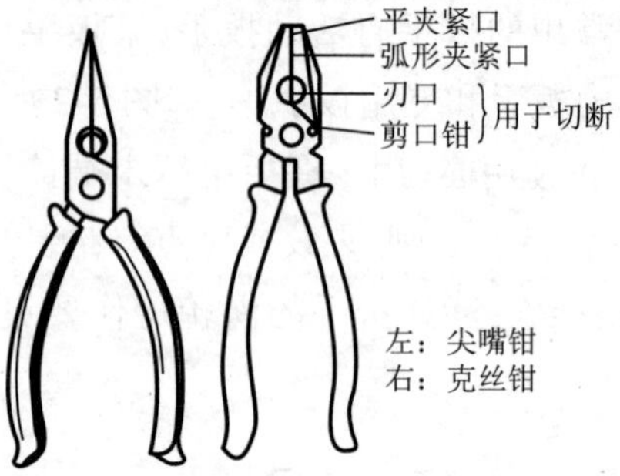

图 5-3　克丝钳的构造及用途

鹰嘴钳的头部尖细且弯曲，适合用来夹持小的器件。

斜口钳的头部有锋刃，用来剪切金属线。

剥线钳用于剥除截面 6mm^2 以下导线的绝缘层，以免损伤芯线。

压接钳用来压接各类接头，有机械式和油压式。根据压接接头不同，压接线径不同，使用不同压线钳。常用的有网线接头压接钳。不同的钳有不同功能，切不可混用。不允许用锤子等工具敲击或当锤子敲击。

四、锤

锤子是一种敲击工具，为了适应各种不同的工作要求，它们有各种类型、规格和形状。

锤子分为羊角锤、圆头锤、钳工锤、泥工锤、除锈锤、安装锤等，不同类型的锤类适用于不同的工作要求，错误地使用可能会导致打击面破碎，还可能导致眼睛和其他部位受到严重的伤害。

五、扭力扳手

（一）用途

扭力扳手又称为扭矩扳手，是一种测量扭力值的工具，当达到预设值时，它能把负荷在扳手另一头的力值通过自身的内部机构表现出来。

（二）使用方法

（1）在使用扭力扳手时，先将受力棘爪连接好辅助配件（如内六角套筒、一字头、十字头、梅花头、标准头等），确保连接可靠。

(2)在加固扭力之前，拧动扭矩扳手手柄，按照标尺设定好需要加固的扭力值，并锁好紧锁装置，然后调整好方向转换钮到加力的方向。

(3)当拧紧螺纹紧固件时，手要把握住把手的有效范围，沿垂直于管身方向慢慢地加力，当若实际扭矩到达已设定时，扳手发出“咔嗒”报警响声，此时应立即停止扳动。

(4)为了使测量结果准确，使用扭力扳手时，应施加一个稳定力。

正确使用扭力扳手如图 5-4 所示。

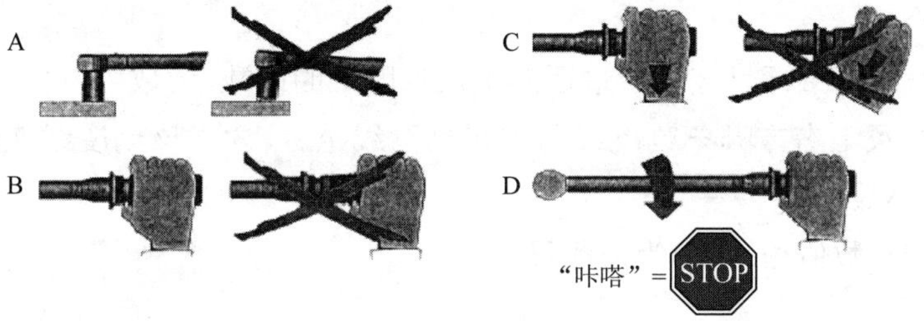

图 5-4　正确使用扭力扳手示意图

(三)使用注意事项

(1)扭力扳手是精密机械仪器，操作时应小心谨慎，不可突然施加作用力，否则会导致测量不准，甚至内部机构失灵。

(2)不能把扭力扳手当铁锤进行敲击，使用时应轻拿轻放，不可乱丢。

(3)出现故障时不能随意拆卸，需送计量部门进行维修和校准，确认其功能是否满足要求。

(4)不能超量程工作，当达到设定值和听到“咔嗒”报警响声后应停止加力。

(5)不可用异物堵塞，黏接，固定扭矩调节套筒或把手。

(6)在使用扭力扳手前应确认扭矩值设置是否正确，特别注意的是扭力扳手上往往会有多个扭力单位，要选择正确的扭力单位。

(7)需要定期送计量部门进行校准。

六、游标卡尺

(一)用途

游标卡尺是常用的高精度长度测量工具，可以使用它来测量零件的内径、外径、长度、深度等，如图 5-5 所示。

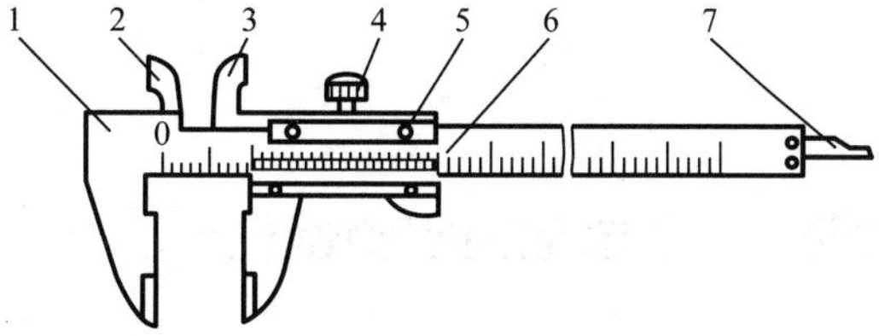

图 5-5　游标卡尺结构示意图

1- 尺身；2- 量爪；3- 游标量爪；4- 游框紧固螺钉；5- 游框；6- 游标；7- 测深直尺

(二)使用方法

(1)测量外尺寸时，应先把量爪张开得

比被测尺寸稍大，再把固定测量爪与被测表面靠上，然后慢慢推动尺框，使活动测量爪轻轻地接触被测表面，并稍微游动一下活动测量爪，以便找出最小尺寸部位，然后读数。

（2）测量内尺寸（内径）时，先将主尺上方量爪与孔壁接触好，再轻轻摇动和拉动游标，找出最大内径位置，并使之与孔壁接触好后读数。

（3）测量深度时，卡尺尾端端面与被测件的测量基准面贴合，向下推动测深直尺，使之轻轻接触被测底面，然后读数。测深直尺不能倾斜，否则影响测量精度。

（4）读数方法：

①先读出左边离游标尺零刻度最近的主尺刻度上的读数，读数可以精确到毫米。

②再看游标尺上右方哪条刻度线与主尺刻度线重合，读出该刻度线在游标上代表的数值，即为毫米后小数值。

③将整数和小数值相加，即为被测尺寸值。

（三）使用注意事项

（1）使用前应将卡尺擦拭干净，合拢卡尺量爪，调零。

（2）测量时与零件接触不要过松或过紧。

（3）如果读数不便时，可先用游框紧固螺钉将游框固定，再取下卡尺进行读数。

（4）测量时，手动推或拉力不宜过猛过大，否则会使游框摆动，影响测量精度。

（5）测量时，合理选用量爪形式和方法，被测量长度与卡尺的卡爪不得歪斜，否则会影响测量精度。

（6）应在足够光线下读数，并使卡尺处于水平位置，两眼的视线与卡尺的刻画线表面垂直，以减少读数误差。

（7）需要定期送计量部门检测，以保证其精确度。

（8）游标卡尺属于精密工具，使用时要小心轻放，不用时要平放回包装盒内，以免变形影响测量精度。

第二节　常用仪器仪表

一、蓄电池内阻测试仪

（一）用途

蓄电池内阻测试仪是电源屏电池检修所用仪器。

（二）测量方法

（1）首先将仪器和测试架放置于水平的工作台上。

（2）将测试接线端子插入仪器面板的插座上。

（3）将仪器电源线插入 220V/50Hz 的电源插座上。

（4）把电池的正极和负极分别用正极测试针与负极测试针上顶住，使电池的中心与测试针的中心保持一致，且电池与测试针正负极完全相接触。

（5）打开仪器的电源开关，显示屏读数会跳动数次，约 100ms 后其读数会自动稳定下来。

（6）根据所测电池内阻的大小按切换键，选择适当的量程（如量程太大或太小其读数都会不准确），记下其准确的读数。

（三）仪表维护

蓄电池内阻测试仪在使用一定时间后要送到专门的仪表检修所进行校验、检修，以保证数据准确，为了避免蓄电池内阻测试仪或被测电池受到损坏，请遵守以下注意事项：

（1）使用前，请先检查仪器的外壳是否有断裂或缺少配件。特别注意连接器附近的绝缘。

（2）检查测试针是否导通，如果测试针有损坏或断线现象，请更换后再使用仪器。

（3）两个测试针不得相接触，以防短路。

（4）切勿在爆炸性的气体、蒸汽、酸性环境或灰尘附近使用蓄电池内阻测试仪。

（5）测量时，电池的内阻和电压必须在仪器所测量的范围之内，否则读数不准，超过额定电压会烧坏仪器。

（6）通过测量已知电阻的方式确认仪器的工作正常。如果仪器工作不正常，按仪器说明书指定的方法进行校验，如仍有疑问，应把仪器送去维修。

（7）把连线端子插入仪器端口以前，应先将仪器的电源关闭。

二、万用表

（一）用途

万用表是信号设备维护检修及故障排查中最常用的仪表，它可以测量电路中的电压、电路，导体的电阻值，有些还可以测量频率、电容值、电感值、三极管的放大倍数 β 值、温度等。根据这些测试数值，可以方便判断电路特性、故障位置、元件质量。

万用表可以分为机械式万用表和数字式万用表。

（二）万用表的基本原理

万用表的基本原理是利用一只灵敏的磁电式直流电流表（微安表）做表头。当微小电流通过表头，就会有电流指示。但表头不能通过大电流，所以，必须在表头上并联与串联一些电阻进行分流或降压，从而测出电路中的电流、电压和电阻。下面以图 5-6 所示进行介绍。

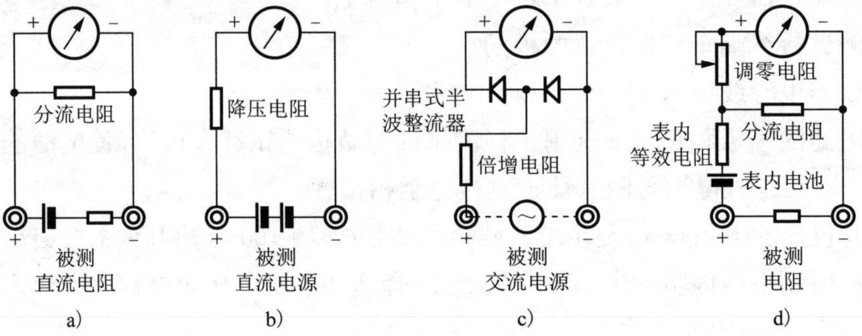

图 5-6　万用表测量示意图

1. 测直流电流原理

如图 5-6a）所示，在表头上并联一个适当的电阻（叫分流电阻）进行分流，就可以扩展电流量程。改变分流电阻的阻值，就能改变电流测量范围。

2. 测直流电压原理

如图 5-6b）所示，在表头上串联一个适当的电阻（叫倍增电阻）进行降压，就可以扩展电压量程。改变倍增电阻的阻值，就能改变电压的测量范围。

3. 测交流电压原理

如图 5-6c）所示，因为表头是直流表，所以测量交流时，需加装一个并、串式半波整流电路，将交流进行整流变成直流后再通过表头，这样就可以根据直流电的大小来测量交流电压。扩展交流电压量程的方法与直流电压量程相似。

4. 测电阻原理

如图 5-6d）所示，在表头上并联和串联适当的电阻，同时串接一节电池，使电流通过被测电阻，根据电流的大小，就可测量出电阻值。改变分流电阻的阻值，就能改变电阻的量程。

（三）指针式万用表的使用

万用表有很多种，现在最流行的有机械指针式的和数字式的万用表，它们各有优点。对于电子初学者，建议使用指针式万用表，因为它对我们熟悉一些电子知识原理很有帮助。下面介绍一些机械指针式万用表的原理和使用方法。

万用表（以 105 型为例）的表盘如图 5-7 所示。通过转换开关的旋钮来改变测量项目和测量量程。机械调零旋钮用来保持指针在静止时处在左零位。“Ω”调零旋钮是用来测量电阻时使指针对准右零位，以保证测量数值准确。

万用表的测量范围如下：

直流电压：分 5 挡——0 ～ 6V；0 ～ 30V；0 ～ 150V；0 ～ 300V；0 ～ 600V。

交流电压：分 5 挡——0 ～ 6V；0 ～ 30V；0 ～ 150V；0 ～ 300V；0 ～ 600V。

直流电流：分 3 挡——0 ～ 3mA；0 ～ 30mA；0 ～ 300mA。

电阻：分 5 挡——R×1；R×10；R×100；R×1k；R×10k。

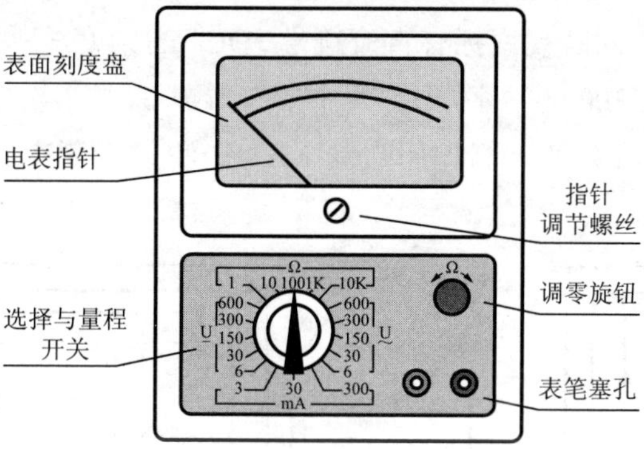

图 5-7　万用表

1. 测量电阻

先将表棒搭在一起短路，使指针向右偏转，随即调整“Ω”调零旋钮，使指针恰好指到 0。然后将两根表棒分别接触被测电阻（或电路）两端，读出指针在欧姆刻度线（第一条线）上的读数，再乘以该挡标的数字，就是所测电阻的阻值，如图 5-8 所示。例如用 R×100 挡测量电阻，指针指在 80，则所测得的电阻值为 80×100=8k。由于“Ω”刻度线左部读数较密，难于看准，所以测量时应选择适当的欧姆挡。使指针在刻度线的中部或右部，这样读数比较清楚准确。每次换挡，都应重新将两根表棒短接，重新调整指针到零位，才能测准。

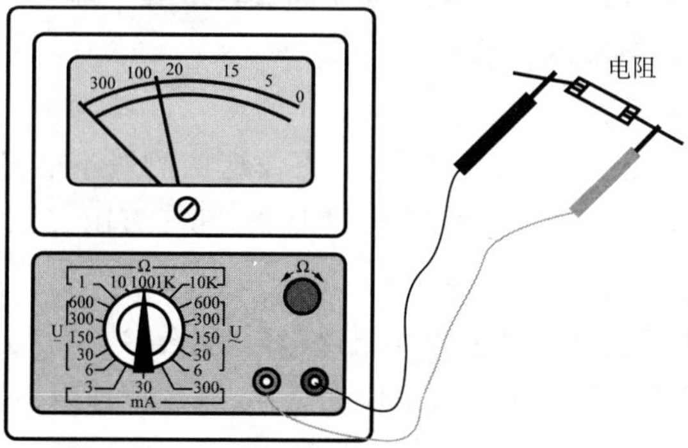

图 5-8　用万用表测电阻

2. 测量直流电压

首先估计一下被测电压的大小，然后将转换开关拨至适当的 V 量程，将正表棒接被测电压“+”端，负表棒接被测量电压“-”端。然后根据该挡量程数字与标直流符号“DC-”刻度线（第二条线）上的指针所指数字，来读出被测电压的大小，如图 5-9 所示。如用 V300 伏挡测量，可以直接读 0 ～ 300 的指示数值。如用 V30 伏挡测量，只需将刻度线上 300 这个数字去掉一个“0”，看成是 30，再依次把 200、100 等数字看成是 20、10，即可直接读出指针指示数值。例如用 V6 伏挡测量直流电压，指针指在 15，则所测得电压为 1.5V。

3. 测量直流电流

先估计一下被测电流的大小，然后将转换开关拨至合适的 mA 量程，再把万用表串接在电路中，如图 5-10 所示。同时观察标有直流符号“DC”的刻度线，如电流量程选在 3mA 挡，这时，应把表面刻度线上 300 的数字，去掉两个“0”，看成 3，又依次把 200、100 看成是 2、1，这样就可以读出被测电流数值。例如用直流 3mA 挡测量直流电流，指针在 100，则电流为 1mA。

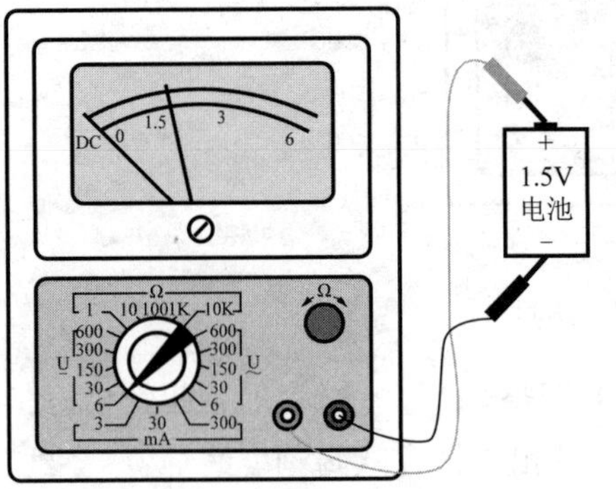

图 5-9　用万用表测电压

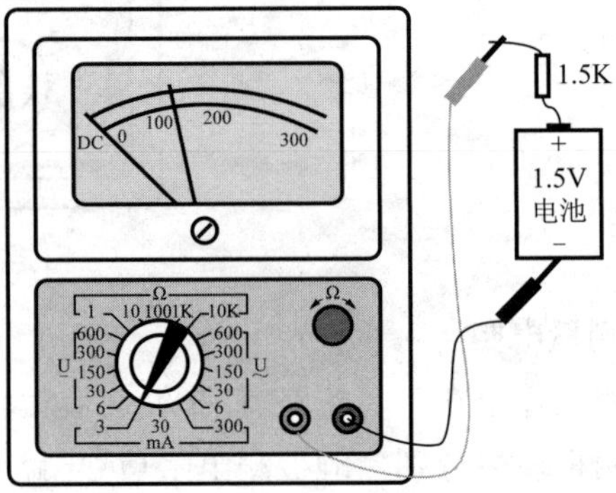

图 5-10　用万用表测电流

4. 测量交流电压

测交流电压的方法与测量直流电压相似，所不同的是因交流电没有正、负之分，所以测量交流时，表棒也就不需分正、负。读数方法与上述的测量直流电压的读法一样，只是数字应看标有交流符号“AC”的刻度线上的指针位置。

5. 使用万用表的注意事项

万用表是比较精密的仪器，如果使用不当，不仅造成测量不准确且极易损坏。但是，只要我们掌握万用表的使用方法和注意事项，谨慎从事，那么万用表就能经久耐用。使用万用表时应注意如下事项：

（1）测量电流与电压不能旋错挡位。如果误将电阻挡或电流挡去测电压，就极易烧坏电表。万用表不用时，最好将挡位旋至交流电压最高挡，避免因使用不当而损坏。

（2）测量直流电压和直流电流时，注意“+”“-”极性，不要接错。如发现指针开反转，应立即调换表棒，以免损坏指针及表头。

（3）如果不知道被测电压或电流的大小，应先用最高挡，而后再选用合适的挡位来测试，以免表针偏转过度而损坏表头。所选用的挡位愈靠近被测值，测量的数值就愈准确。

（4）测量电阻时，不要用手触及元件的裸体的两端（或两支表棒的金属部分），以免人体电阻与被测电阻并联，使测量结果不准确。

（5）测量电阻时，如将两支表棒短接，调“零欧姆”旋钮至最大，指针仍然达不到 0 点，这种现象通常是由于表内电池电压不足造成的，应换上新电池方能准确测量。

（6）万用表不用时，不要旋在电阻挡，因为内有电池，如不小心易使两根表棒相碰短路，不仅耗费电池，严重时甚至会损坏表头。

（四）数字式万用表

（1）基本功能：把被测的模拟量转化成数字量，并在数码管显示。

（2）主要结构：由直流数字电压表、模数转换器、发光二极管显示器或液晶显示器及保护电路等组成。

（3）使用注意事项：

①如果无法预先估计被测电压或电流的大小，则应先拨至最高量程挡测量一次，再视情况逐渐把量程减小到合适位置。测量完毕，应将量程开关拨到最高电压挡，并关闭电源。

②满量程时，仪表仅在最高位显示数字“1”，其他位均消失，这时应选择更高的量程。

③测量电压时，应将数字万用表与被测电路并联。测电流时应与被测电路串联，测直流量时不必考虑正、负极性。

④当误用交流电压挡去测量直流电压，或者误用直流电压挡去测量交流电压时，显示屏将显示“000”，或低位上的数字出现跳动。

⑤禁止在测量高电压（220V 以上）或大电流（0.5A 以上）时换量程，以防止产生电弧，烧毁开关触点。

⑥当显示“BATT”或“LOWBAT”时，表示电池电压低于工作电压。

⑦正确使用表笔接入电路或元件，接入时应避免与其他无关接点接触，防止导致损害电器或万用表。

⑧在读取测量值时，应稍等片刻，使读数趋于稳定时才读取。

⑨注意事项：当出现电池电量不足的提示，必须马上更换万用表电池，否则可能会出现测量结果不准确。

（4）万用表保养方法：

①万用表是精密仪器，使用时要小心轻防，注意避免雨淋和防潮，避免长期暴露在高温环境下。

②使用前一定要选择合适的量程，不要试图超量程测量。

③不要试图使用万用表测量带电电路的电阻值或测量电源的内阻值。

④万用表使用后，机械表要把量程选择高电压挡，数字表要关闭电源开关。长期不用的万用表需要把电池取出。

⑤万用表需要定期送计量部门检测，以保证其精确度。

三、兆欧表使用

兆欧表又称绝缘电阻摇表，是一种测量高电阻的仪表，经常用它测量电气设备或供电线路的对地绝缘电阻值。是一种可携带式的仪表，兆欧表的表盘刻度以兆欧（MΩ）为单位。

（一）兆欧表的选用

兆欧表的选用，主要是选择其电压及测量范围，高压电气设备需使用电压高的兆欧表。低压电气设备需使用电压低的兆欧表。一般选择原则是：500V 以下的电气设备选用 500 ～ 1000V 的兆欧表；瓷瓶、母线、刀闸应选用 2500V 以上的兆欧表。

兆欧表测量范围的选择原则是：要使测量范围适应被测绝缘电阻的数值，避免读数时产生较大的误差。如有些兆欧表的读数不是从零开始，而是从 1MΩ 或 2MΩ 开始。这种表就不适宜用于测定处在潮湿环境中的低压电气设备的绝缘电阻。因为这种设备的绝缘电阻有可能小于 1MΩ，使仪表得不到读数，容易误认为绝缘电阻为零，而得出错误结论。

电阻量程范围的选择。摇表的表盘刻度线上有两个小黑点，小黑点之间的区域为准确测量区域。所以在选表时应使被测设备的绝缘电阻值在准确测量区域内。

兆欧表在工作时，自身产生高电压，而测量对象又是电气设备，所以必须正确使用，否则就会造成人身或设备事故。

（二）兆欧表使用要做好以下各种准备

（1）测量前必须将被测设备电源切断，并对地短路放电，决不允许设备带电进行测量，以保证人身和设备的安全。

（2）对可能感应出高压电的设备，必须消除这种可能性后，才能进行测量。

（3）被测物表面要清洁，减少接触电阻，确保测量结果的正确性。

（4）测量前要检查兆欧表是否处于正常工作状态，主要检查其“0”和“∞”两点。即摇动手柄，使电机达到额定转速，兆欧表在短路时应指在“0”位置，开路时应指在“∞”位置。

（5）欧表引线应用多股软线，而且应有良好的绝缘。

（6）不能全部停电的双回架空线路和母线，在被测回路的感应电压超过 12 V 时，或当雷雨发生时的架空线路及与架空线路相连接的电气设备，禁止进行测量。

（7）兆欧表使用时应放在平稳、牢固的地方，且远离大的外电流导体和外磁场。

（三）使用兆欧表测量电阻时的步骤

（1）兆欧表的选择：主要是根据不同的电气设备选择兆欧表的电压及其测量范围。对于额定电压在 500V 以下的电气设备，应选用电压等级为 500V 或 1000V 的兆欧表；额定电压在 500V 以上的电气设备，应选用 1000 ～ 2500V 的兆欧表。

（2）测试前的准备：测量前将被测设备切断电源，并短路接地放电 3 ～ 5min，特别是电容量大的，更应充分放电以消除残余静电荷引起的误差，保证正确的测量结果以及人身和设备的安全；被测物表面应擦干净，绝缘物表面的污染、潮湿，对绝缘的影响较大，而测量的目的是为了解电气设备内部的绝缘性能，一般都要求测量前用干净的布或棉纱擦净被测物，否则达不到检查的目的。

(3)兆欧表在使用前应平稳放置在远离大电流导体和有外磁场的地方;测量前对兆欧表本身进行检查。开路检查,两根线不要绞在一起,将发电机摇动到额定转速,指针应指在"∞"位置。短路检查,将表笔短接,缓慢转动发电机手柄,看指针是否到"0"位置。若零位或无穷大达不到,说明兆欧表有问题,必须进行检修。

(4)接线:一般兆欧表上有三个接线柱,"L"表示"线"或"火线"接线柱;"E"表示"地"接线柱,"G"表示屏蔽接线柱。一般情况下"L"和"E"接线柱,用有足够绝缘强度的单相绝缘线将"L"和"E"分别接到被测物导体部分和被测物的外壳或其他导体部分(如测相间绝缘)。

(5)在特殊情况下,如被测物表面受到污染不能擦干净、空气太潮湿或者有外电磁场干扰等,就必须将"G"接线柱接到被测物的金属屏蔽保护环上,以消除表面漏流或干扰对测量结果的影响。

(6)测量:摇动发电机使转速达到额定转速(120r/min)并保持稳定。一般采用1min以后的读数为准,当被测物电容量较大时,应延长时间,以指针稳定不变时为准。

(7)拆线:在兆欧表没有停止转动和被测物没有放电以前,不能用手触及被测物或进行拆线工作,必须先将被测物对地短路放电,然后再停止兆欧表的转动,防止电容放电损坏兆欧表。

(8)测量电动机的绝缘电阻时,"E"端接电动机的外壳,"L"端接电动机的绕组。

(四)测量电缆的绝缘电阻时兆欧表使用方法

兆欧表有三个接线柱:一个为"L",一个为"E",还有一个为"G"(屏蔽),构造如图5-11所示。测量电力线路或照明线路的绝缘电阻时,"L"接被测线路上,"E"接地线。测量电缆的绝缘电阻时,为使测量结果精确,消除线芯绝缘层表面漏电所引起的测量误差,还应将"G"接到电缆的绝缘纸上。在测量时要注意以下几点:

(1)测量电气设备的绝缘电阻,必须先切断电源,遇到有电容性质的设备,例如电缆,线路必须先进行放电。

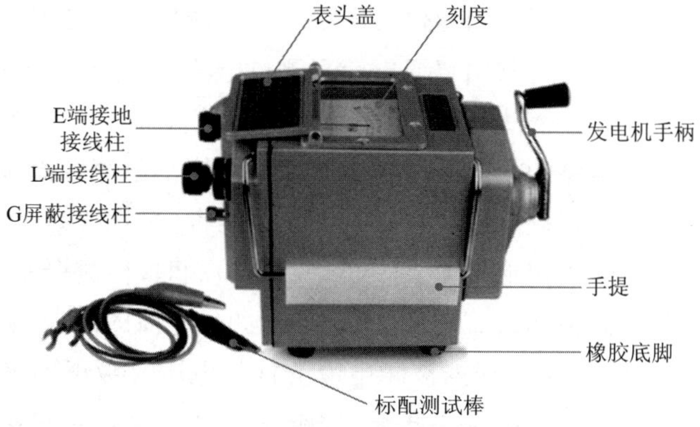

图5-11　兆欧表构造图

(2)兆欧表使用时,必须平放。

（3）兆欧表在使用之前要先转动几下，看看指针是否在最大处的位置，然后再将“L”和“E”两个接线柱短路，慢慢地转动兆欧表手柄，查看指针是否在“零”处。

（4）兆欧表引线必须绝缘良好，两根线不要绞在一起。

（5）兆欧表进行测量时，要以转动 1min 后的读数为准。

（6）在测量时，应使兆欧表转数达到 120r/min。

（7）兆欧表的量程往往达几千兆欧，最小刻度在 1MΩ 左右，因而不适合测量 100kΩ 以下的电阻。

（五）兆欧表使用注意事项

（1）禁止在雷电时或高压设备附近测绝缘电阻，只能在设备不带电，也没有感应电的情况下测量。

（2）摇测过程中，被测设备上不能有人工作。

（3）摇表线不能绞在一起，要分开。

（4）摇表未停止转动之前或被测设备未放电之前，严禁用手触及。拆线时，也不要触及引线的金属部分。

（5）测量结束时，对于大电容设备要放电。

（6）要定期校验其准确度。

四、数字钳表

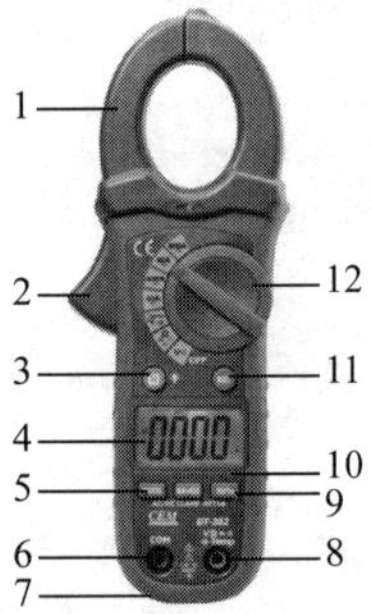

图 5-12　数字钳形表构造图

1- 感应电流钳夹；2- 钳头扳机；3- 数据保持和背光按键；4- 液晶显示屏；5- 模式选择按键；6-COM 端输入插孔；7- 电池门；8-VΩCAP TEMP 输入插孔；9- 最大值保持按键；10- 量程选择按键；11- 背光按键；12- 功能选择按键

钳表是一种用于测量正在运行的设备线路的电流大小的仪表，可在不断电的情况下测量电流，有些钳表还可以测试电压，可分为机械式和数字式。

钳表实质上是由一只电流互感器、钳形扳手和一只整流式磁电系有反作用力仪表所组成。构造如图 5-12 所示。

通常用普通电流表测量电流时，需要将电路切断后才能将电流表接入进行测量，使用钳形电流表就显得方便多了，可以在不切断电路的情况下来测量电流。用钳形电流表检测电流时，一定要夹住一根被测导线（电线）。夹住两根（平行线）则不能检测电流。另外，使用钳形电流表中心（铁心）检测时，检测误差小。用直流钳形电流表检测直流电流（DCA）时，如果电流的流向相反，则显示出负数。

（1）根据被测电流的种类电压等级正确选择钳形电流表，被测线路的电压要低于钳表的额定电压。测量高压线路的电流时，应选用与其电压等级相符的高压钳形电流表。低电压等级的钳形电流表只能测低压系统中的电流，不能测量高压系统中的电流。

(2)使用前要正确检查钳形电流表的外观情况，一定要检查表的绝缘性能是否良好，外壳应无破损，手柄应清洁干燥。若指针没在零位，应进行机械调零。钳形电流表的钳口应紧密接合，若指针抖晃，可重新开闭一次钳口，如果抖晃仍然存在，应仔细检查，注意清除钳口杂物、污垢，然后进行测量。

(3)由于钳形电流表要接触被测线路，所以钳形电流表不能测量裸导体的电流。用高压钳形表测量时，应由两人操作，测量时应戴绝缘手套，站在绝缘垫上，不得触及其他设备，以防止短路或接地。

(4)测量时，首先是在使用时应按紧扳手，使钳口张开，将被测导线放入钳口中央，然后松开扳手并使钳口闭合紧密。钳口的结合面如有杂声，应重新开合一次，仍有杂声，应处理结合面，以使读数准确。

(5)不可同时钳住两根导线。读数后，将钳口张开，将被测导线退出，将挡位置于电流高挡或OFF挡。其次要根据被测电流大小来选择合适的钳型电流表的量程。选择的量程应稍大于被测电流数值，若无法估计，为防止损坏钳形电流表，应从大量程开始测量，逐步变换挡位直至量程合适。

(6)严禁在测量进行过程中切换钳形电流表的挡位，换挡时应先将被测导线从钳口退出再更换挡位。当测量小于5A以下的电流时，为使读数更准确，在条件允许时，可将被测载流导线绕数圈后放入钳口进行测量。此时被测导线实际电流值应等于仪表读数值除以放入钳口的导线圈数。

(7)测量时应注意身体各部分与带电体保持安全距离，低压系统安全距离为0.1～0.3m。测量高压电缆各相电流时，电缆头线间距离应在300mm以上，且绝缘良好，待认为测量方便时，方能进行。

(8)观测表计时，要特别注意保持头部与带电部分的安全距离，人体任何部分与带电体的距离不得小于钳形表的整个长度。测量低压可熔保险器或水平排列低压母线电流时，应在测量前将各相可熔保险或母线用绝缘材料加以保护隔离，以免引起相间短路。当电缆有一相接地时，严禁测量，防止出现因电缆头的绝缘水平低发生对地击穿爆炸而危及人身安全。

(9)如果采用一般常见的磁电系钳形表测量时，指示值与被测量的实际值会有很大的出入，甚至没有指示，其原因是磁电系钳形表的表头与互感器二次线圈连接，表头电压是由二次线圈得到的。根据电磁感应原理可知，互感电动势为 $E_2 = 4.44fW\Phi m$，由公示不难看出，互感电动势的大小与频率成正比。当采用此种钳形表测量转子电流时，由于转子上的频率较低，表头上得到的电压将比测量同样工频电流时的电压小得多（因为这种表头是按交流50Hz的工频设计的）。有时电流很小，甚至不能使表头中的整流元件导通，所以钳形表没有指示，或指示值与实际值有很大出入。

(10)如果选用电磁系的钳形表，由于测量机构没有二次线圈与整流元件，被测电流产生的磁通通过表头，磁化表头的静、动铁片，使表头指针偏转，与被测电流的频率没有关系，所以能够正确指示出转子电流的数值。

五、测温设备

（一）用述

测温设备是对室内机柜板卡检修常用的仪表，用于测试板卡温度，往往用于测量环境温度和设备温度。测量环境温度可以监督和改善设备运行环境，提高设备使用寿命；测量设备、模块温度可以提前发现潜在的安全隐患和掌握系统部件老化情况。

（二）使用方法

1. 温度计

（1）可以用于测量环境温度或设备温度。测量设备温度需要直接接触测量目标。

（2）使用温度计时要注意温度计的量程，设备发热可能会超过温度计的量程，损坏温度计。

2. 红外测温仪

（1）红外测温仪是通过接收目标物体发射、反射和传导的能量来测量其表面温度。它可以远距离测量目标物体的温度，具有响应时间快、非接触、使用安全等优点。其构造如图 5-13 所示。

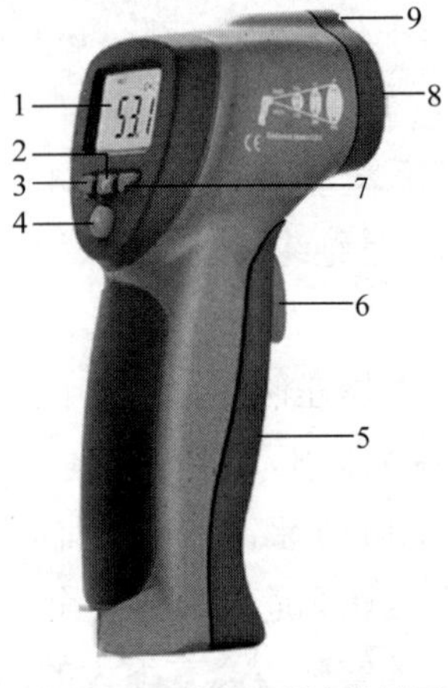

图 5-13　红外测温设备构造图

1-LCD 显示屏；2- 激光按钮；3-℃选择键；4- 背光源选择键；5- 电池盖；6- 测量扳机；7- ℉选择键；8- 红外线传感器；9- 激光瞄准器

（2）为了获得精确的温度读数，测温仪与测试目标之间的距离必须在合适的范围之内。

（3）如果长期不使用测温仪时，请将电池取出以免电池液漏出而损坏仪器。

（4）测温仪对环境温度和环境湿度比较敏感，请将测温仪放置在测量环境中 15min 后再使用。

3. 使用试温片测量某段时间内最大温度

（1）根据温度范围选择合适的试温片（若不能确定，可选择同时几种不同温度范围的）。

（2）停机断电，等待设备冷却后，把试温片平贴在目标元器件上。注意设备未冷却会烫伤手。

（3）开机。让机器较长时间工作后，停机，取出试温片读取测量数据。

第六章 搭建系统实验模拟平台

岗位应知应会

1. 掌握设备工作原理，会使用简单的器材搭建模拟平台。
2. 通过搭建的模拟平台实现模拟实验的效果。
3. 通过搭建正线联锁模拟平台，提高动手能力和综合思维能力。

重难点

重点：掌握平台搭建的原理。

难点：通过平台进行模拟实验。

第一节 平台搭建目的

（1）了解正线联锁设备的基本组成。

（2）了解正线联锁设备工作原理。

第二节 平台搭建设备连接图

设备连接图如图 6-1 ～图 6-3 所示。

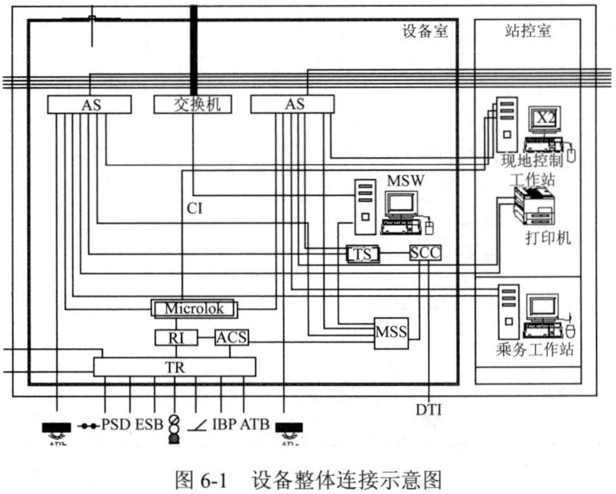

图 6-1 设备整体连接示意图

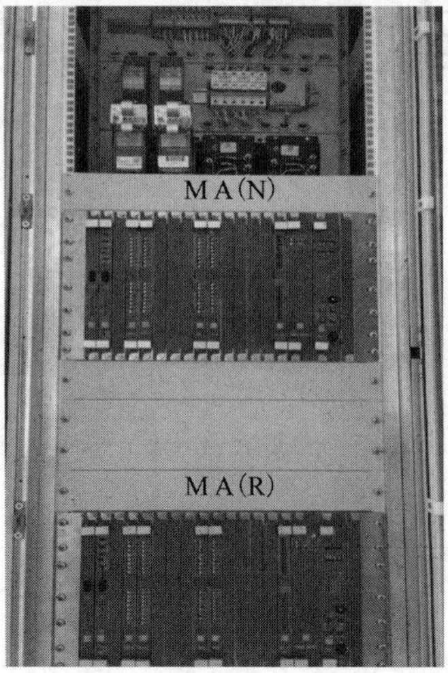

图 6-2　联锁机柜设备布置图

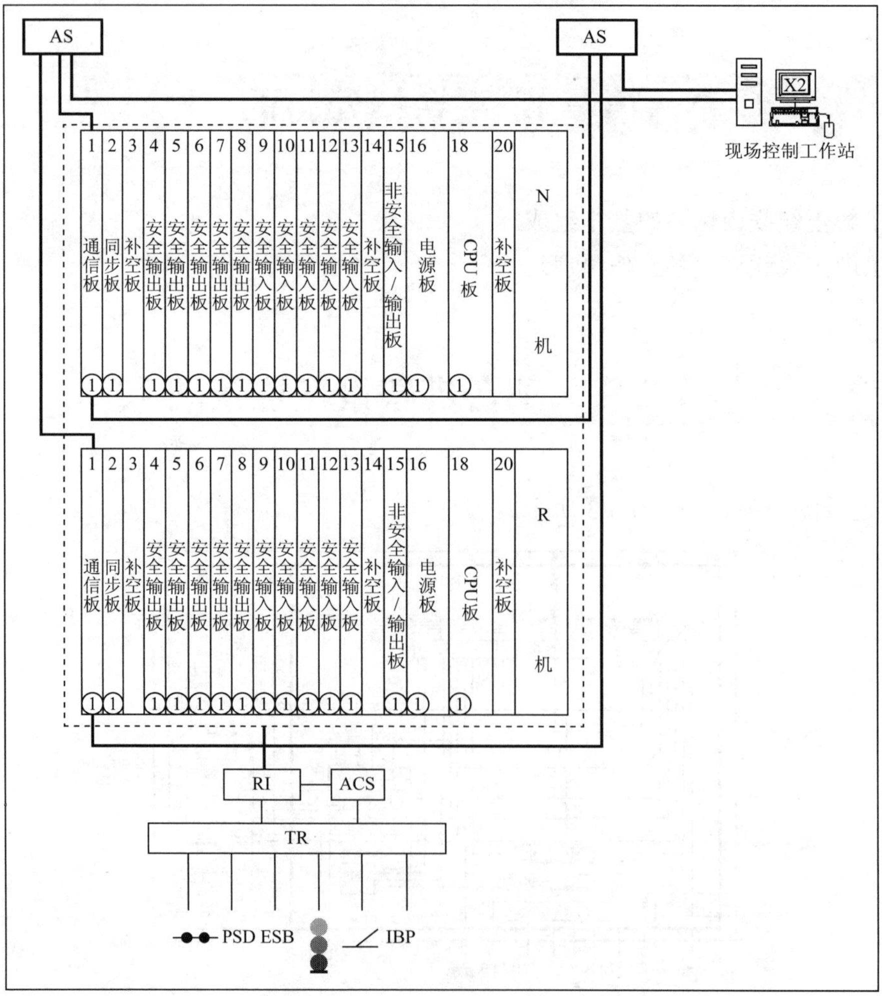

图 6-3　设备连接示意图

第三节 平台搭建所需设备

基于以下两个方面的考虑，电源系统模拟平台搭建不采用实际设备，而是采用卡片的形式进行搭建。

（1）采用实际设备搭建平台，成本较高。

（2）在搭建以及操作过程中，存在安全风险。

主要卡片数量如图 6-4 所示。

MA（N）								
通信板	热备板	IN16（16位输入板）	IN16（16位输入板）	OUT16（16位输出板）	OUT16（16位输出板）	IN32.OUT32（32位输入输出板）	电源板	CPU 板

注：R 机与 N 机配置一致。

图 6-4　卡片数量

第四节 平台搭建步骤

（1）在卡片上打印出设备的图形和名称代替实物。例如，在卡片上印上 IN16（16 位输入板）的图片，则该卡片代表 MLK 中 16 位输入板。

（2）用不同颜色的线，代表现场实际的连线。

（3）按照联锁系统设备实际连接图，将卡片连接起来。

（4）重点在于了解联锁系统的设备组成以及工作过程。

第七章　信号设备典型故障

岗位应知应会

1. 了解城市轨道交通信号系统重要设备的常见故障现象。
2. 了解城市轨道交通信号系统重要设备故障的处理方法。

重难点

重点：城市轨道交通信号系统重要设备的故障处理方法。

难点：城市轨道交通信号系统重要设备故障判断。

第一节　计轴设备典型故障

计轴设备的典型故障为计轴主机死机。

一、故障现象

泰雷兹计轴设备，多次出现多个联锁站计轴主机死机现象，造成整个联锁区红光带，严重影响行车效率。

二、故障原因

经过日志分析、现场测量和观察，造成计轴主机死机的主要原因有以下几点：

（1）设备投入运营前期，需要一定时间进入稳定期。

（2）现场环境条件太差，未打开通风系统，设备室温度过高，设备内部灰尘过多，造成计轴板卡温度过高。

（3）设备室接地线混乱，电源屏供电电源频率波动较大，计轴主机受到外界电磁干扰较大。

三、故障处理

（1）板卡温度过高，要求计轴厂家对计轴机柜散热系统进行改造，增大散热风扇功率。

（2）针对设备内部灰尘过多，要求计轴厂家对全线所有计轴主机内部进行清灰除尘工作。

（3）为排除外界电磁干扰，对计轴电源和设备地线加装抗干扰磁环。

四、故障总结

针对全线计轴主机死机故障，总结故障原因，安排维护人员对全线计轴机柜进行排查，主要工作有以下几点：

（1）按照检修规程，对全线计轴机柜内部板卡、部件进行清灰除尘。

（2）对全线设备接地端子排查紧固。

（3）对计轴机柜加装散热风扇。

（4）每日巡检人员测量记录设备室温度和计轴机柜内部温度。

第二节　联锁设备典型故障

联锁设备一种典型故障为联锁机不断重启。

一、故障现象

MLK 联锁设备多次出现重启，更换通信网线、CPU 板、热备板均未解决重启现象。

二、故障原因

经过日志分析、现场测量和观察，造成重启的主要原因有以下几点：

（1）设备调试完成后，未对联锁设备接线端子排查紧固。

（2）现场环境条件太差，设备内部灰尘过多。

（3）联锁设备供电电压虽在要求范围，但是比正常值偏低。

（4）设备投入运营前期，未完全进入稳定期。

三、故障处理

（1）针对个别接线端子有松动，对所有接线端子进行排查加固。

（2）针对设备内部灰尘过多，对联锁机内部所有板卡、部件清灰除尘。

（3）怀疑板卡机笼在运输过程中有损，更换机笼。

（4）针对供电电压偏低于正常值，在电源屏输出侧调高供电电压到正常值。

四、故障总结

针对联锁备机不断重启故障，总结故障原因，安排维护人员对全线联锁机进行排查，主要工作有以下几点：

（1）对全线联锁机柜内部板卡、部件进行清灰除尘。

（2）对全线设备接线端子排查加固。

（3）测量联锁机柜供电电压，确保在正常值范围。

第三节　车载设备典型故障

一、列车车地、两端 CC 通信延迟 / 中断

（一）故障现象

运营期间，出现屏蔽门无法联动开启、EB 触发；列车在折返站折返完成后，驾驶模式不可用。

（二）故障原因

列车出现车地、两端 CC 通信延迟 / 中断受通信板卡影响所致。

（三）故障处理

（1）直接 ping 对端，发现 A/B 网都是 12ms 延迟。

（2）检查该车两端机柜及 P1/P2 插头都已接地。随后检查车底列车连接线，相关人员拆除该车每个车钩连接处的接头，确认列车连接线正常，且接口已做屏蔽层，屏蔽层良好，通过 ping 对端问题依然存在，A/B 网都有 12ms 延迟。

（3）将正常车两端的通信板 1、2 换至故障车两端，ping 对端发现 B 网延迟在 2ms 左右，A 网仍然是 12ms 左右。随后恢复正常车通信板后在该车 ping 对端，B 网延迟 2ms 左右，A 网仍然是 12ms 左右。

（4）综上可以基本推断与列车线无直接关系，而受通信板卡自身影响。

（5）厂家通过更换新的通信板卡的方式排查故障，确保列车车地、两端 CC 通信正常。

二、列车加速度计自锁

（一）故障现象

运营期间，列车出现EB、定位丢失、列车停车不对标、模式不可用。

（二）故障原因

运营期间，如果冗余加速度计组合均处于锁闭状态，会导致定位丢失（无法定位），驾驶模式不可用。

（三）故障处理

在给定的时间内出现了大量传输失败，该数字加速度计（与PMC关联）将被锁定（涉及该加速度计的组合将失效，直到CC复位）。另外，CC通过对比加速度计组合确定加速度计的有效状态。一个加速度有效仅当其至少存在于一个有效的组合里，否则，该加速度计被视为无效。

加速度计出现锁闭，相关专业人员对加速度计进行了以下操作：

（1）检查出现加速度计锁定的故障车加速度计的安装，包括机笼和加速度计的螺钉、接线等。

（2）如果没有问题，进行手动加速度计校准。

（3）如果问题仍然存在，最后更换一个备用的加速度计。

（4）利用测试软件进行擦除，擦除操作为正常技能的运营维护工。

第四节　列车自动监控设备典型故障

一、故障现象

运营期间，列车通过某条进路后，进路未自动解锁，出现残留进路。

二、故障影响

故障发生时，在无车时及时重新排列进路取消进路，残留进路解锁，不影响运营。

三、处理过程

发现残留进路时，重新排列进路并取消后，残留进路解锁，恢复正常。

四、原因分析

经日志分析，发现为列车不确定度过大，导致系统无法判断列车是否出清，导致进路无法自动解锁所致，重新排列进路并取消后可解锁该进路。

五、采取措施

为了避免进路无法自动解锁导致影响后续列车通行的情况，在发生此类故障时，及时重新排列进路避免故障影响扩大化。

第五节　区域控制器典型故障

一、故障描述

某站区域控制器通信板多次在维护支持上显示红色报警，输出端口指示灯显示异常。

二、原因分析

通过分析日志，当 ZC-CIER 板在 FTM 工作站上显示为红色时，CIER 板和其他 ZC 以及联锁通信链路是连接的，ZC 也没有发生倒切。

通过更换以及对调板卡的排查结果看，在对调或更换硬件之前，都是 CIER1 出现故障；逐一对调或更换硬件，都没有出现某一硬件更换后故障转移的情况，故障板卡仍然为 CIER1；后期两个 CIER 板卡相继出现故障。

综上，从硬件排查结果看，故障并没有随着确定的某一硬件的对调或更换而发生转移；并且所有硬件对调或更换完以后，两个板卡都有故障发生，所以此故障并非设备硬件设备故障。

三、整改措施

（1）工作人员加强监控，一旦发现故障，安排人员进行现场值守，并做好更换重启操作记录。

（2）ZC 更换或对调的板卡不再进行恢复，工作人员做好设备台账更新；专业工程师做好数据和操作记录，定期进行分析。

第六节　电源系统故障案例

一、故障现象

检修时发现 UPS 工作指示灯正常，有一个风扇不转，按照检修步骤将 UPS 转至静态旁路，约 10s 后，UPS 故障灯亮、负载指示灯三级负载指示灯绿闪，电源屏监控单元显示 UPS 输出过载。

二、故障原因

（1）电源屏监控单元显示 UPS 输出过载，但断开电源屏负载故障仍未消失，故电源屏监控单元显示的报警信息有误，无法依据此报警信息判断 UPS 故障原因。

（2）型号为 5kV·A 的 UPS 为整机件，无法进行现场拆解判断并处理故障，需更换整机处理。

（3）更换整机后，将故障设备分析处理后发现为风扇故障所致。

三、故障处理

（1）故障发生后，将 UPS 转换到市电逆变工作模式，报警未消失，随后又进行了一次模式转换故障未消失，根据电源屏显示的 UPS 报警信息输出过载，逐步断开电源屏输出，故障仍未消除。

（2）经分析，考虑此故障对 UPS 内部有影响，如采用市电逆变工作，可能会发生逆变等元器件损坏，造成 UPS 损坏无法转静态旁路，造成信号设备断电情况，因此当日将 UPS 转至静态旁路工作。

（3）次日经过各种模式的试验验证后，UPS 除告警显示之外其他工作状态均正常，处理后在市电逆变(正常模式)下工作。

(4)经更换整机备件后,故障恢复。

四、故障总结

(1)在检修前发现UPS一个风扇不转,现无法判断风扇是当天还是前期坏,建议工班在以后的日巡检中,仔细检查、认真负责,每个设备都要检查到位。

(2)UPS虽报警,但各种工作模式可正常转换,设备没有其他异常,在当天无法修复的情况下,应将UPS放到市电逆变模式,不宜采用旁路模式,采用旁路模式易造成外电电源切换设备断电的严重后果。

(3)应准备充足的5kV·A UPS备件。

第七节　50Hz相敏轨道电路故障案例

一、故障现象

某入段信号机进路开放情况下突变灭灯。技术人员排查发现进路内方3DG区段回流轨接续线螺帽松动,重新紧固接续线后设备恢复正常。

二、故障原因

(1)雨雪导致道床电阻下降,钢轨漏流增大,进而导致轨道电压下降。

(2)钢轨接头处生锈,严重导致钢轨阻抗过大。

(3)施工单位安装时未将回流线(在轨道电路区段,接触网将电流供给列车使用后,经过钢轨回流;为保证在钢轨接头处的不间断回流设置回流线)与钢轨连接螺栓紧固到位。

(4)列车碾压钢轨共振导致螺栓松动。

(5)塞钉头松动,钢轨阻抗增大,导致轨道电路电压降低、波动甚至产生红光带。

三、故障处理

(1)现场紧固回流线安装螺栓,达到标准扭矩。

(2)现场巡视排除其他影响轨道电路设备正常运行的因素。

(3)查看并将轨道电路电压调整到正常范围之内。

四、故障总结

（1）负责回流线检修相关专业的要定期检查钢轨回流线是否接触良好，发现异常及时处理。

（2）信号专业人员加强巡视，发现异常及时组织排查。

（3）发生故障时，信号专业人员及时通知相关专接口专业共同查找故障点。

第八节 ZD6 转辙机故障案例

一、故障现象

某双动 1/3 号道岔多次出现失表。

二、故障原因

（1）近段时间气温变化较大；3 次道岔故障均发生在晚高峰发车时间，且事发时气温均较高，现场设备温度上升，导致 1 号定转反密贴过紧，道岔空转， 1 号转换不到底致使 3 号无法转动。

（2）1 号反位尖轨与基本轨前密后不密；尖端杆与第一连接杆密贴，第一连接杆后尖轨与基本轨缝隙较大，虽经过工信联调（轨道专业技术人员与信号专业技术人员共同处理调整现场设备），情况有所改善，但未最终消除。

（3）3 号第一块滑床板不在一个水平面，导致道岔转换时阻力大。

三、故障处理

（1）会同相关专业做好道岔联调工作。

（2）密切关注 1/3 号道岔运行情况；连续两周每天晚高峰前一小时联系信号楼值班员对 1/3 号道岔单操试验，查看分析其动作曲线。

（3）汇总全部道岔设备进行排查尖轨前密后不密情况，逐一通过工信联调解决。

（4）组织班组召开专题学习讨论会，共同学习事件经过，共同对此次故障讨论分析，为以后处理此类故障打下扎实基础。

四、故障总结

（1）施工安装阶段，转辙机在轨道设备未精调或工况较差的情况下安装，导致安装装置不方正，轨道与转辙机之间相互影响，最后形成病害道岔，给后期维护造成较大困难。

（2）安排人员在施工阶段介入，跟工中发现各类问题，并及时解决，会给后期设备维护提供极大的便利。

第九节　ZDJ9 转辙机故障案例

一、故障现象

某站道岔 W0402/W0404 失去表示，转辙机控制电路中当道岔转换条件满足时 2DQJ 未进行转极；道岔手摇至定位进行人工钩锁时，道岔自动转至反位。

二、故障原因

（1）电阻电路板烤焦：QDJ 电容极性接反，电容爆裂，2DQJ 不转极，1DQJ 吸起时，把 380V 电源送入了道岔表示回路，导致电阻电路板烤焦，电阻底座熔化。烤焦电路板图片如图 7-1 所示。

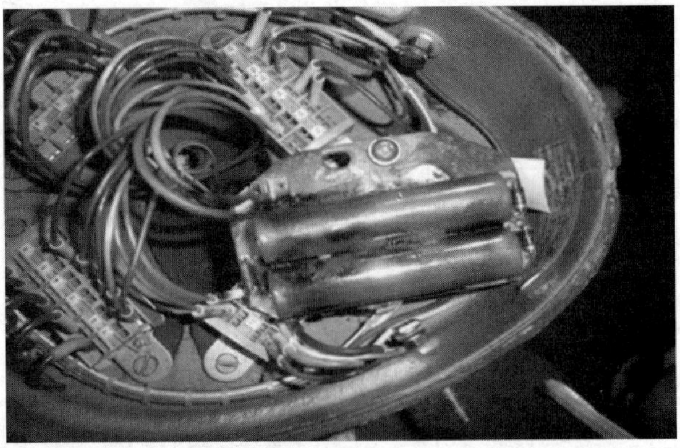

图 7-1　电阻电路板

（2）KF24V 和 KZ24V 接地及计轴红光带：由于 Z2 组合柜的 402-3 内部配线中发现芯线被螺钉拧在了组合柜外壳上，和线缆接头与屏蔽层接触了，照片如图 7-2 所示。

（3）转辙机 2DQJ 不转极：原因不明。

(4)手摇道岔转辙机回转：可能的原因是，道岔处于反位时，FBJ 吸起，当手摇道岔时，切断了道岔表示回路 FBJ 落下，导致 FCJ 吸起，当手摇道岔至定位，由于 2DQJ 始终处于向反位操纵的位置，转辙机刚转极时，使得反位操纵电路连通，在两相电的情况下，转辙机回转到了反位。

(5)转辙机 A 机动作杆向反位转动了约 35mm：可能的原因是，当电源由断电恢复为有电时，A 机的 1DQJ 因为 402-3 接地而吸起，A 机得到 380V 电源开始动作，由于没有操作命令，B 机不会动作，导致 QDJ 落下，切断了 1DQJ 的自闭电路，因此 A 机转动到 2DQJ 转极后停止转动。

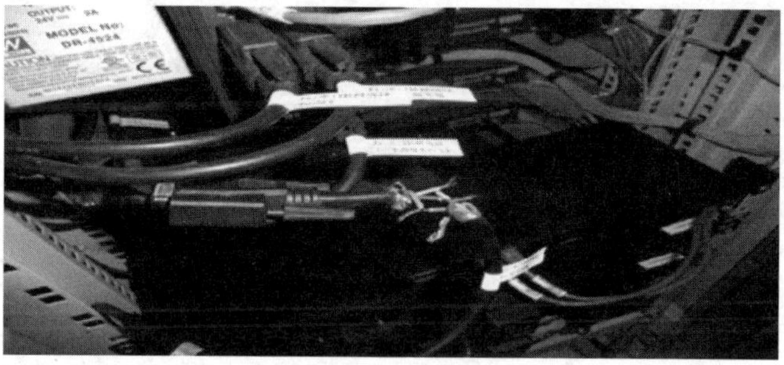

图 7-2 线缆破损图片

三、故障处理

查看了转辙机的 DCJ 处于吸起状态，到室外打开了箱盒和转辙机，发现转辙机的四台转辙机箱盒内电阻电路板烤焦，其中转辙机的 A 机(和室内连接的第一台转辙机)电阻电路板电路烧断，固定电阻的塑料底座熔化，测试了转辙机绝缘、电压、电流等参数均未出现异常。

因该双动道岔在前几天也出现过失去表示的情况，怀疑电阻是逐渐被烤焦的，因此还到北客站相同的双动道岔查看了转辙机及箱盒，未发现异常。更换了转辙机 A 机的电路板及电阻，道岔恢复正常，道岔定反位表示恢复。将道岔由反位手摇到定位，当转辙机被摇到定位刚转极时，道岔回转到了反位。初步分析原因：电阻可能是因为 2DQJ 不转极，发布了道岔操作命令后，1DQJ 吸起，把 380V 电压送入了道岔表示回路里的电阻两端，导致电阻发热烤焦了电路板，熔化了电阻底座。

根据工作人员记录，继续排查故障的过程中出现转辙机 A 机的 QDJ 的电容爆裂，正负极接反，更换电容；由于 380V 电源送入道岔表示回路，把 2DQJ 的电源断掉，室外转辙机箱盒内的电阻，温度急剧上升到手指承受不了的温度，至此发现了电阻电路板被烤焦的原因。

四、故障总结

检修人员检修作业重点关注，一旦发现故障隐患立即安排人员进行处理，并做好现场记录。

第十节 LED信号机故障案例

一、故障现象

信号机红灯灯丝断丝报警。

二、故障原因

（1）在室内测试发现红灯点灯电流75mA，低于该等位灯丝断丝报警下门限电流。

（2）室外检查信号机红灯发光盘发现发光二极管损坏数目超过30%。

三、故障处理

（1）测量红灯工作电流，该数值低于该灯位灯丝断丝报警下门限电流。

（2）到室外检查信号机红灯发光盘，发现发光二极管损坏数目超过30%。

（3）更换红灯发光盘。

（4）室内复位灯丝报警仪报警按钮，测试红灯工作电流是否为（105±5）mA，查看灯丝断丝报警下门限电流。

（5）试验灯丝断丝报警测试，断开发光盘点灯电路中25%的发光二极管是否产生灯丝断丝报警，如果产生则需要在室内调整灯丝断丝报警下门限电流。

（6）组织班组召开专题学习讨论会，共同学习事件经过，共同对此次故障讨论分析，为以后处理此类故障打下扎实基础。

四、故障总结

检修人员检修作业重点检查项目，一旦发现故障隐患立即安排人员进行处理，并做好现场记录。

第十一节 DCS设备故障案例

常见故障现象：部分设备掉线，使用ping命令查看网络显示链接超时，无法使用Telnet远程登录,无法进行远程终端操控。DCS 网管终端有相应报警或 DCS 网管终端无法正常监测。

一、硬件故障

(一)网线故障

原因分析:因网线弯折程度过大或物理损伤导致网线不通。

处理方法:使用 ping 命令,对各级终端进行分段排查,查询到故障网线后更换网线或重做水晶头(以常用 568B 标准为例)。

准备工作:工器具及材料准备包括网线、网线钳、网线测试仪、水晶头,如图 7-3 所示。

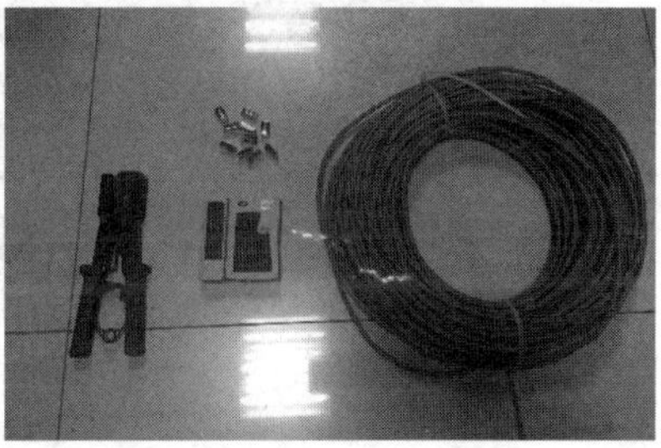

图 7-3 工器具及材料准备

工器具如不会使用,请参考图 7-4。

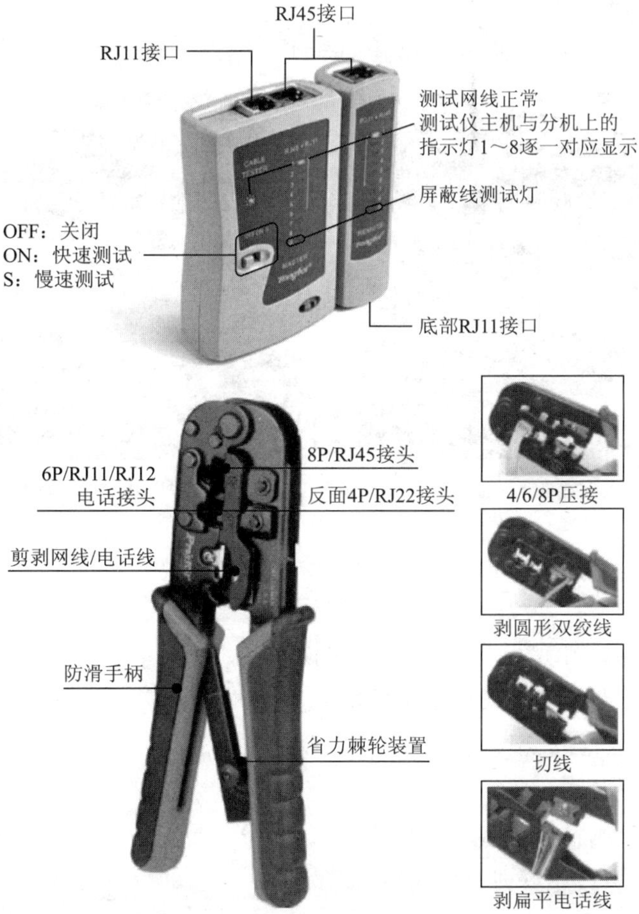

图 7-4 工器具的使用说明

网线制作：剥线并排线。线序：橙白、橙、绿白、蓝、蓝白、绿、棕白、棕，如图 7-5 和图 7-6 所示。

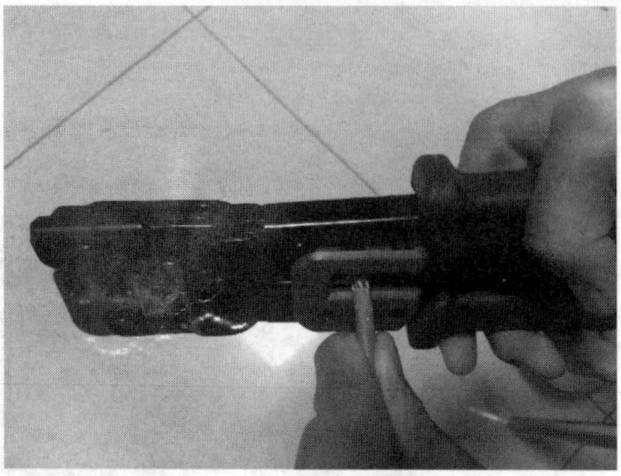
图 7-5　剥线

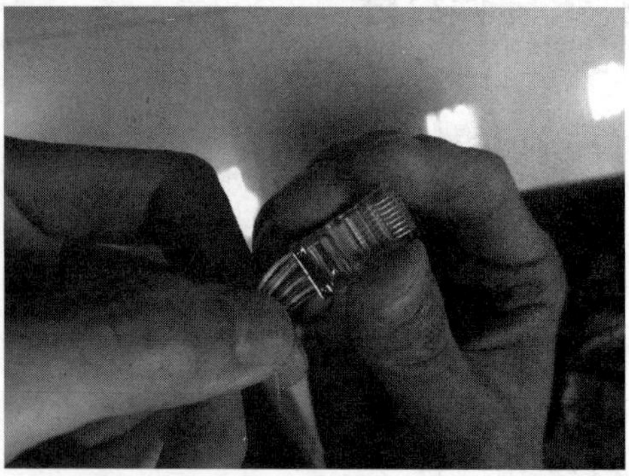
图 7-6　排线

按照顺序排好后将线头剪齐，建议留下 1 ～ 1.5cm，然后将网线平整地插入水晶头（图 7-7）。

用网线钳把弹簧片压紧。

用网线测试仪测试网线，两端灯位显示互相对应表示网线正常（图 7-8）。

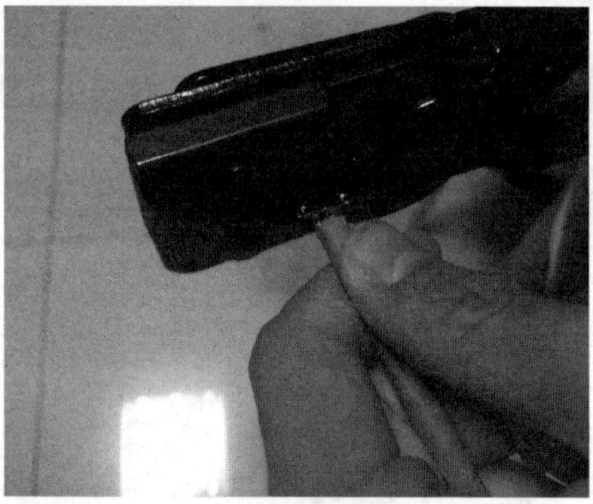
图 7-7　网线插入水晶头

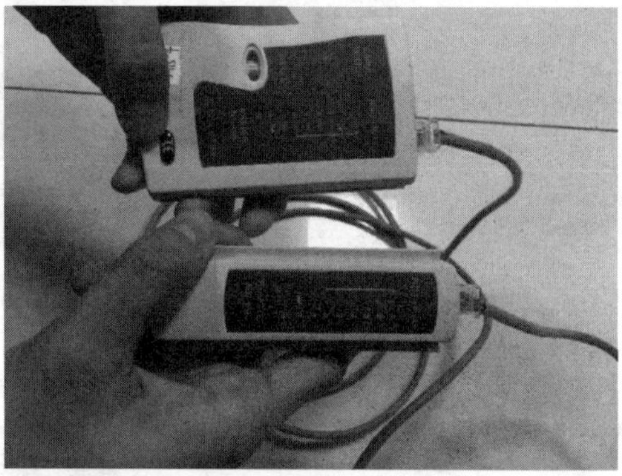
图 7-8　网络测试仪测试网线

（二）光衰过大

原因分析：光路受到污染或光纤、光模块损坏。

处理方法：清理光路节点或更换光模块。

工器具及材料准备：酒精、棉签、相应光模块、尾纤若干。

（1）将光路按照节点分段。

（2）用棉签蘸上酒精擦拭各节点接头。

（3）如未恢复，更换尾纤或光模块。

（4）如未恢复，切换至备用光路。

（三）交换机故障

原因分析：交换机风扇、板卡等零部件损坏导致交换机无法正常使用。

处理方法：更换交换机（以光口交换机为例）。

工机具及材料准备：螺丝刀、笔记本电脑、交换机 Console 口连接线、网口转串口连接线、交换机备件（预先配置完毕）、相应光模块、尾纤若干、光纤头防护帽若干。

（1）切断电源。

（2）更换前将故障交换机上所有光纤如图 7-9 编号（包括 25、26 口连接骨干交换机的光纤），方便更换后按原位置插入新交换机。之后拔下所有光纤并套上光纤头防护帽，防止误碰。

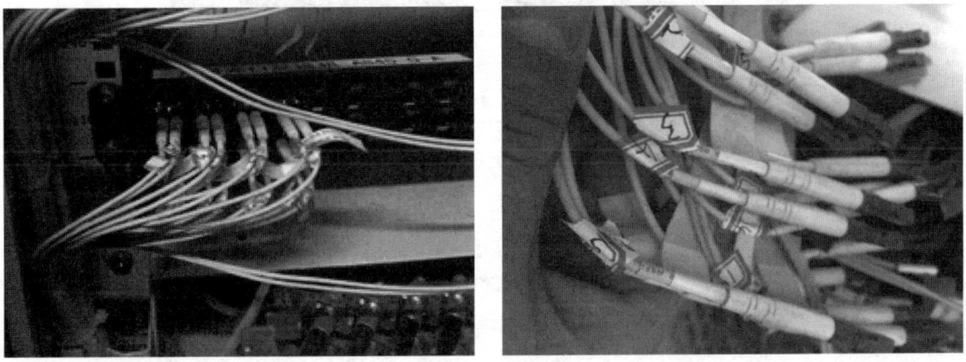

图 7-9　将光纤编号

（3）拔出故障交换机上的光模块，直接按原位置插入新交换机内，如图 7-10 所示。

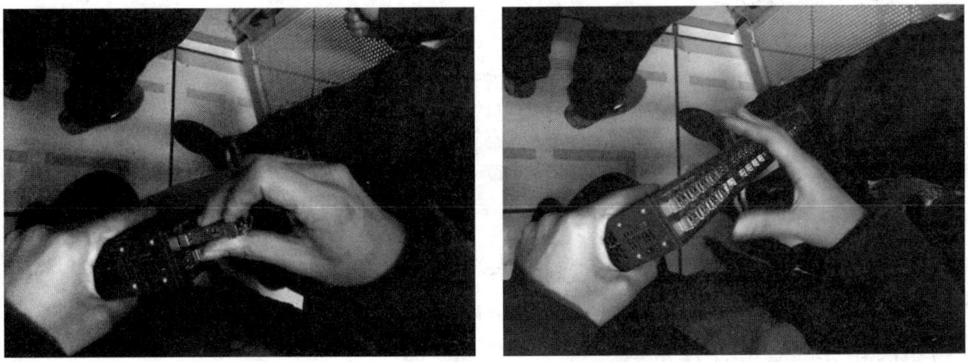

图 7-10　光模块插入新交换机

（4）拆下故障交换机并安装新交换机。

（5）按第（2）步骤的光纤编号，将光纤按顺序插入新交换机内。

（6）至此光交换机更换完毕。

（7）使用笔记本电脑通过 Console 口登录交换机，通过 ping、Telnet、display current-configuration 等命令确认交换机工作正常，如图 7-11 所示。

图 7-11　登录交换机

二、软件故障

（一）网管显示设备正常但无法控制无线终端

原因分析：无线终端软件卡滞，无法正常工作。

处理方法：通过网管终端使用 Telnet 远程登录无线控制终端，输入 reset wlan ap name ap5104-b（重启远程终端 ap5104-b）。

（二）交换机软件故障

原因分析：交换机软件受扰报错或配置错误导致无法正常工作。

处理方法：修改错误配置或重新配置交换机。

工器具及材料准备：笔记本电脑（存有交换机配置备份）、交换机 Console 口接线、网口转串口连接线。

（1）使用笔记本电脑通过 Console 口登录交换机。

（2）对比现有配置与备份配置。

（3）更改错误配置并保存重启。

第十二节　线路控制器设备故障案例

线路控制器的硬件故障不多，一般为风扇故障，下面针对浙江众合科技的 FRONTAM

和卡斯柯的 LC 设备的风扇故障处理方法进行举例说明。

一、FRONTAM 设备风扇故障的维护步骤

若 FRONTAM 单风扇故障后，不影响设备经常使用，但如果在现场维护工作中发现有损坏的风扇，则必须在非运营时段及时更换，步骤如下：

（1）打开机柜的背板。

（2）端开风扇架背部的电源线。

（3）在前面板处打开风扇架。

（4）卸下 230V 风扇架上四个固定螺钉。

（5）拉出故障的风扇架。

（6）换上备用的风扇架。

（7）连接风扇架背部的电源线。

（8）检查风扇架是否正常工作。

（9）将四个紧固螺钉在风扇机架上旋紧。检查运行是否正常。

（10）检查没有工具遗留在机柜内。

（11）关闭机柜的前门。

（12）关闭机柜的后门。

二、LC 设备常见故障的维护步骤

（一）ID 插头纠正性维护

故障现象：冗余管理单元板上显示故障代码为 X808。

原因分析：对应通道的 ID plug 没有插好或 ID plug 故障，需要进行更换，更换前确认烧入正确的程序。

处理步骤：

（1）更换故障通道的 ID 插头前，应检查 2oo3 平台故障通道之外的两个通道是否正常工作，如果要更换通道 A 的 ID 插头，通过观察通道 B 和 C 的 REDMAN 板卡上的 LED FIE 和 FI 是否亮灯，来判断道 B 和 C 是否工作正常。

（2）戴上防静电手腕，把故障 ID 插头所对应的通道 A（B 或 C）的开关迅速拧至 OFF 位，关闭通道 A（B 或 C）。

（3）用螺丝刀卸除故障通道的 ID 插头。

（4）用螺丝刀装入备用的 ID 插头（需确认此 ID 插头中已正确地烧录了对应的通道的数据）。

（5）把通道 A（B 或 C）的开关迅速拧至 ON 位，重启通道 A（B 或 C）。

（6）维护后检查，重启通道 A（B 或 C）3min 之后，检查各通道工作正常。

（二）USB 卡纠正性维护

故障现象：冗余管理单元板上显示故障代码为 x903。

原因分析：对应通道的 USB 没有插好或 USB 故障，需要进行更换，更换前确认烧入正确的程序。

处理步骤：

（1）更换故障通道的 USB 卡之前，应检查 2oo3 平台故障通道之外的两个通道是否正常工作，如果要更换通道 A，通过观察通道 B 和 C 的 REDMAN 板卡上的 LED FIE 和 FI 是否亮灯，来判断通道 B 和 C 是否工作正常。

（2）把故障的通道 A（B 或 C）的开关迅速拧至 OFF 位，关闭通道 A（B 或 C）。

（3）移除故障的 USB 卡并插入备用的 U 盘（需确认已烧录相应通道的软件和数据）。

（4）把通道 A（B 或 C）的开关迅速拧至 ON 位，重启通道 A（B 或 C）。

（5）维护后检查，重启通道 A（B 或 C）3min 之后，检查各通道工作正常。

结 束 语

随着城市化的不断发展，城市轨道交通以其运量大、速度快、安全可靠、准点舒适的技术优势在各国地区已经成为主要的城市交通工具。信号系统是城市轨道交通的重要控制部分，是保障行车安全和行车效率的关键设备，该系统及设备状态的好坏对行车安全、乘客服务有着直接的影响。随着地铁开通线路的不断增多，信号专业的新工艺、新技术在不断地更新与运用，信号系统控制技术的多样性和复杂性也越来越多，因而对信号维护人员的技能提出了严峻的考验。本书涵盖内容只是信号系统发展的一角缩影，信号维护人员应立足自我，坚持博采众长，不断借鉴、消化、吸收先进的工艺与技术，才能保障信号系统的安全、稳定、可靠运行。

由于编者水平水平有限，书中有错误和疏漏之处，欢迎读者朋友及同仁批评指正。

附录 信号专业考核大纲

分类	章	节	考核内容	掌握程度	考核形式
基础知识篇	一	一	轨道交通信号系统概述	了解	笔试
		二	城市轨道交通信号系统功能及其实现	了解	笔试
		三	我国城市轨道交通信号技术的发展趋势	掌握	笔试
		四	城市轨道交通信号系统主要技术标准	了解	笔试
	二	一	电源设备	掌握	笔试
		二	联锁设备	掌握	笔试
		三	列车位置检测设备	掌握	笔试
		四	转辙机	掌握	笔试
		五	信号机	掌握	笔试
		六	车载信号设备	了解	笔试
		七	列车自动监控设备	掌握	笔试
		八	数据传输设备	熟悉	笔试
		九	区域控制器	掌握	笔试
		十	线路控制器	掌握	笔试
		十一	维护支持设备	掌握	笔试
实务篇	三	一	电源设备维护	掌握	笔试＋实操
		二	联锁设备维护	熟悉	实操
		三	列车位置检测设备维护	熟悉	实操
		四	转辙机维护	掌握	实操
		五	信号机维护	掌握	实操
		六	车载设备维护	掌握	笔试＋实操
		七	列车自动监控设备维护	掌握	笔试＋实操
		八	数据传输设备维护	掌握	实操
		九	区域控制器维护	掌握	笔试＋实操
		十	线路控制器维护	掌握	实操
		十一	维护支持设备维护	掌握	笔试＋实操
	四	一	电源设备常见故障及处理方法	掌握	笔试＋实操
		二	联锁设备常见故障及处理方法	了解	笔试
		三	列车位置检测设备常见故障及处理方法	了解	笔试

续上表

分类	章	节	考核内容	掌握程度	考核形式
实务篇	四	四	转辙机常见故障及处理方法	掌握	实操
		五	信号机灯丝断丝报警故障及处理方法	掌握	实操
		六	车载设备常见故障及处理方法	了解	笔试+实操
		七	列车自动监控设备常见故障及处理方法	熟悉	笔试
		八	数据传输设备常见故障及处理方法	掌握	实操
		九	区域控制器常见故障及处理方法	了解	笔试+实操
		十	维护支持设备常见故障及处理方法	熟悉	笔试
	五	一	常用维修工具	掌握	笔试
		二	常用仪器仪表	掌握	笔试
	六	一	平台搭建目的	掌握	实操
		二	平台搭建设备连接图	掌握	实操
		三	平台搭建所需设备	掌握	实操
		四	平台搭建步骤	掌握	实操
	七	一	计轴设备典型故障	了解	笔试
		二	联锁设备典型故障	了解	笔试
		三	车载设备典型故障	熟悉	笔试+实操
		四	列车自动监控设备典型故障	了解	笔试
		五	区域控制器典型故障	了解	笔试
		六	电源系统故障案例	熟悉	笔试
		七	50Hz 相敏轨道电路故障案例	熟悉	笔试
		八	ZD6 转辙机故障案例	熟悉	实操
		九	ZDJ9 转辙机故障案例	熟悉	实操
		十	LED 信号机故障案例	熟悉	实操
		十一	DCS 设备故障案例	熟悉	实操
		十二	线路控制器设备故障案例	熟悉	实操

参考文献

[1] 赵志熙 . 计算机联锁系统技术[M]. 北京：中国铁道出版社，2012.

[2] 上海申通地铁集团有限公司，轨道交通培训中心 . 城市轨道交通信号技术［M]. 北京：中国铁道出版社，2012.

[3] 王青林 . 城市轨道交通通信与信号系统[M]. 北京：人民交通出版社，2012.

[4] 付兵，廖理明 . 城市轨道交通 CBTC 信号系统[M]. 成都：西南交通大学出版社，2016.

[5] 何宗华 . 城市轨道交通通信信号系统运行与维护［M]. 北京：中国建筑工业出版社，2007.

[6] 林瑜筠，魏艳，赵炜 . 城市轨道交通信号基础设备[M]. 北京：中国铁道出版社，2012.

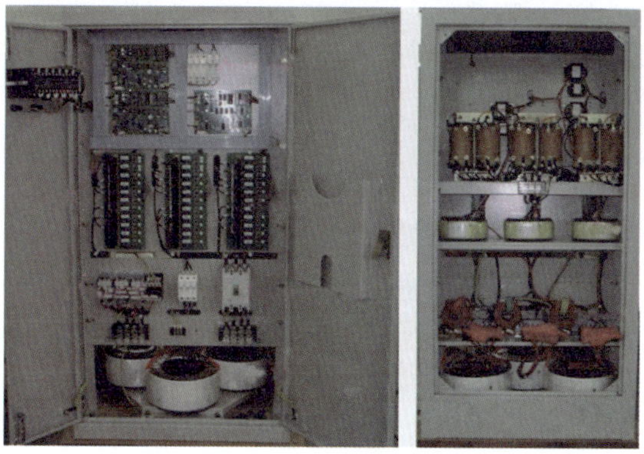

图 2-8　稳压器

图 2-12　MicroLok II 联锁机笼

图 2-17　AzLM 计轴系统室内机柜图

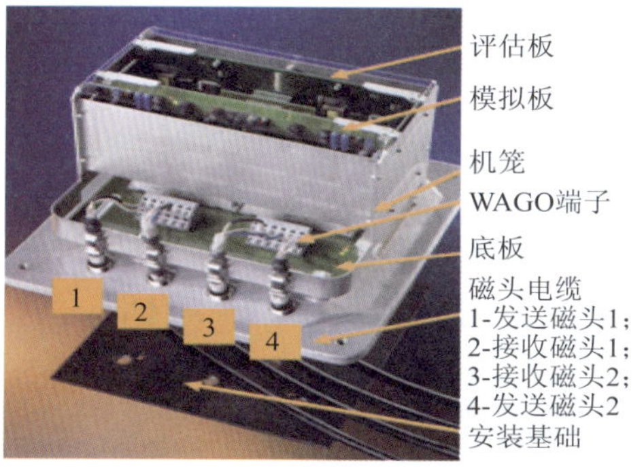

图 2-19　AzLM 计轴系统室外电子盒

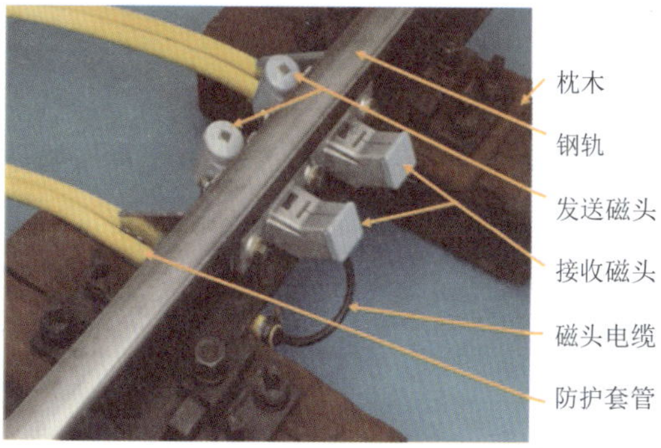

图 2-20　AzLM 计轴系统室外磁头

图 2-26　ZD6 型转辙机现场安装图

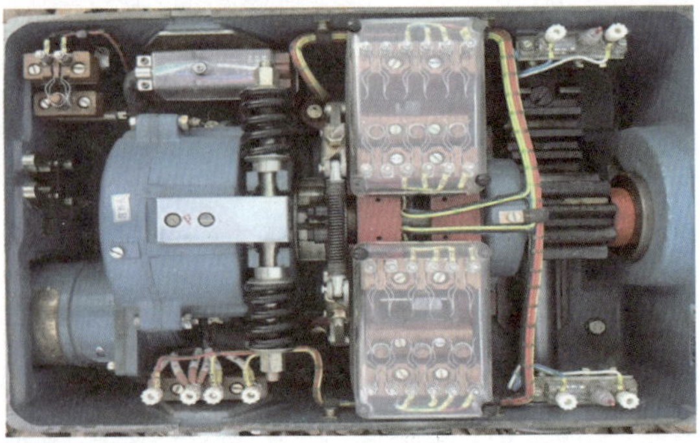

图 2-27　ZD6 转辙机机内布置图

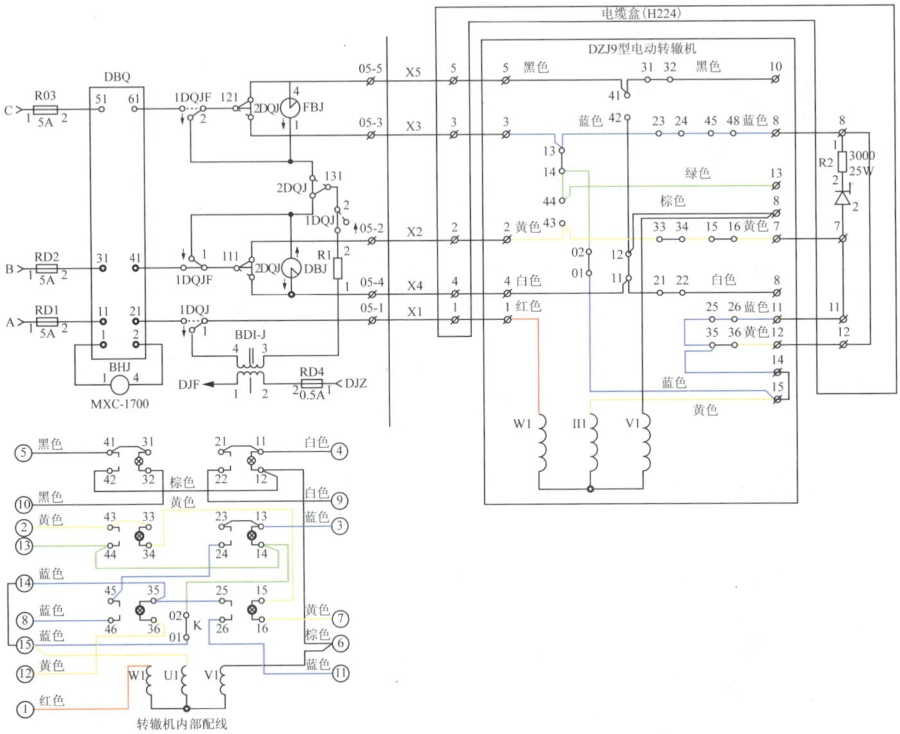

图 2-37　ZDJ9 电动转辙机控制电路图

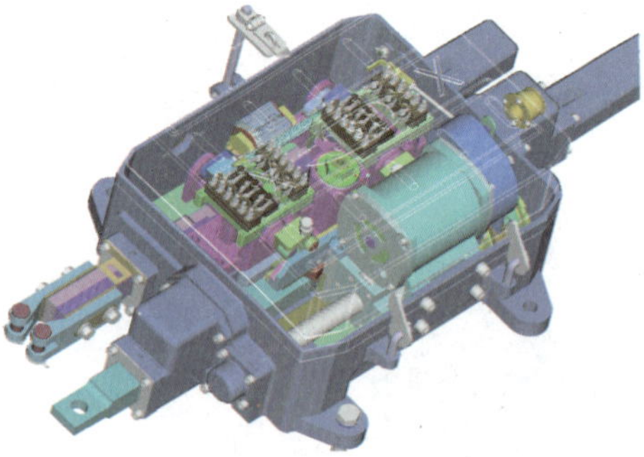

图 2-31　ZDJ9 电动转辙机整体图

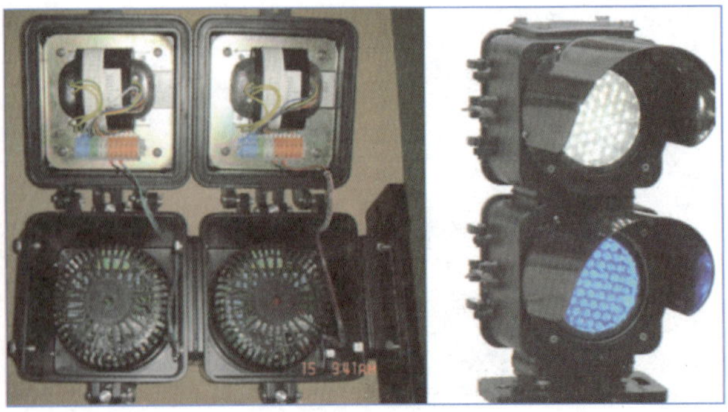

图 2-38　信号机

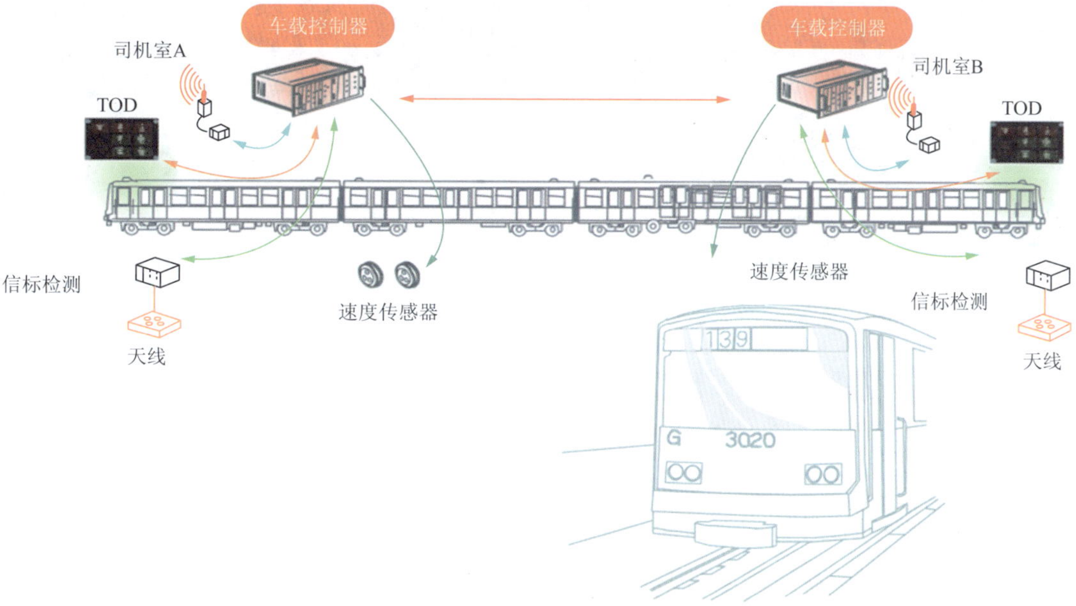

图 2-45　车载 CBTC 系统设备位置图

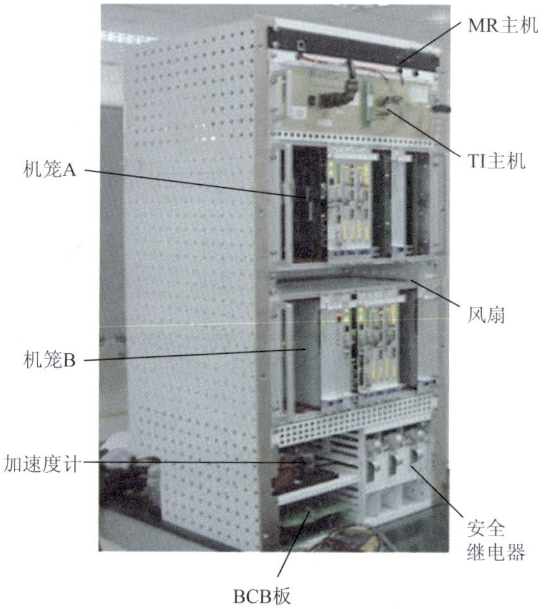

图 2-46　车载 CC 机柜图

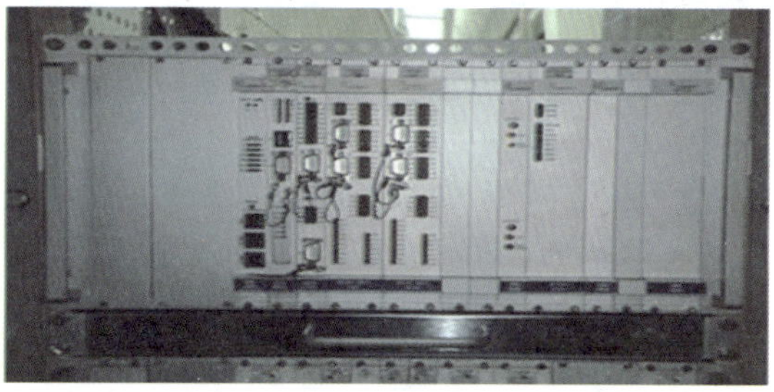

图 2-47　CC 机柜机笼 A 正面图

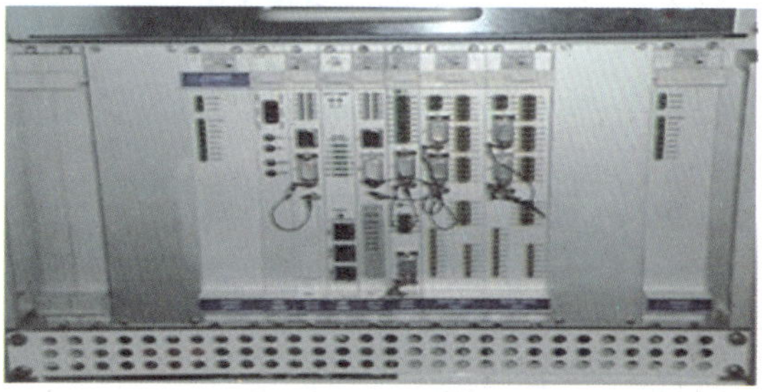

图 2-48　CC 机柜机笼 B 正面图

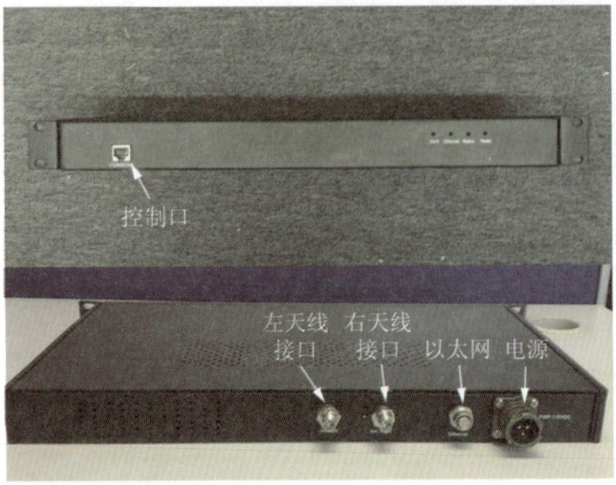

图 2-49　CC 机柜 MR 主机正面图

图 2-50　速度传感器图

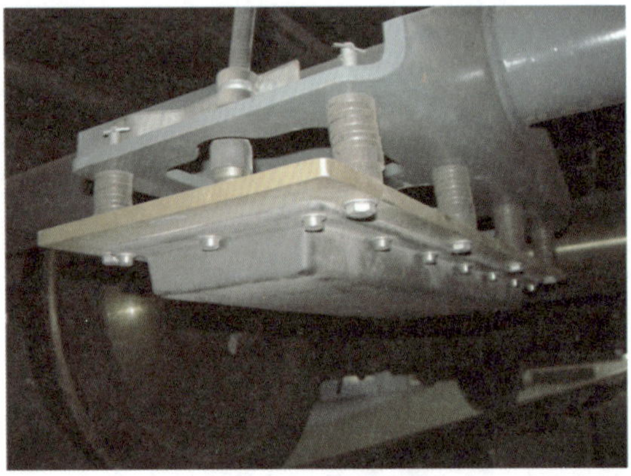

图 2-51　查询器天线图

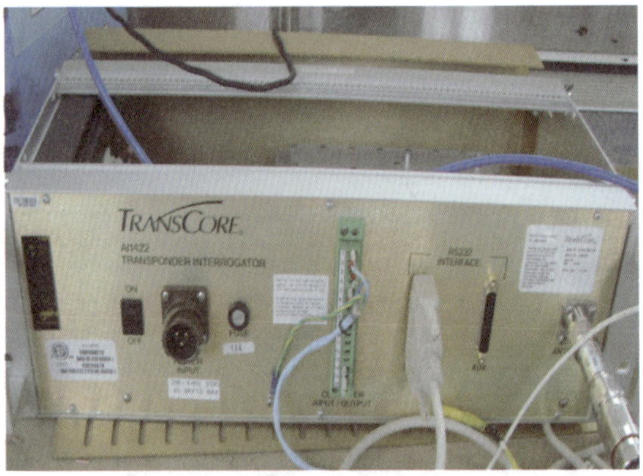

图 2-52　查询器主机图

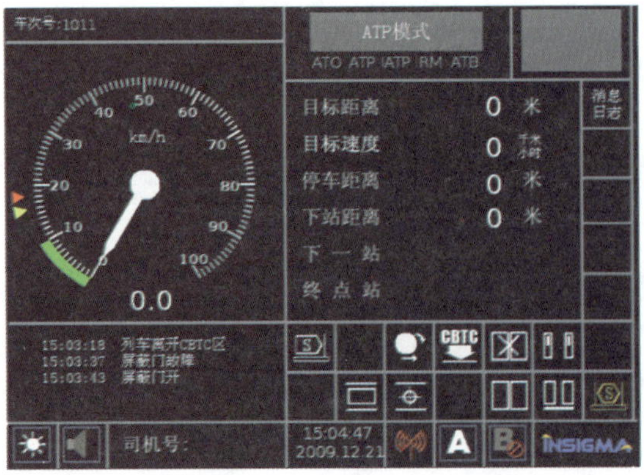

图 2-53　TOD 显示图

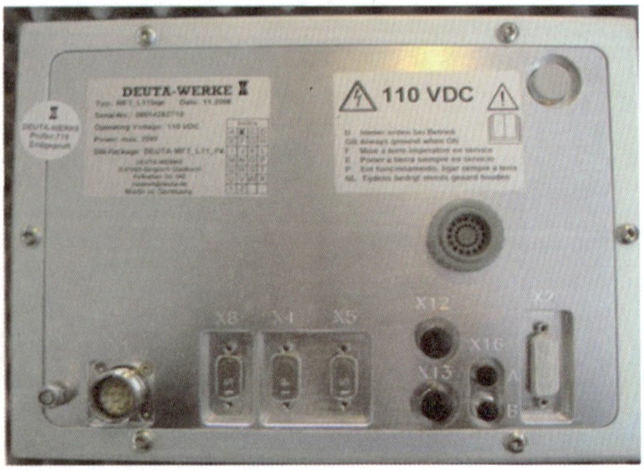

图 2-54　TOD 实物图

图 2-55　模式开关实物图

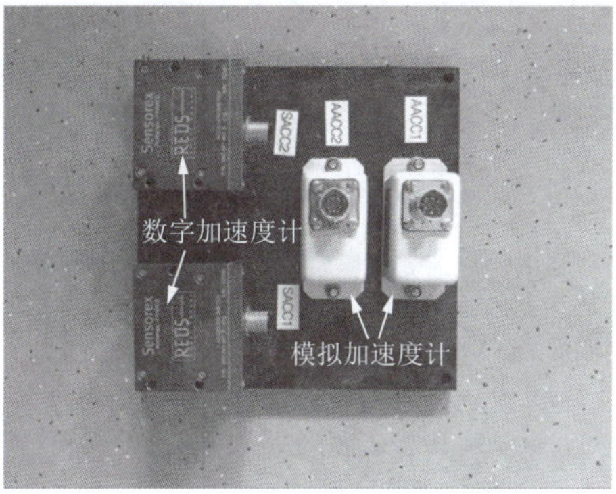

图 2-56　加速度计图

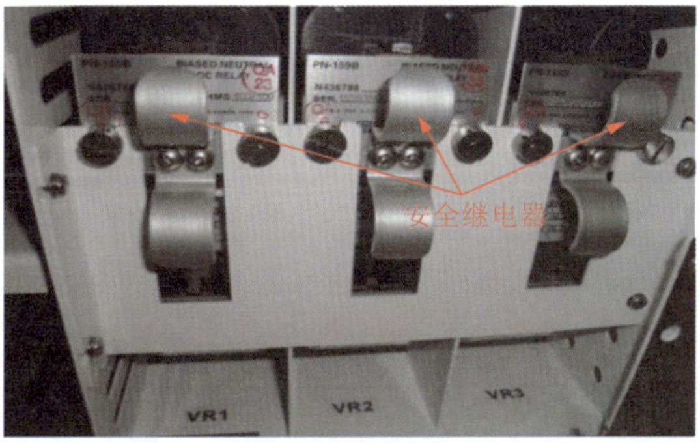

图 2-57　安全继电器图

图 2-58　电源组件图

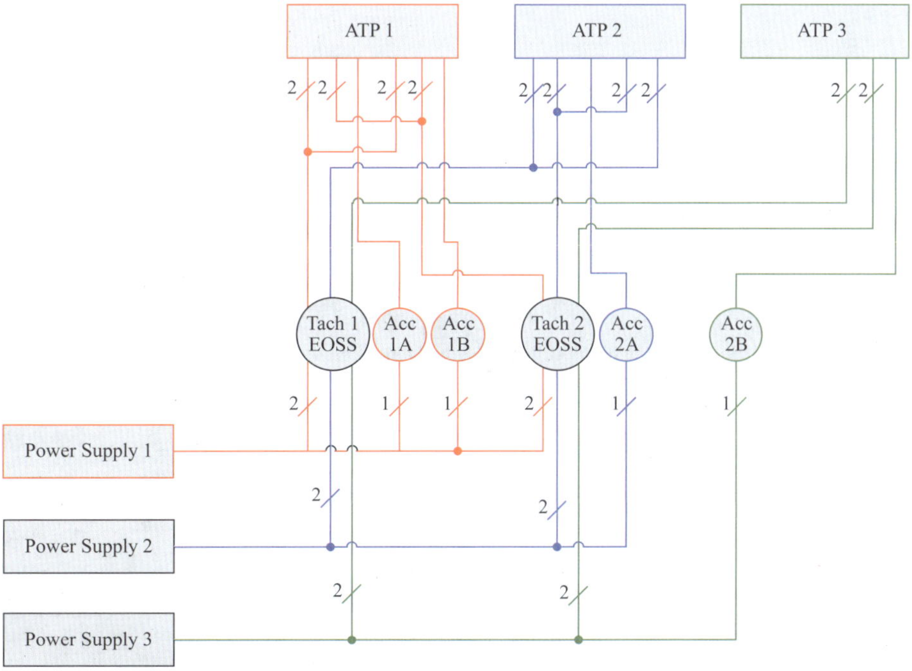

图 2-61　加速度计容错图

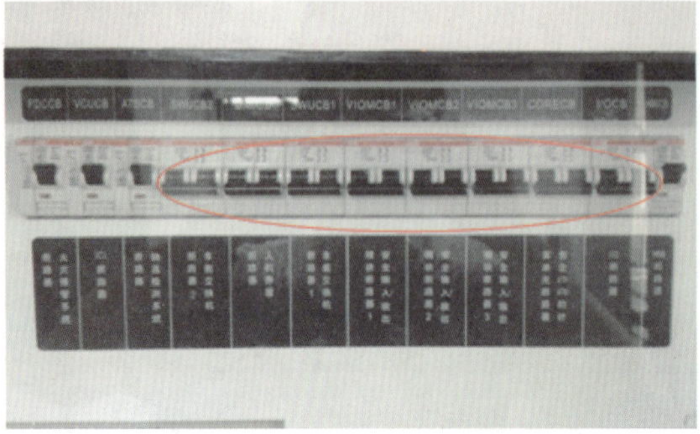

图 2-63　电源组件

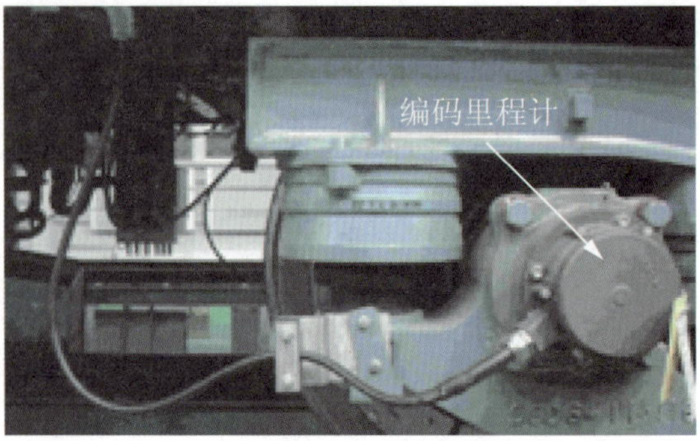

图 2-64　编码里程计

图 2-65　信标天线

图 2-66　交换机

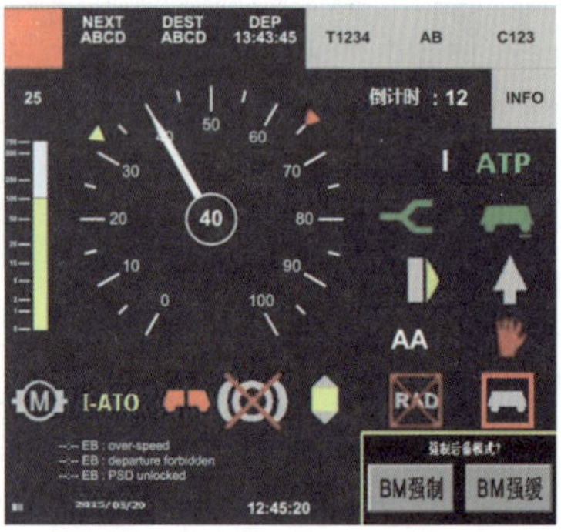

图 2-67　DMI 界面显示

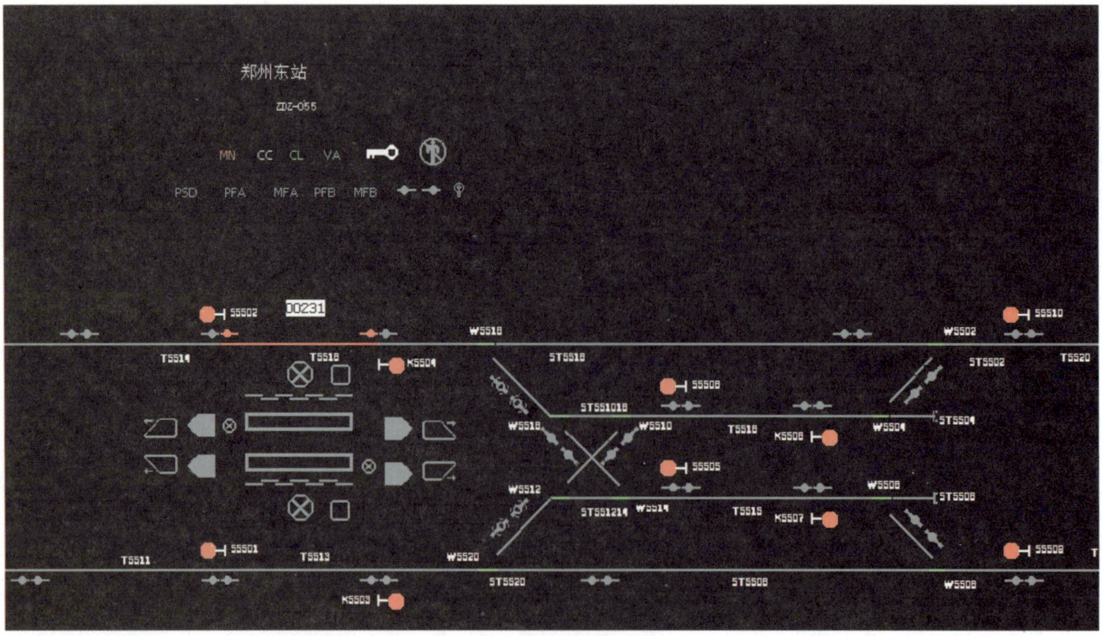

图 2-73　站场图界面示例

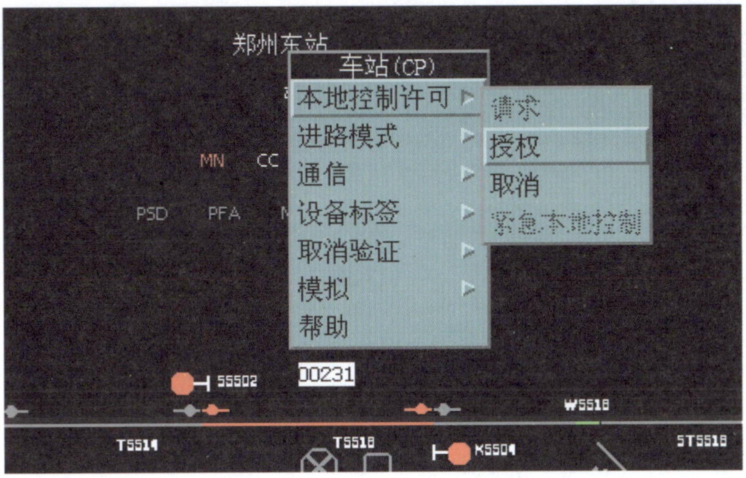

图 2-74　站控模式转换示例

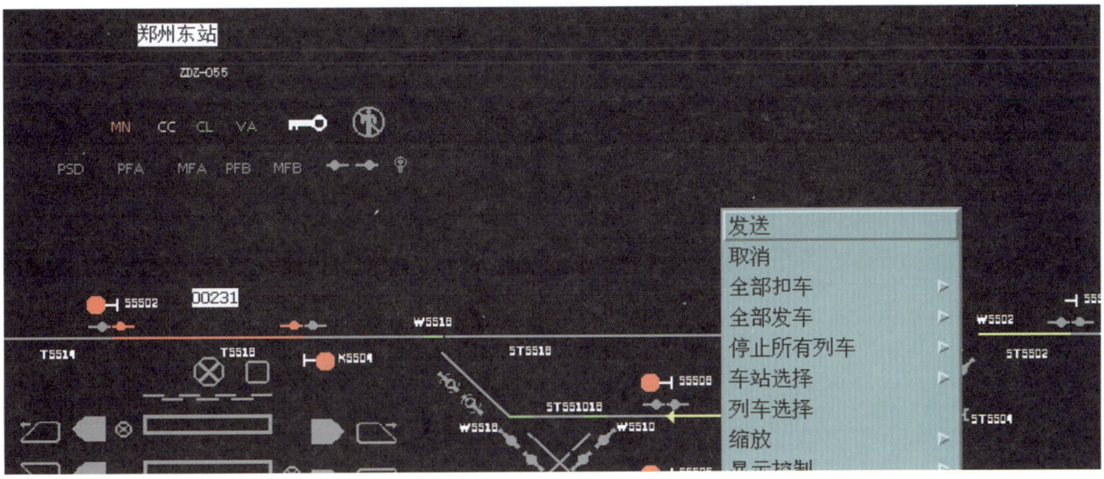

图 2-75　站控模式转换示例

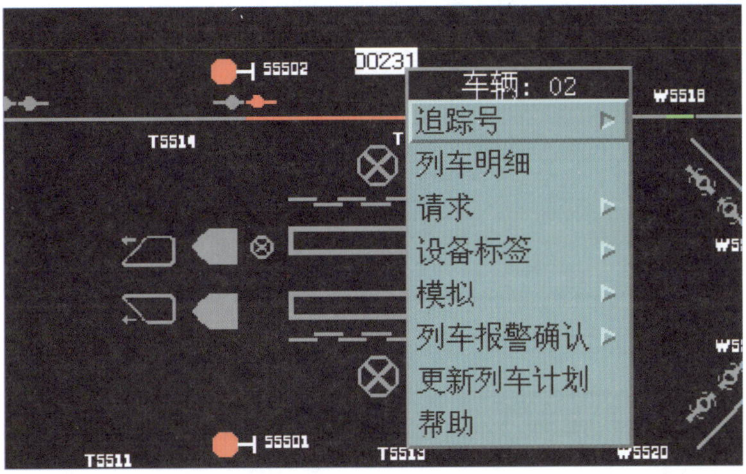

图 2-76　车辆信息查询示例

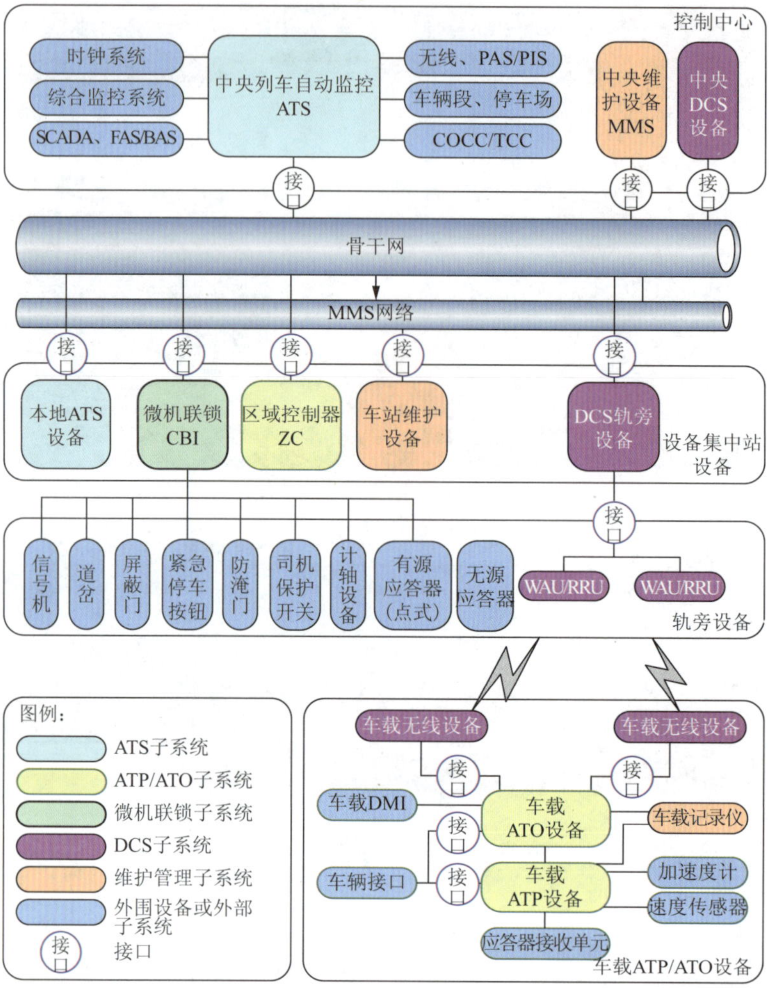

图 2-81　设备典型结构

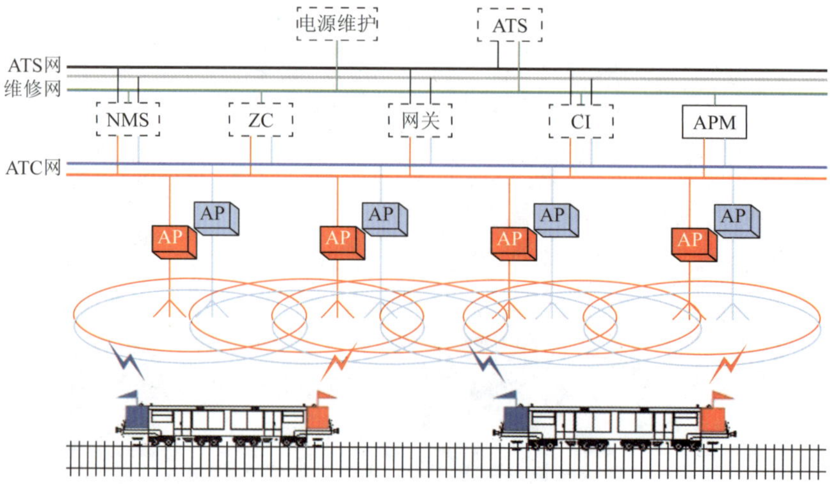

图 2-82　典型网络结构

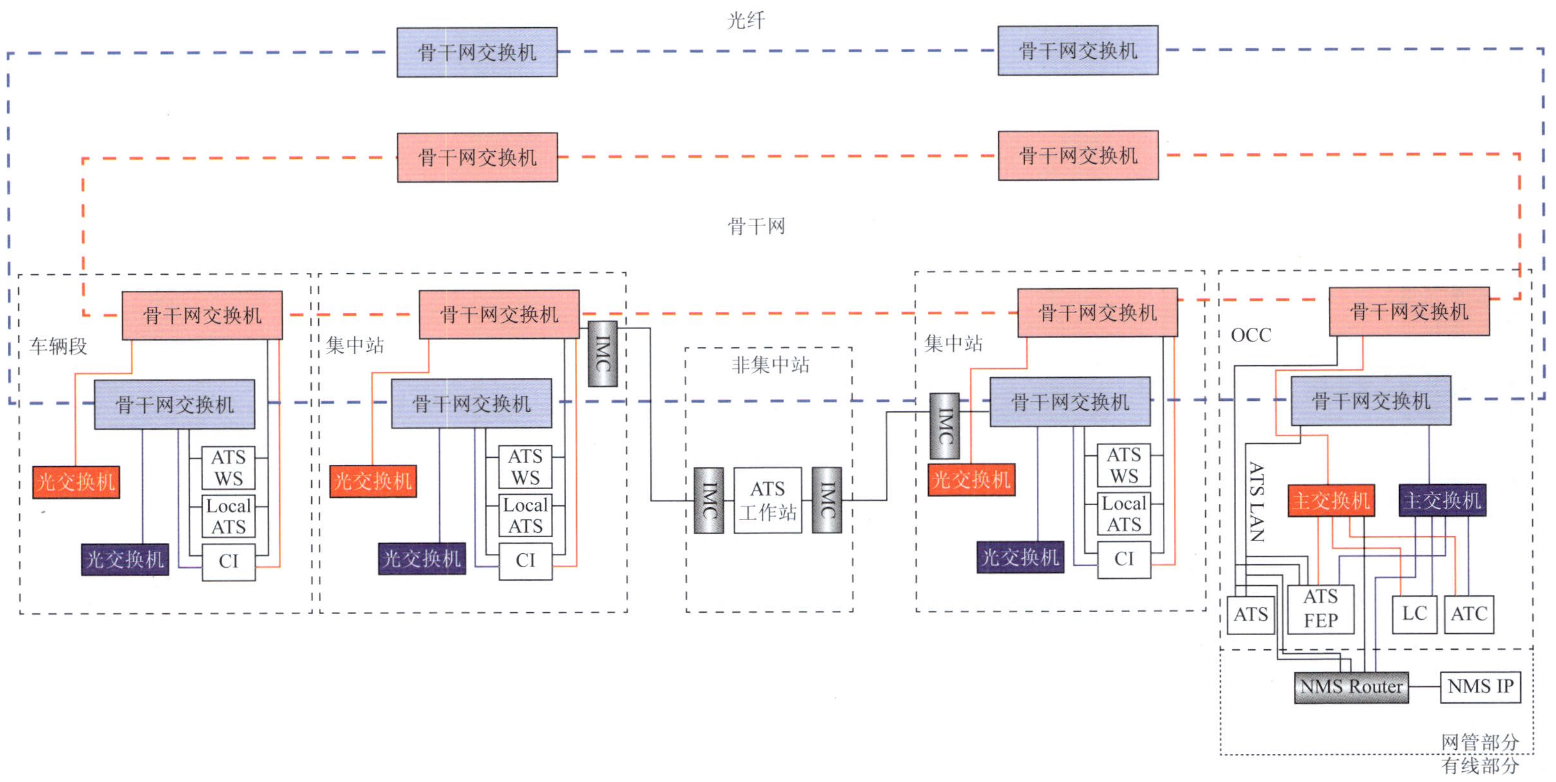

图 2-83　骨干网的拓扑结构图

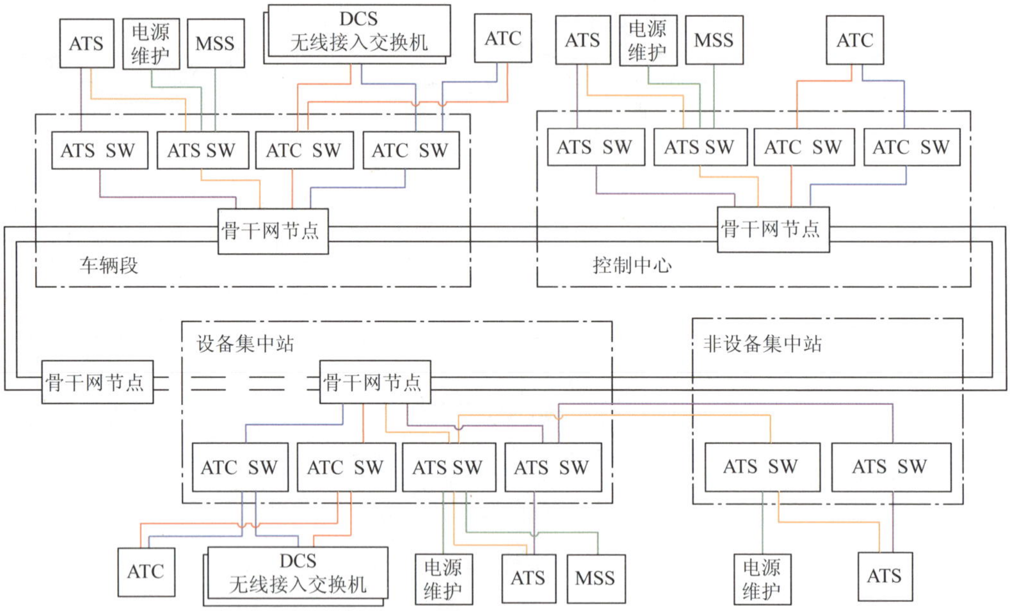

图 2-84　DCS 结构网络图

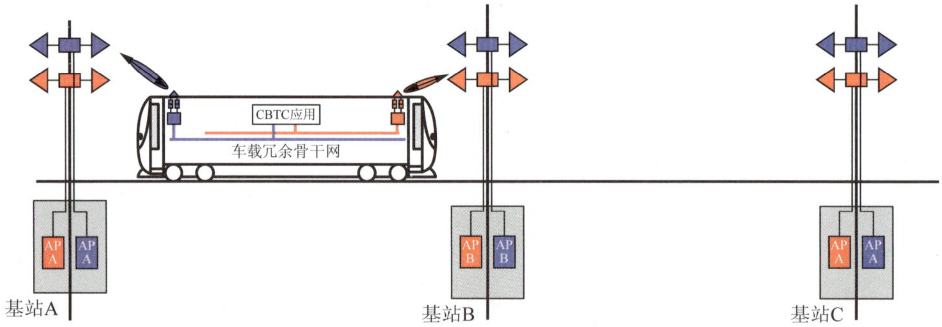

图 2-87　位于一个无线单元内的列车

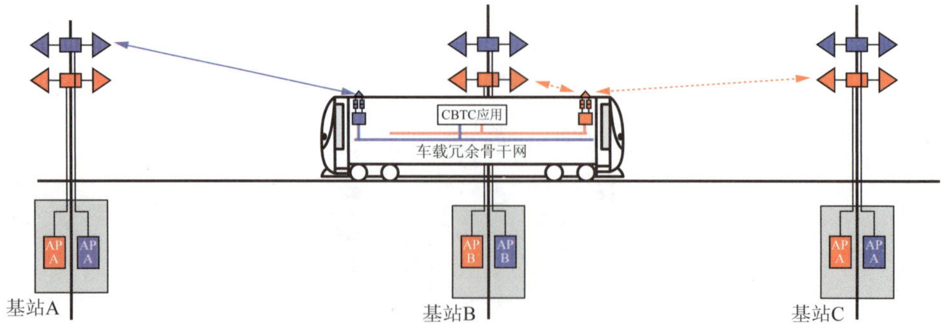

图 2-88　列车进入无线单元 B 和无线单元 C 交叉区域

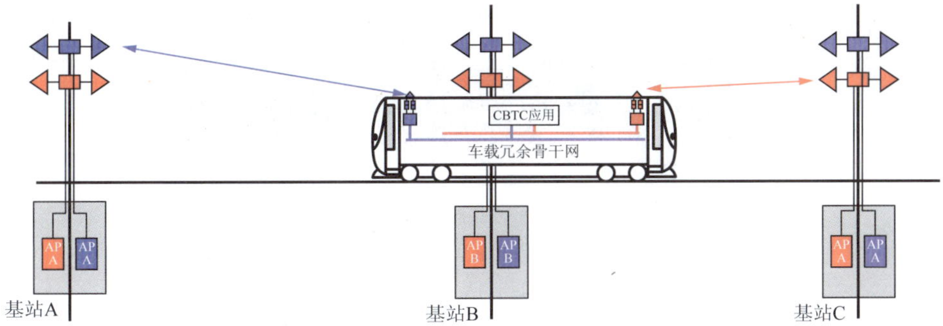

图 2-89 进入无线单元 C 的列车

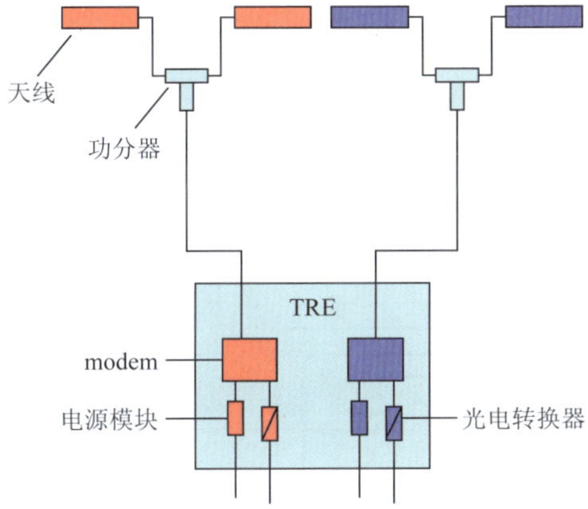

图 2-86 AP 与天线连接示意图

图 2-97 ZC 机柜图

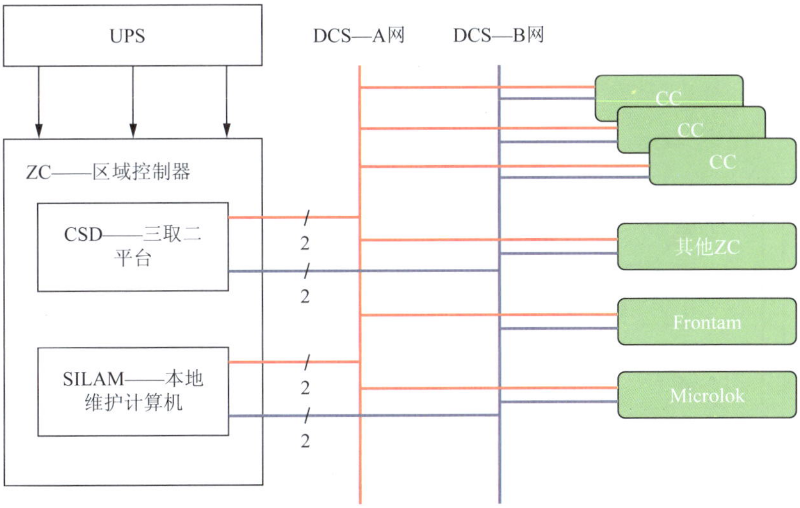

图 2-98 ZC 结构图

图 2-102 FRONTAM 机柜图

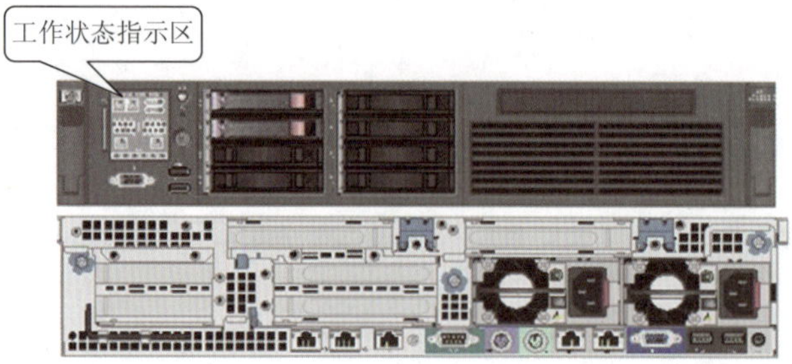

图 4-1　服务器状态灯示意图

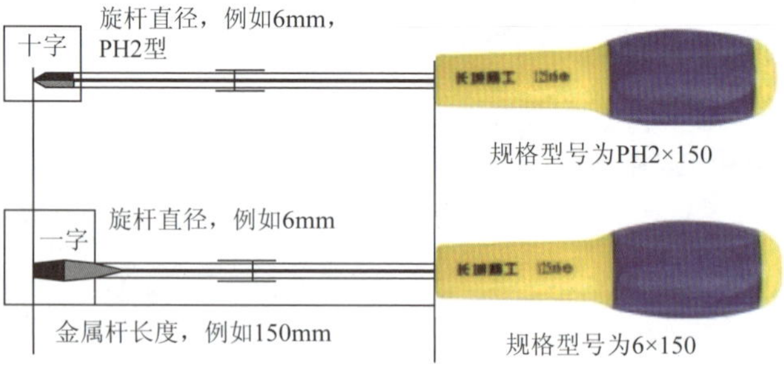

图 5-1　螺丝刀

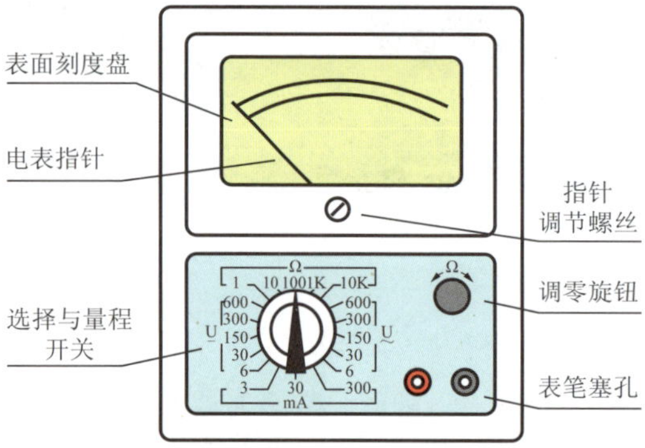

图 5-7　万用表

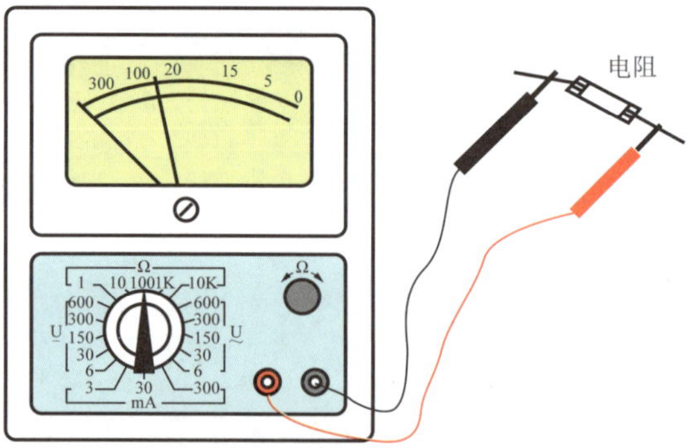

图 5-8　用万用表测电阻

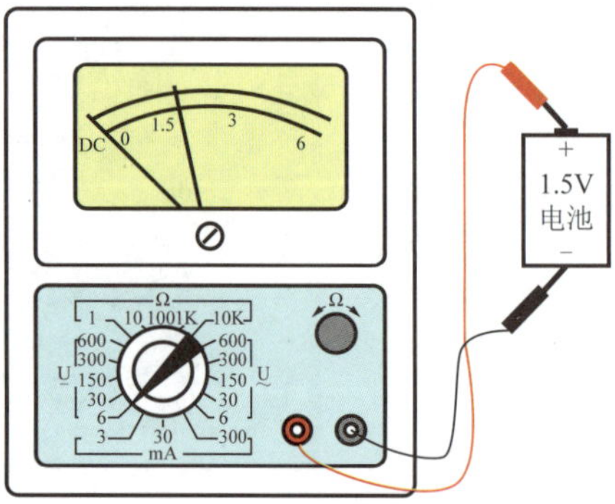

图 5-9　用万用表测电压

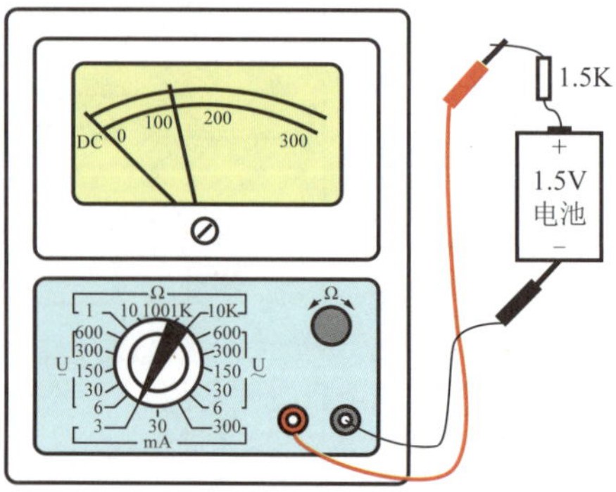

图 5-10　用万用表测电流

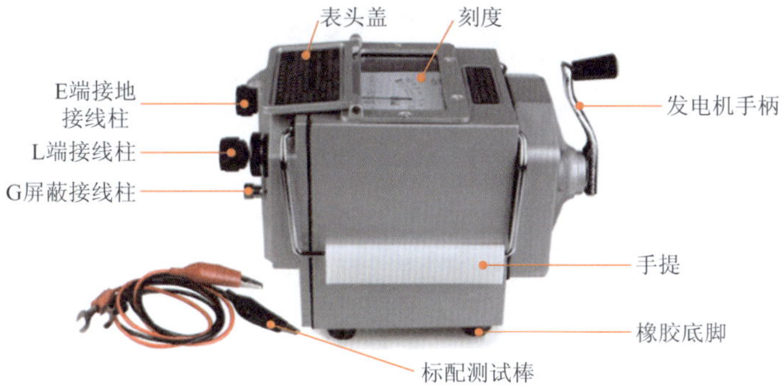

图 5-11　兆欧表构造图

图 5-12　数字钳形表构造图

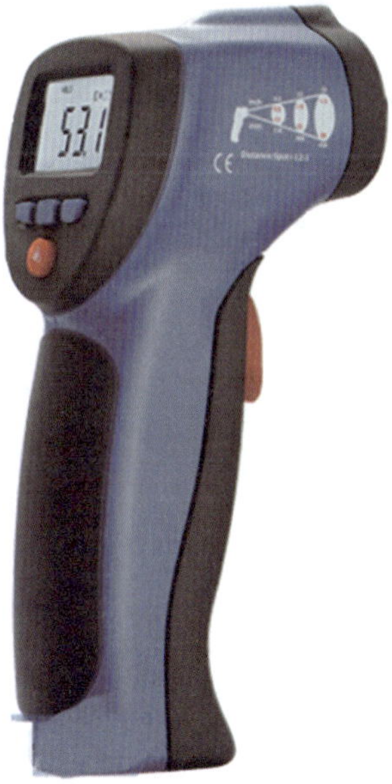

图 5-13　红外测温设备构造图

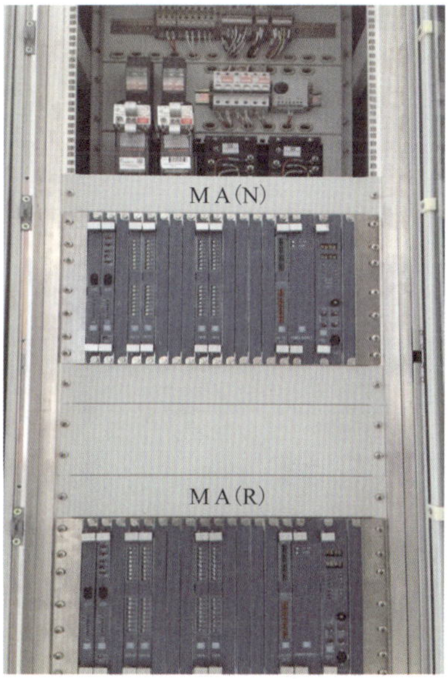

图 6-2　联锁机柜设备布置图

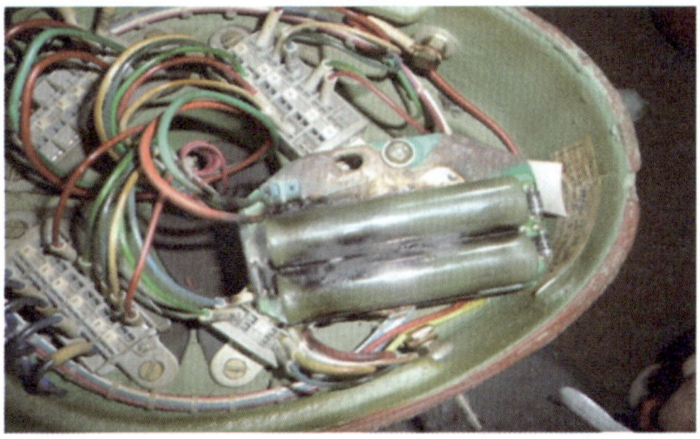

图 7-1　电阻电路板

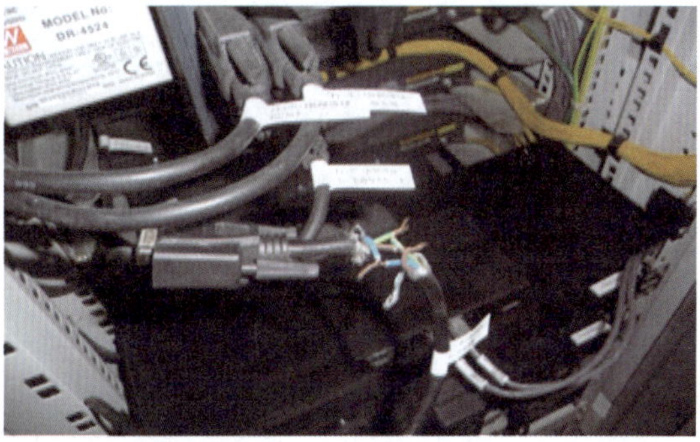

图 7-2　线缆破损图片

图 7-3　工器具及材料准备

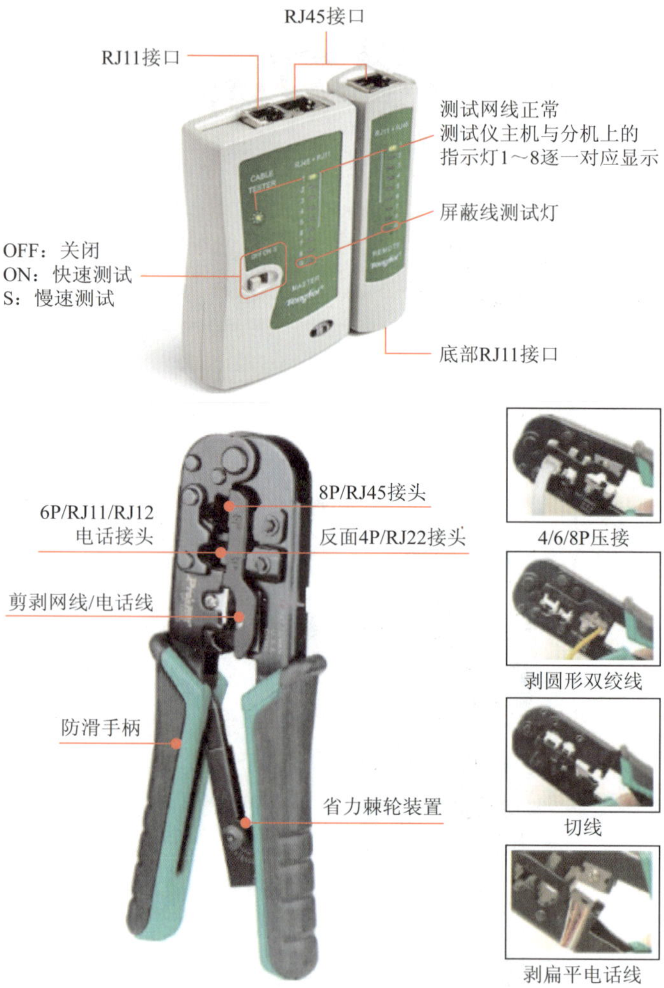

图 7-4　工器具的使用说明

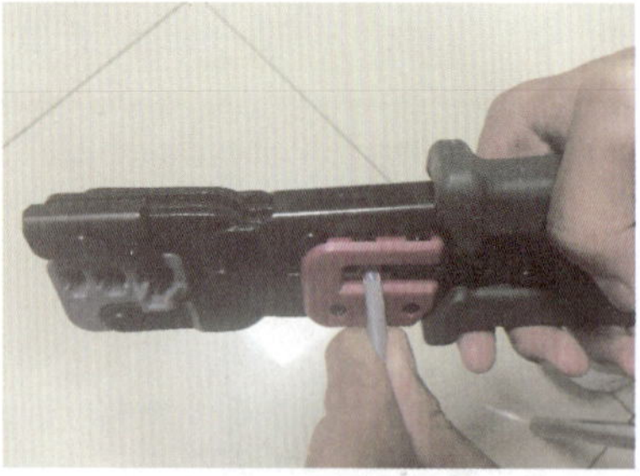

图 7-5　剥线

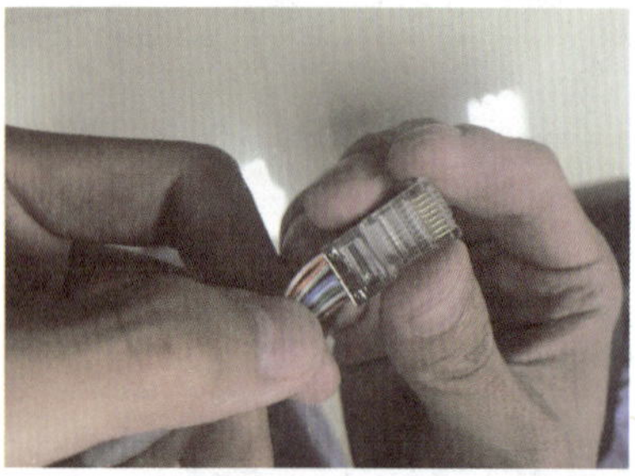

图 7-6　排线

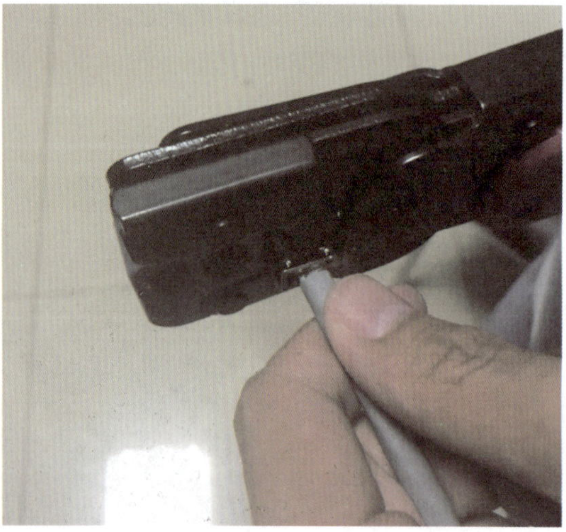

图 7-7　网线插入水晶头

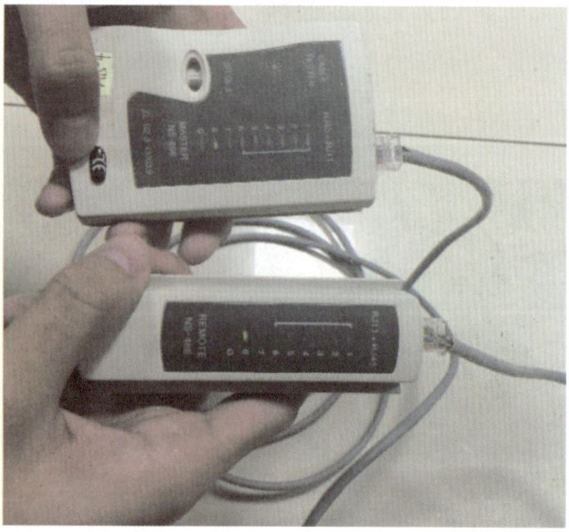

图 7-8　网络测试仪测试网线

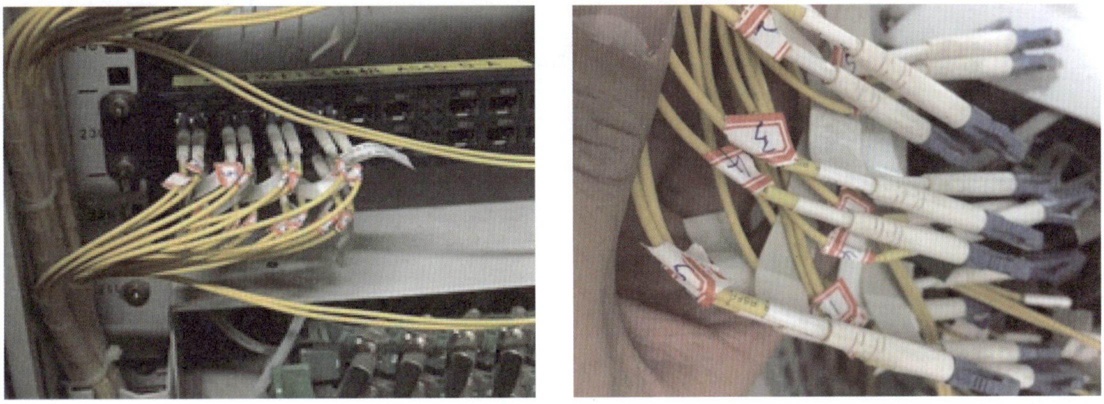

图 7-9　将光纤编号

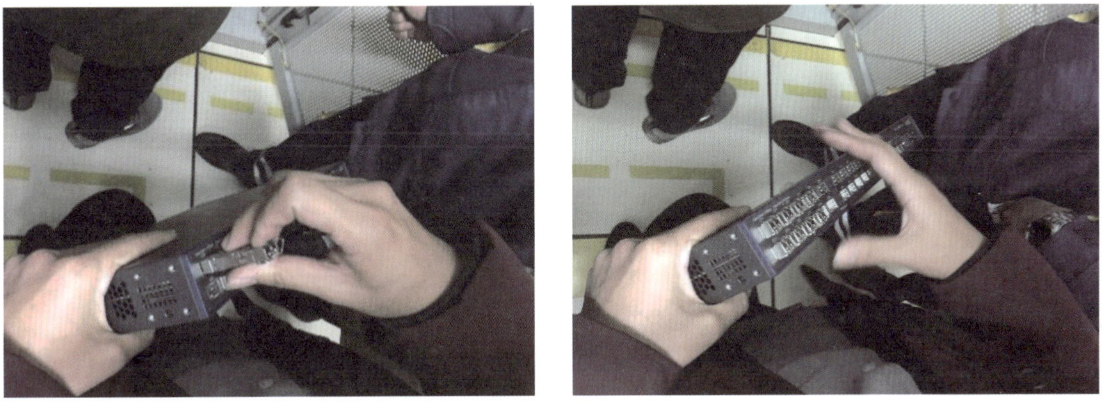

图 7-10　光模块插入新交换机

图 7-11　登录交换机